المجتمع المدني والدولة: قراءة تأصيلية

مع إحالة للواقع الفلسطيني

المجتمع المدني والدولة: قراءة تأصيلية مع إحالة للواقع الفلسطيني

عاطف أبو سيف

2005

- المجتمع المدني والدولة: قراءة تأصيلية مع إحالة للواقع الفلسطيني.
- عاطف أبو سيف.
- الطبعة العربية الأولى: الإصدار الأول ٢٠٠٥.

- جميع الحقوق محفوظة . ©

الناشر:
دار الشروق للنشر والتوزيع
هاتف : ٤٦١٨١٩٠ / ٤٦١٨١٩١ / ٤٦٢٤٣٢١ فاكس : ٤٦١٠٠٦٥
ص.ب : ٩٢٦٤٦٣ الرمز البريدي : ١١١١٠ عمان - الاردن

دار الشروق للنشر والتوزيع
رام الله: المنارة - شارع المنارة - مركز عقل التجاري هاتف ٢٩٦١٦١٤/٠٢
غزة: الرمال الجنوبي قرب جامعة الأزهر هاتف ٢٨٤٧٠٠٣/٠٧

التنضيد والاخراج الداخلي وتصميم الغلاف وفرز الألوان و الأفلام:
دائرة الإنتاج / دار الشروق للنشر والتوزيع
هاتف: ٤٦١٨١٩٠/١ فاكس ٤٦١٠٠٦٥ / ص.ب. ٩٢٦٤٦٣ عمان (١١١١٠) الأردن
Email : shorokjo@nol.com.jo

المحتويات

الفصل الثالث

المجتمع المدني في الثقافة العربية

مقدمة

يحاول هذا الكتاب تبصر علاقة المجتمع المدني من زاوية علاقته بالدولة في محاولة لقراءة واقع المجتمع المدني الفلسطيني وعلاقته بالسلطة الوطنية. والكتاب ينطلق نظريا من فهم سياق العمل المجتمعي ضمن اطار العلاقة بين المجتمع والدولة. وفضيلة هذه الزاوية فلسطينيا انها تفيد في البحث والتأصيل حول مشروع الدولة الوطنية في فلسطين فيما هي ماتزال في طور التكوين. وفي هذا ما يغري بالبحث حول دور المجتمع المدني، فهو مثله مثل الدولة غير ناجز وغير متحقق. من هنا فإن دراسة العلاقة بين المجتمعين السياسي (الدولة) والمدني مهمة في فهم عمليات التحول المدني والاجتماعي التي تحدث في فلسطين ومفيدة في فهم مستقبل وشكل الدولة الناشئة. والكتاب يحاول ان ينظر لعلاقة المجتمع المدني بالدولة عبر استقراء تاريخ المجتمع المدني في الممارسة الفكرية والعملية الغربية قبل ان ينتقل إلى النظر إلى هذا المجتمع خارج سياقه الغربي خصوصا في سياقه العربي بوصف فلسطين في الكثير من النواحي تشكل امتدادا لبعدها العربي بمتعلقاته التاريخية الإسلامية .

ظهر مفهوم المجتمع المدني أول ما ظهر في الأدبيات الفكرية الغربية في عصري النهضة والأنوار حين كان الجدل على أشده حول علاقة الفرد بالكنيسة وبالملك. لقد كان الفرد وجملة الحقوق الفردية هي المحور المركزي الذي دارت حوله عملية تطور المجتمع المدني. لم تكن الحاجة للتخلص من تسلط الكنيسة أو من نير الملك المستبد إلا حاجة لاعادة الاعتبار للفرد لا بوصفه ملكية من ممتلكات الكنيسة أو الملك بل بوصفه ذاتا حقوقية. وإذا ما تم انجاز هذا التأكيد على فردانية الفرد صار هناك ضرورة لتوصيف طبيعة العلاقة الناشئة في المجتمع بين مجموعة الأفراد. وهذه العلاقة لابد ان تكون

قائمة على الاختيار الحر والطوعي حيث يتحد الأفراد فيما بينهم ويشكلون جمعيات ومنظمات تخدم مصالحهم وغاياتهم التي يتفقون عليها. وإذا كان هذا الشكل التعاقدي البسيط هو من عادات البشر الاجتماعية الفطرية فهو سر تشكل المجتمع السياسي (الدولة) والمجتمع المدني.

لم تميز الكتابات الاولى لمنظري العقد الاجتماعي ونظرية الحق الطبيعي بين المجتمعين السياسي والمدني بل ماهت بينهما، واعتبرت ان الفصل بينهما غير وارد بحسب طبيعة تطور المجتمع من حالة الطبيعة إلى حالة المجتمع المدني. مع تطور الكيانات السياسية بدأ المجتمع السياسي بالتمايز عن المجتمع المدني بتركيز الأول على السلطة (الدولة) وباقتصار الثاني على تمثيل مصالح المواطنين خارج دوائر هذه السلطة، مع أنه في سبيل تحقيق ذلك قد يمارس ضغوطا عليها. وبنهايات القرن التاسع عشر اكتملت الصورة في دول أوروبا الغربية وصار تمايز المجتمع المدني عن الدولة واضحا وشرطا لنجاح هذا المجتمع وواحدا من شروط تحققه .

وإذا كان المجتمع المدني نتاجا غربيا صرفا ترافق مع ظهور الديمقراطية الغربية فإن انتقاله إلى سياقات خارج اوروبا الغربية وامريكا الشمالية كان بحاجة لمجموعة من الدوافع والحوافز. فنبالة الفكرة وطهرانيتها لم تكن كافية. لعقود سبعة كان نصف أوروبا الآخر يعيش تحت حكم الحزب الواحد وكانت الديمقراطية من الممارسات الغائبة في هذه البلدان. مع تهدم سور برلين وانهيار سلطة الاحزاب الاشتراكية والشيوعية في هذه الدول وسطوع نجم المنظمات المجتمعية والمنظمات غير الحكومية والنقابية، بعد الدور الذي مارسته في دفع عجلة التغيير، أخذ مفهوم المجتمع المدني بعدا جديدا.

اسطورة المجتمع المدني في هذه الدول عزز قناعات بدأت تظهر في الأدبيات السياسية وفي دراسات عمليات التحول الديمقراطي والقائلة بأن المجتمع المدني يستطيع ان يكون رقيبا على الدولة ويحد من تسلطها بجانب بالطبع توسيعه لفكرة المشاركة السياسية والمجتمعية. من هنا بدأ الاهتمام الخارجي بالمجتمع المدني وصار دعم المجتمع المدني في الدول النامية والدول غير الديمقراطية من قبل الدول الغربية يقع على سلم اولويات الدعم الخارجي، وصارت حماية المجتمع المدني وتقديم الدعم له من قبل الحكومة من ضمن الشروط التي لابد ان توافق عليها الدول النامية ليصبح بمقدورها

تلقي دعم خارجي وفق ما عرف بـ"الدعم المشروط . Political Conditionality "

وإذا كان كل مصطلح يستمد مسوغاته من الخصوصيات النسبية لكل مجتمع او حقبة تاريخية فإن دراسة المجتمع المدني الفلسطيني تقتضي الاطلاع على التأصيل النظري والمعرفي الإبيستمولوجي للمجتمع المدني والتحليل التاريخي والسوسيوثقافي لنشوء المفهوم مع استحضار التجربة العربية بوصف المجتمع المدني الفلسطيني، ومع الإقرار بخصوصية الواقع الفلسطيني، جزءا من المجتمع المدني العربي ويشترك معه في نفس الأبعاد الثقافية والسياسية والاجتماعية. إضافة إلى قراءة واقع المجتمعات المدنية في العالم الثالث وفي السياق ما بعد الإستعماري بوصف فلسطين تنتمي بامتياز إلى هذا السياق.

وإذا كان ثمة ما يمكن ان يميز مسيرة المجتمعات المدنية في الدول النامية عموما، وفلسطين ليست استثناء، فهي حقيقة الدعم الخارجي للمجتمع المدني في هذه الدول فالمجتمع المدني في هذه الدول جاء من الخارج. الدعم الخارجي لم يأت من فراغ بل كان نتيجة تطور، ونتيجة لمجموعة من الحقائق الداخلية في هذه الدول وفي حقل العلاقات الدولية. فأمام عجز الدول ما بعد الإستعمارية في تحقيق ذاتها وشح مواردها كان لابد ان تخضع لسياسات اقتصادي البنك الدولي وصندوق النقد الدولي. بالطبع رافق هذا هيمنة النموذج الغربي في الحكم (الديمقراطية الليبرالية خصوصا مع سقوط الخيار الاشتراكي) وفي الاقتصاد (السوق الحر وعملية اللبرلة والخصخصة) وتفشي بوادر تراجع دور الدولة في الخدمات مع عولمة رأس المال وفكرة الخدماتية ذاتها.

خلاصة القول صار المجتمع المدني بكل متعلقاته وفرضياته النظرية واستحقاقاته التطبيقية ظاهرة شائعة في السياسات الداخلية والخارجية للدول. وأضحت أجندة القوى الكبرى تشير بطريقة صريحة للمجتمع المدني، وصارت المنظمات غير الحكومية موضة العمل المجتمعي. وكأن الذي حدث هو اعادة اكتشاف النخب في هذه البلدان للمجتمع المدني. واعادة الاكتشاف هذه امتدت إلى الغرب حيث اكتشف السياسيون والمفكرون في السياسات العامة والاستراتيجية ومجموعات المصالح مجددا فكرة المجتمع المدني.

كثيرون من منتقدي المجتمع المدني ومهاجميه فلسطينيا وعربيا عابوا على دعاته ما وصفوه بالاستهلاك المفاهيمي والنقل الميكانيكي له. لكن المحقق أن المجتمع المدني صار سلعة رائجة في الصناعة الأكاديمية العربية وفي الجدل الفكري والنقاش السياسي العربي. ليس من شك أن المجتمع المدني العربي بمعناه المعاصر لم يولد بعد أو هو في الحالات التي ولد فيها في حالة موت سريري. هناك تحذير لابد منه لكي لا يساء فهم هذا القول. إننا في هذا المقام لا نقول بعدم وجود محاولات ناجحة لضخ الدماء في المجتمع المدني في سياقات بعض الدولة العربية القطرية، إلا أن ما يدفعنا للقول بعدم حدوث ميلاد حقيقي ان هذه الجهود تظل فردية متفرقة، وهي استثناءات ظهرت في لحظات تاريخية معينة ولم تشكل جزءا من نبض المجتمع ولا هي أسست لعلاقة بين الفرد والمجتمع والدولة. وحين نقول إن المجتمع المدني العربي لم يولد بعد فإننا نقصد انه مازال في الطور الجنيني يتشكل في رحم عمليات الحراك المجتمعي والسياسي. يلزم القول بأن اكثر من نصف قرن من الاستقلال كانت كافية ليرى المجتمع المدني النور في معظم الدول العربية. بيد ان الحقيقة المرة ان هذا المجتمع، وفي الحالات النادرة التي مارس دورا في الحياة العامة، كان دوره هامشيا وبالتالي كان هذا المجتمع كسيحا ضائعا بين مطرقة الدولة وسندان لامبالاة النخبة والفرد.

لكن هناك جانب آخر من الحقيقة وللحقيقة، يتعلق بالدولة ذاتها إذ انه من العسير دراسة المجتمع المدني دون ربط مباشر بالدولة. ويمكن لأي دراسة متأنية لمثل هذه العلاقة ان تصوغ عبارات كبيرة ترمي بفشل المجتمع المدني على كاهل الدولة. فالكثيرون عزوا عدم انتعاش المجتمع المدني في الوطن العربي إلى هيمنة الدولة وتسلطها وغياب روح التسامح السياسي عند النخبة[1]. لكن مثل هذه الاستنتاجات تتجاهل حقيقة ازمة الدولة العربية ذاتها والتي يمكن لأي متبصر ان يتأملها بذهنية صافية قبل الخلوص إلى أن الدولة العربية ذاتها مأزومة، وبالتالي فإن المجتمع المدني (إن وجد) والمرتبط بظهورها

---

[1] انظر دراسة مصطفى السيد عن مصر ودراسة ريموند هينيوبش عن سوريا مثلا

Mustapha Al-Sayyyid , " Acivil society in Egypt ? , Middle East Journal , vol .47 , no2 (spring 1993) pp . 228-242.

Raymond A . Hinnebusch," State and Civil society in Syria , " Middle East Journal , vol.47, no.2 (spring 1993) , pp.243-257

مأزوم أيضا. الدولة العربية حديثة النشوء لم تعان من تمزق هويتها وضياعها بين الولاء القومي والبناء القطري فقط بل إن فكرة نشوئها وعلاقتها مع سكانها (مواطنيها الإفتراضيين) لم تشهد يوما تسوية تليق بدولة تسعى لصوغ وجودها وتمكين ذاتها. من جانبه عانى المجتمع المدني من قائمة طويلة من الأزمات والمصاعب الداخلية والتي ساهمت في ضعف مشاركته في الحياة العامة .

وإذا كان التحول الديمقراطي هو أسمى مهام المجتمع المدني، كما يطرح القائمون عليه من النخبة العربية أو من دوائر الدول المانحة، فإن المجتمع المدني العربي فشل في تحقيق مهمته الأسمى. يبدو من باب التبسيط رمي فشل الديمقراطية العربية على عاتق المجتمع المدني لكن أيضا يبدو من باب الجهل اعفاء المجتمع المدني من أوزاره وفشله في لعب الدور الذي هو في جوهر وجوده.

للمجتمع المدني الفلسطيني خصوصية تنبع من خصوصية المجتمع الفلسطيني ذاته. فقرابة تسعة عقود من الصراع (منذ ١٩١٧) وأكثر من نصف قرن من التشتت وعشر سنوات من الحكم الذاتي على أقل من ٢٠ بالمئة من أرض الآباء والأجداد تجعل دراسة المجتمع المدني الفلسطيني ضربا من المجازفة. لكن ولضرورات البحث والتأصيل ينظر هذا الكتاب فقط للمجتمع المدني في الضفة الغربية وقطاع غزة في فترة العشر سنوات الأخيرة الممتدة بين ١٩٩٤-٢٠٠٤ وهي الفترة التي أدارت فيها السلطة الفلسطينية هذا الجزء من فلسطين بعد توقيع اتفاق اوسلو مع اسرائيل. إن هذا التحديد ينطلق من فهم المجتمع المدني بوصفه علاقة تشكيلات المجتمع وتجلياته وتمظهراته المختلفة في علاقته مع الدولة. وبالتحقيق النظري فإنه يصعب اعتبار منظمات المجتمع الفلسطيني المختلفة خلال فترات الاحتلال المتتابعة أو تلك التي تشكلت في الشتات مجتمعا مدنيا لغياب الدولة. ورغم عدم قولنا بأن السلطة الفلسطينية تشكل دولة بالمفهوم الدلالي والاصطلاحي للدولة إلا أننا ننظر إليها بوصفها سلطة سياسية محلية يمكن مأسسة علاقة المجتمع معها ضمن ثنائية الدولة/ المجتمع كما سنأتي على شرحه في الفصل الخامس .

إن أول خاصية من خواص المجتمع المدني الفلسطيني والعمل المجتمعي الفلسطيني في الفترات السابقة لنشوء السلطة هو علاقته الحميمة مع المجتمع السياسي سواء علاقته بفصائل الثورة الفلسطينية او علاقته بالسلطة مباشرة. وإذا كان هناك ما يبرر هذا ويجعله مقبولا في فترة الشتات ووجود الاحتلال فإن استمرار هذه العلاقة بعد قدوم السلطة يشكل واحدا من تناقضات المجتمع المدني الفلسطيني.

بيد ان تشريح علاقة المجتمع المدني الفلسطيني تعطينا عمقا اكثر حيث ان احجام المعارضة عن المشاركة في الانتخابات، بوصف المجلس التشريعي نتاجا من نتاجات اوسلو التي لا تعترف بها المعارضة، جعل الاحزاب السياسية تنظر للمنظمات غير الحكومية على انها صندوق البريد الذي تخاطب منه مؤسسات اوسلو (السلطة). وهذه نقطة نعتقد انها بحاجة لافاضة في البحث والتأصيل في علاقة المجتمع المدني الفلسطيني بالسلطة والمعارضة. ففي الوقت الذي تحذر فيه الدراسة من ان يتحول المجتمع المدني إلى بوق من أبواق السلطة تحذر ايضا من ان يتحول إلى بوق للمعارضة السياسية. إن مساهمة المنظمات غير الحكومية في عميلة الحراك الشعبي والتغيير السياسي والاقتصادي والثقافي مسألة جوهرية لكنها يجب ان تحافظ على روح العمل الجماهيري غير الحكومي ولا تقع فريسة الاختلاف السياسي دون ان يعني هذا دعوة لنزع المسائل المتعلقة بالسياسات العامة والحقوق من اجندتها، لكن على هذه الاجندة ان تكون نابعة من حاجة وطنية وليست بناء على رغبات خارجية .

والكتاب يحذر من خطر الدعم الخارجي على المجتمع المدني من حيث فقدان هذا المجتمع لمبدأ التطوع والعمل الأهلي وارتكازه على الوظيفة والرواتب المرتفعة، غياب اجندة مجتمعية خاصة واتباع المجتمع المدني لاجندة المانحين، غياب عنصر المساءلة امام المجتمع واستبداله بالمساءلة امام الدول المانحة .

وعليه فالمجتمع المدني الفلسطيني يعاني من مجموعة من الأزمات التي تجعل مساهمته في المجتمع معطلة مثل ما قلناه سابقا على الدعم الخارجي، وعلاقته غير السوية مع المجتمع المحلي، وفساد وسوء ادارته، وغياب الممارسة الديمقراطية داخله، ونخبويته العالية، وتسيسه وارتباطاته الفصائلية والتنظيمية والحزبية والسلطوية المختلفة. إن هذه الازمات تعيق مساهمة المجتمع المدني في المجتمع وتعطله عن القيام

بمهامه النبيلة في الحياة الفلسطينية العامة لأن العضو غير الصحي لا يمكن ان يساهم في شفاء الجسد. وإذا لم يكن المجتمع المدني الفلسطيني مذنبا تماما في الأزمة السياسية والاجتماعية التي يعاني منها الشعب الفلسطيني من عدم تسريع التحول الديمقراطي وتعثر مشروع بناء الدولة فإنه ليس بريئا تماما من حالة التعطيل التام للحراك الاجتماعي والسياسي في فلسطين.

الكتاب موزع على سبعة فصول. الفصل الاول "تطور المفهوم" ينظر إلى تطور المفهوم في الكتابات الفكرية الغربية خصوصا تنظيرات فلاسفة العقد الاجتماعي مثل هوبس ولوك وروسو، ومن ثم هيغل وماركس وتوكفيل وغرامتشي. بعد ذلك يتناول الفصل بالتحليل تطور المجتمعات الغربية من فترة الاقطاع إلى فترة الدولة الوطنية وما رافق ذلك من تراجع لدور الكنيسة واعلاء لدور الفرد وحرياته في الممارسة السياسية. ويختتم الفصل بنظرة سريعة على ما اسميته بمرحلة "ما بعد المجتمع المدني" حيث ظهور الحركات الاجتماعية والمنظمات القاعدية ودورها في تراجع المجتمع المدني .

الفصل الثاني "المجتمع المدني من الخارج" يناقش فكرة تصدير المجتمع المدني من الغرب إلى الخارج. ويحاجج الفصل بأن هناك مجموعة من الملاحظات لابد من توضيحها لفهم لماذا تم انتقال المجتمع المدني للخارج، منها: ظهور المجتمع المدني الكوني، علاقة المجتمع المدني بالتحول الديمقراطي، وواقع السياق ما بعد الاستعماري في دول العالم الثالث، وما ترتب على ذلك من فشل الدول الوطنية في تلك البلدان في تحقيق مهمة التنمية التي اخذتها على عاتقها، وانتصار النموذج الليبرالي في الحكم وتفكك المنظومة الشرقية، كل هذا تم تتويجه بالكتابات الفكرية والاكاديمية الجديدة التي أعلت من شأن المجتمع المدني.

الفصل الثالث "المجتمع المدني العربي" ينظر إلى المجتمع المدني العربي عبر مناقشة مجموعة من السياقات التي من شأن فهمها ان يضيء رؤيتنا لطبيعة المجتمع المدني العربي وازماته، منها البعد التاريخي للمجتمع المدني العربي (الحيز العام في التجربة الإسلامية)، السياق القطري للدولة الوطنية العربية، والسياق العربي القومي. بعد

ذلك يناقش الفصل أزمات المجتمع المدني العربي ويجملها في غياب الحاضنة الديمقراطية، استبعاد المنظمات الإسلامية من تعاريف المجتمع المدني، ضعف أو غياب الدولة، وفي مرات عديدة تدخلها في شئون المجتمع المدني. ويخلص الفصل بضرورة تأصيل تعريف بالمجتمع المدني العربي يأخذ بعين الاعتبار هذه الأزمات بجانب وظائف المجتمع المدني في خصوصيته العربية وواقع الاهتمام الخارجي بالمجتمع المدني.

ويستكمل **الفصل الرابع "المجتمع المدني والديمقراطية في الوطن العربي: الحصاد المر"** البحث بإيجاز في مسيرة المجتمع المدني العربي. واحدة من اطروحات هذا الفصل تركز على ضرورة التأكيد على الضرورة الديمقراطية للمجتمع المدني دون المغالاة في الدور الذي يمكن ان يلعبه المجتمع المدني في ذلك، إذ ان الكثير يقع على كاهل الدولة والمجتمع لتحقيقه. فالمجتمع المدني ليس الحل السحري للعملية الديمقراطية لكنه واحد من مفاتيحها .

الفصل الخامس " العمل المجتمعي الفلسطيني من المبادرات الفردية إلى الإفتتان" يقرأ واقع العمل الأهلي الفلسطيني منذ نهايات القرن التاسع عشر إلى الافتتان بالعمل غير الحكومي الذي شهدته الضفة الغربية وقطاع غزة بعد قدوم السلطة. ويقوم الفصل بتقسيم هذه الفترة إلى مراحل: فترة ما قبل النكبة، وفترة العمل الاهلي تحت راية منظمة التحرير، والعمل الاهلي في ظل الاحتلال الاسرائيلي. ويسجل الفصل ان دور العمل الاهلي الفلسطيني كان جزءا من دور المقاومة والنضال الوطني. وعند الحديث عن سر افتتان النخبة الفلسطينية بالمجتمع المدني في عهد السلطة الوطنية يعزو الفصل هذا إلى: حقيقة ان المجتمع المدني موضة بين المثقفين العرب والفلسطينيين، وإلى تاريخ العمل الأهلي الإيجابي في فترة الاحتلال، وحقيقة ان الاهتمام بالدولة خلق الاهتمام بالمجتمع، بجانب الاهتمام الفلسطيني النخبوي والجماهيري بالديمقراطية، وارتكاز السلطة الوطنية على الدعم الخارجي، وتراجع اليسار والعمل الحزبي الفلسطيني عموما، والضغط الخارجي لتفعيل المجتمع المدني وتحول العمل في المجتمع المدني إلى حرفة ومصدر لاكتساب الرزق، وقابلية المجتمع الفلسطيني لنهوض المجتمع المدني الفاعل والنشط.

الفصل السادس يضع "المجتمع المدني الفلسطيني تحت المجهر" من خلال النظر

إلى طبيعة علاقته بالسلطة الوطنية وعلاقته ببعضه البعض من علاقات تشبيك والتعاون، وعلاقته بالمانحين وبالعملية الديمقراطية في فلسطين. بعد ذلك يرصد الفصل الأزمات المترتبة على هذا التشخيص والتي يمكن اجمالها في ضعف علاقة المجتمع المدني مع الجمهور المحلي، واقتصار نشاطه على الحراك النخبوي، ولاديمقراطية الكثير من مؤسسات المجتمع المدني وغياب قواعد الحكم السليم داخلها وبالطبع وقوعها تحت ثقل السياسي على حساب العمل الأهلي والمجتمعي .

الفصل السابع والاخير "المجتمع المدني وجه آخر لنفس العملة أم معول لهدم المعبد" يحاول أن يؤصل لعلاقة سوية وصحية بين المجتمع المدني والدولة في سياقها الفلسطيني (السلطة الوطنية) من خلال التركيز على مهام المجتمع المدني وعلى ضرورة تكامله مع الدولة وتجنب التصادم السلبي معها. وينظر الفصل إلى المنظمات غير الحكومية ، ثم إلى المنظمات النسوية والنقابات والاتحادات المهنية، ويسجل مجموعة من الملاحظات الهامة لتصويب مسار عملها. ثم يختتم الفصل بالنظر إلى تمويل الديمقراطية في فلسطين.

شكر وعرفان....

1

الفصل الاول

تطور المفهوم

نشوء المجتمع المدني

باب الاتفاق في تاريخ الأفكار انه لا توجد صياغة تاريخية ناجزة لأي من المفاهيم الفاعلة في البنى الفكرية عموما. ومفهوم المجتمع المدني من المفاهيم الشائكة التي تستعصي على الاتفاق بين المفكرين والباحثين والساسة. وهو شأنه شأن المفاهيم الكبرى عند مناقشته يستدعي سيلا من المنظومات الفكرية والحضارية والممارسات السياسية والإجتماعية وكما هائلا من الإحالات المعرفية لسبر أغواره، والأهم من ذلك بحثا معمقا في السياق التاريخي والفكري الذي تطور فيه المفهوم كظاهرة وكمصطلح دلالي. بجانب ذلك فإن دراسة مفهوم المجتمع المدني وتطوره في تاريخ الفكر السياسي تقتضي مراجعة كتابات مركزية في الفكر الغربي الحديث تشمل نصوص نظرية العقد الإجتماعي من ثوماس هوبس و جون لوك وجان جاك روسو وكتابات مفكرين امثال توكفيل ماركس وانغلز وهيغل وغرامشي إضافة إلى استبصار الكتابات المعاصرة لدارسي التحولات الديمقراطية أو ما يعرف بـ"التحويليين Transitologists "أمثال جاليرمو أودينيل وفيليب شمتر ولاري ديموند وويتهيد وغيرهم .

والحال كذلك فإن اقل شيء تقترحه العبارة السابقة هو أن تطور المجتمع المدني ارتبط ارتباطا وثيقا بتطور،(١) الفكر السياسي والتاريخ الفكري الغربي عموما في الحقبة التي عرفت بعصري النهضة والأنوار وما تلاهما، (٢) المجتمع الغربي وانتقاله من الإقطاع إلى التصنيع ومن ما قبل الحداثة إلى ما بعدها، (٣) مابعد المجتمع المدني واعادة اكتشافه،(٤) العلاقات الدولية ورحيل الأفكار وانتقالها من سياقها الذي ولدت فيه إلى سياقات جديدة.

في هذا الفصل سأقتصر على مناقشة تطور المفهوم في الفكر السياسي وفي المجتمعات الغربية واعادة اكتشاف المجتمع المدني في الممارسة المجتمعية الغربية أو ما أسميته مرحلة "مابعد المجتمع المدني" تاركا رحيل المفهوم والسياقات الخارجية للمجتمع المدني لفصل منفرد بعنوان "المجتمع المدني من الخارج."

أولا: المجتمع المدني في الفكر السياسي

نظرية الحق الإلهي و العقد الإجتماعي

يمكن تتبع جذور نظرية العقد الإجتماعي في الفكر البشري إلى السفسطائيين اليونانيين ومن ثم الأبيقوريين الذين رأوا أن المجتمع المدني نشأ نتيجة عقد منفعي pactum societatis بين الانانيات الفردية بهدف الحصول على الامن. وقد كان هذا العقد يتحقق بقسم الحكام امام سكان المدينة بان لا يغالوا في الحكم مقابل قسم السكان لملوكهم باحترام حكمهم وقراراتهم. لكن مثل هذا المفهوم تراجع وسكن في ملفات التاريخ وفي عالم الأفكار الميتة لصالح عقد آخر هيمن على الخطاب العام مع بزوغ نجم الديانات السماوية وانتشار المسيحية تحديدا وهيمنة روما المسيحية على العالم، إنه العقد الديني الذي أسس لحكم الكنيسة وهو قائم على فكرة الطاعة مقابل الفردوس، الدنيا مقابل الاخرة، ثم تحول هذا الحكم ليصبح حكم الملك المطلق (الديكتاتور) بوصف هذا الملك راعي الكنيسة. لكن من الواضح أننا لا نستطيع ان ننعت مثل هذا العقد الديني بالعقود الإجتماعية لأنها تنظر إلى الجماعة ككل في علاقة حاكم بمحكوم ولا تفترض ان الجماعة هي خالقة الحاكم كما سيصر آباء مدرسة الحق الطبيعي. إن مثل هذه التعاقدات لا تعني شيئا حقيقيا ابعد من تسليم الجماعة بسيادة الملك أو الكاهن. حتى المجتمع الإقطاعي نفسه لا يخلو من حالات تعاقدية هامة، فجوهر الإقطاع قائم على التزام المزارع امام سيده الإقطاعي بالعمل مقابل لقمة عيشه ومقابل حمايته الاجتماعية. ليس التعاقد ذاته الذي سيقاتل رواد عصر النهضة من أجله بل ماهية هذا التعاقد وأركانه.

كان غروتيوس (١٥٨٣-١٦٤٥) قد أحدث ثورة في المفاهيم السائدة في مؤلفه الذي نشره باللاتينية آنذاك بعنوان "في قانون الحرب والسلام". يعود غروتيوس إلى الرواقيين حين يصر على أن أم الحقوق الطبيعية هي الطبيعة نفسها وهي، أي تلك الطبيعة، ما يدفعنا لعقد صلات مع الآخرين حتى عندما لا نكون محتاجين لهم. ويفترق غريتوس عن

القديس توما وغيره من منظري الكنيسة بفصله للحق الطبيعي عن جذوره الكهنوتية الإلهية. فهو، بقراءة شوفالييه، لا يفتأ يتذكر هذه الجذور لكنه يصر على تجاوزها على الإرادة الفردية التي تدفع الناس للتعاقد والإتفاق فالدولة أو المجتمع السياسي ما هي إلا "جسم كامل من أشخاص احرار انضموا لبعضهم البعض من أجل التمتع بهدوء بحقوقهم، ومن أجل منفعتهم المشتركة". من هذا الفهم تكمن قيمة غريتوس حين يضع الفكرة التعاقدية في قلب المجتمع السياسي او المدني(١). إن غريتوس يصر على كون الفرد هو صاحب التعاقد في مقابل الفكرة الكنيسية ومنظري الحق الملكي، حيث الجماعة هي صاحبة هذا الحق، إلى الدرجة التي يذهب بها لتبرير العبودية إذا ما تمت بموافقة إرادية. إنه يذهب بالتحليل وبالفكرة إلى أقصاها ليصل إلى ما يمس جوهرها سلبا. فالسيادة الفردية ليست غير قابلة للتنازل، فمالكها يمكن أن يتنازل عنها بعقد أو ميثاق. ربما كان من المفيد التذكير بأن غريتوس عاش بفضل الملك لويس الثالث عشر بعد ان هجر بلاده على اثر سجنه عقب الصراعات السياسية في بلاده. لقد أراد غريتوس ان يكون وفيا للملك بتبرير حكم الملوك واستبدادهم، ولكن هذه المرة بالتركيز على العقد الاجتماعي الذي يخول بموجبه الافراد الملك ويتنازلون له عن حريتهم.

لم يتم خلق مفهوم المجتمع المدني والمفاهيم المصاحبة له دفعة واحدة، فقد كان تطور الأحداث يسير ببطء ولكن بثبات نحو علمنة جملة المفاهيم الكبرى التي تؤسس لعلاقة الأفراد ببعضهم وبعلاقتهم بالسلطة السياسية والدينية. المفاهيم الكبرى الناظمة لنظرية العقد الإجتماعي تمس في جوهرها وتفسيرها المنطق الذي تخلق فيه المجتمع المدني. غير ان التركيز على تنظيرات نظرية العقد الإجتماعي يجب ان لا يدفعنا لتناسي السياق الفكري الذي تفاعلت فيه. ففلاسفة العقد الإجتماعي لم يكن همهم التفسير العلمي لنشأة المجتمعات ولم يكن تاريخ المجتمع شغلهم الشاغل بقدر انشغالهم بتقويض مفاهيم النظام الإقطاعي الفكرية والتبشير بنظام جديد عرف فيما بعد بالنظام الرأسمالي(٢) وفي طور تمردهم على طبيعة النظام الاقطاعي رأوا وجوب اعادة الاعتبار للفرد وتقليص هيمنة الجماعة وقيمها وتعاليمها المفروضة من قوى خارجية (دينية) أو فوقية (الملك).

كان هم منظري العقد الإجتماعي التأكيد على فردانية الفرد وخصوصيته، وعليه لم يكن المجتمع بأكثر من تعاقد مجموعة هؤلاء الأفراد بوصفهم ذواتا مستقلة وذات ارادة .

لقد كان توماس هوبس (١٥٨٨-١٦٧٩) بقوله بدنيوية كل حكم هو الذي دشن أول مفاهيم العقد الاجتماعي المركزية بمعانيها المعاصرة (3). حالة الطبيعة هي حالة من الحرية لكنها الحرية التي تتصادم بحريات الآخرين. فامام كل حق للفرد هناك إمكانيات التصادم الواردة مع حقوق الأفراد الآخرين، إذ ان للجميع حقوقا متساوية. المحصلة الهوبسية السوداء أن الجميع هو عدو محتمل للجميع والجميع في حالة حرب ضد الجميع سعيا لتحقيق المنافع الشخصية. في حالة الطبيعة الإفتراضية تقتصر الملكية على ما يستطيع الفرد أن يمتلكه بالقوة ويحافظ عليه بالقوة أيضا إذ ان هذه الملكية مهددة بالاغتصاب من قبل فرد أقوى. للخروج من هذه الورطة الطبيعية يلجأ البشر ومن أجل حماية أنفسهم إلى خلق هذا الإنسان الإصطناعي ، اللوفياثان، القادر على تحقيق الخير العام. هذا الجسم يمثل مجموع الأفراد في المجتمع متحدين. والناس يخولون هذا الجسم استعمال القوة والثروة لتحقيق الأمن. وعليه فالوجود الوحيد الممكن للمجتمع هو المجتمع المدني. وهوبس يقصد بالمجتمع المدني المجتمع السياسي وهو بالتالي أصل الدولة. أصل الاستنتاج الهوبسي كان العقل. هوبس رأى أن كل نشاط هو نوع من انواع الحركة، التي هي حركة جسد مادي، وبوصف الفكر نشاطا فهو نوع من انواع الحركة، وكل ما ينتج عن الفكر هو نتاج حركة مادية دنيوية. من هنا أمكن له الاستنتاج بأن الحكم والدولة والسلطة اشكال دنيوية(٤).

رأى هوبس في غياب الدولة الحالة الطبيعية وفي حالة التعاقد حالة شعور الأفراد بضرورة حماية انفسهم من اللاعدل واللا مساواة وبالتالي النزاع والاقتتال التي تفرضها عليهم حالة الطبيعة. وباحتكام الأفراد إلى التعاقد فهم يحتكمون إلى العقل في مقابل الحالة التي ينعدم فيها العقل: حالة الطبيعة. والأفراد بتعاقدهم يتنازلون طواعية عن حريتهم لصالح الدولة. إحدى خلاصات هوبس التي ستترك بصمة في تاريخ تطور المفهوم هي اعتباره ان المجتمع (بوصفه مجموعة من الأفراد) لا يتحقق إلا عبر المجتمع السياسي التعاقدي وبالتالي عبر المجتمع المدني بفهم أكثر تسامحا. والفرد لا يذوب تماما في الإرادة العامة التي يشكلها المجتمع المدني فالمجتمع المدني مجموع الإرادات المتنافرة متجسدة في إرادة تمثل المصلحة العامة. إن ما تطمح هذه العبارة الأخيرة للتأكيد عليه هو أن الفرد يبقى رغم التعاقد هو جوهر المجتمع المدني .

وإذا كان هوبس على العكس من كل فلاسفة الحق الطبيعي يقر بوجود غريزة

اجتماعية للإنسان فهذه الغريزة ليست أصيلة بل عارضة لضرورات المجتمع السياسي، فإن جون لوك (١٧٠٤-١٦٣٢) لا يرى غضاضة في اعتبار الحالة الطبيعية هي حالة المجتمع إذ بإمكاننا حسب لوك ان نقر بوجود مجتمع دون وجود دولة. ونظريا ما يرمي إليه فهم لوك هو امكانية تخيل مجتمع منظم ذاتيا يعمل بقوانين الطبيعة دون دولة. فحالة الطبيعة هي حالة من الحرية ومن المساواة وليست حالة حرب، إنها محكومة بالحق الطبيعي الذي يفرض نفسه على الجميع باعتبار أن الجميع متساوون ومستقلون. والملكية، وفق لوك، ليست نتاج الاستحواذ المشفوع بالقوة كما يرى هوبس بل هي حق طبيعي أيضا، فبما أن الفرد هو سيد ومالك نفسه فهو سيد ومالك ما يفعله وينجزه. والأفرد في الحالة الطبيعية، بقراءة لوك، هم متساوون ولكل منهم الحق في تنفيذ السنة الطبيعية وكل منهم له الحق في التملك، وهو جوهر الحقوق، إلا ان طور الطبيعة لا يخلو من انتهاكات وحالات سطو وقتل، لذلك وفي سبيل ترتيب اوضاعهم وتنسيق نشاطهم يتنازل البشر عن حقوقهم في تنفيذ السنة الطبيعية إلى المجتمع المدني او بكلمة أخرى إلى الدولة. وعليه تكون وظيفة هذا المجتمع المدني المحافظة على الحقوق الفردية وفي قلبها المحافظة على الملكية. ولوك يشدد على الأصل التعاقدي للعلاقة بين الدولة والمجتمع المدني متمأسسا على الحق الطبيعي. هذه هي الحالة الأولى من حالات الطبيعة. التطور الذي حصل كان مع صك النقود إذ ان مفهوم الملكية قد تغير وباتت قطعة معدنية صغيرة ترمز إلى قيمة كبيرة. الإنطلاقة حدثت مع تغير مفهوم الملكية وبالتالي توسع أفقه وسعى الناس إلى زيادة ممتلكاتهم، وليس كما يرى هوبس عبر الاقتتال بل عبر الإصطلاح والتعاقد والتفاهم. الانتقال الثالث والاهم كان إلى المجتمع المدني. إذا كانت المساواة والحرية تعم الحالة الطبيعية فلماذا إذا يجنح الأفراد للتنازل عن هذه الحرية لصالح المجتمع المدني او الدولة. لا نجد ان لوك يحيد في إجابته على هذا السؤال عن تفكير بقية منظري الحق الطبيعي. الحرية الفردية دائما عرضة للاعتداء والانتهاك من قبل الآخرين. فالحالة الطبيعية تفتقد إلى ثلاثة شروط: قانون وقاض يطبق القانون وقوة تنفيذية إكراهية لتنفيذ أحكام القاضي. لتحقيق ذلك لابد من التعاقد لتشكيل المجتمع المدني او الدولة او المجتمع السياسي. يقول لوك "بما أن البشر، كما قيل، هم، بالطبيعة، احرار ومتساوون ومستقلون، فإن أحدا لا يمكن ان يحرم من هذه الحالة، ولا أن يخضع للسلطة السياسية للآخر، بدون موافقته الخاصة. إن الطريقة الوحيدة التي يمكن لأي فرد ان يتنازل بها عن حريته الطبيعية ويتحمل التزامات المجتمع المدني تكمن في إجراء اتفاق مع بشر آخرين

من أجل التجمع والاتحاد في جمـاعة، بحيث يعيشون مع بعـض في الرفاهية والأمن والسلام"(٥) .
من العبارة السابقة يمكن الاستنتاج أن لوك يعتبر تشكل الدولة هي تحقيق مادي لنشوء المجتمع المدني وهو بذلك وكبقية منظري القانون الطبيعي يماهي بين المجتمع السياسي وبين الدولة لكنه يفترق عن هوبس باعتباره انه فقط بتجسد الدولة يتحقق المجتمع المدني، واعتبار مرحلة التعاقد هي انتقال المجتمع (في حالة هوبس هذه ليست حالة مجتمع) من طور الطبيعة إلى طور المجتمع المدني أي تنازله عن حالة الطبيعة. وبذلك فلوك يفصل بقوة بين المجتمع المدني وبين الدولة. الانتقال من الحالة الطبيعية هو انتقال واتجاه نحو سيادة القوانين الوضعية التي تكفل حماية الحقوق الطبيعية .
لوك يستخدم المجتمع المدني ليشير إلى المجتمع الذي يتعاقد افراده طواعية لضمان حقوقهم المتساوية التي تمتعوا فيها في الحالة الطبيعية. والأفراد الطبيعيون يضطرون للتعاقد الطوعي نظرا لغياب السلطة التي تحمي هذه الحقوق. لذا من وجهة نظر مدرسة القانون الطبيعي أو العقد الاجتماعي برؤية لوك فإن المجتمع المدني كان الرحم الذي تشكلت فيه الدولة. على العكس من هوبس فلوك يرى ان الشعب في حل من اي التزام تعاقدي تجاه الحاكم إذ انه يرى ان هذا الحاكم هو الملتزم تجاه الشعب، فالسلطة امانة او وديعة يسندها المجتمع المدني للحاكم أو لنقل للدولة لضمان الخير العام. وبكلمات أخرى فإن السلطة إذا ما أخلت بالعقد وجبت مقاومتها وبالتالي أمكن العودة للحالة الطبيعية. السلطة جاءت اساسا لتنفيذ العقد الذي كان منطقه حماية الحريات ففي اللحظة التي تغتصب فيها السلطة أو الدولة هذه الحريات تنتفي شرعية وجودها. لنتذكر أن لوك يقر بإمكانية وجود مجتمع مدني بدون دولة. من افرازات قراءة لوك هذه ظهور تيار من اتباع العقد الاجتماعي اعتقدوا ضرورة زوال الدولة إذ انها -أي الدولة- منافية للحالة الطبيعية وانتصر هذا التيار للمجتمع على الدولة ونادى بلادولنة المجتمع وارتداده للحالة الطبيعية حيث يسير نفسه بنفسه. وكان هذا التفكير قد بذر في تاريخ الأفكار فكرة العداء للدولة(٦) .
في سياقها التاريخي كانت مواقف هوبس صادمة وبدت قاسية للبرجوازية، فهو قد صبغ الدولة بالنفعية بعد أن جردها من أخلاقيتها المسيحية التي أضفتها عليها نظرية الحق الإلهي ومن أخلاق المجد والشرف والنبالة التي زعمتها لها الأرستقراطية لصالح

أخلاقية نفعية وحيدة هي اخلاقية المصلحة الفردية. جون لوك على العكس من هوبس نظر بإيجابية لحالة الطبيعة ونفى عنها رذائلها التي وسمها بها هوبس مثل الجشع والغابوية، والانانية والمكر والخداع وغيرها، وبنى فهما مقابلا يرتكز على الأخلاقية الليبرالية الطيبة .

فيما أقر هوبس بالتضحية بالحقوق الطبيعية كاملة لقاء الحصول على السلام المدني الذي تجسده الدولة، ارتكزت مفاهيم لوك على الضمانة التي يوفرها المجتمع السياسي أو الجماعة لهذه الحقوق. فبعكس هوبس فإن لوك لا يعترف بعقد واحد وللأبد. هناك ما يغري للقول باستبدادية هوبس مقابل ليبرالية وديمقراطية لوك لكن وكما يحذر باروت لا يجب ان نعتقد ان هوبس ولوك متناقضان فقد كان همهما واحدا وأسئلتهما واحدة فقد كانا ينظران إلى ضرورة حماية "الملكية الخاصة" وضمانها في مجتمع السوق بوصفها -اي الملكية الخاصة- حقا سابقا لتشكل المجتمع السياسي وبوصفها حقا طبيعيا ينتقل إلى مستوى الحق القانوني والمدني مع تكون المجتمع المدني، "إلا أن هوبس قدم اخلاقية الملكية، أساس المجتمع المدني عارية عن أية مسحة طيبة أي في نفعيتها الضيقة والفاحشة، في حين قدمها لوك ملتزمة بكل الأشياء الطيبة لنظرية الحق الطبيعي"(٧). غير ان لوك ليس من السذاجة للدرجة التي يعتقد فيها بمثالية الحالة الطبيعية المطلقة بل يقر بأنها لا تخلو من الرذائل والآفات. من هذا الإقرار فقط يستطيع لوك ان يهدم اي شرعية لأي دولة تقوم على الاكراه والإضطهاد حيث انها تكون دولة تغرق في آفات الطور الطبيعي بغض النظر عن موقعها الزمني في التاريخ.

في المقابل فتاريخ المجتمع عند روسو (١٧١٢-١٧٧٨) هو الانتقال من الحالة الطبيعية إلى المجتمع المدني او من المساواة إلى الملكية. بهذا المعنى فإن تشكل المجتمع المدني يرتبط بتكون الملكية الخاصة ونشوئها وتحديدا بتكون الملكية العقارية. روسو ينفي ما يسميه حلم هوبس السيئ والقائل بأن الحالة الطبيعية هي حالة حرب الجميع ضد الجميع، حالة غابوية، وحالة انانية مطلقة لا يفكر الإنسان فيها إلا في مصلحته الخاصة وفي كيفية البقاء. ففي الحالة الطبيعية لم يكن الإنسان شريرا أو طيبا بل بريئا. فكرة الخير والشر ذاتها غير موجودة في تلك الحالة. لكن نقطة الافتراق هي ما يقول عنه روسو من أن الإنسان عموما عنده قابلية للكمال وهذه القابلية هي مصدر كل الشرور. إنها نزعة تحرف الإنسان من براءته نحو الشر بتكيفه ونزوعه نحو العلاقات

الاجتماعية. وبتألف الإنسان عبر علاقاته الاجتماعية تنشأ مجموعة من العلاقات التي من شأنها أن تحدد العلاقات بين البشر.
إننا هنا نرجع إلى بيت القصيد: الملكية.
لا يوجد مقطع أكثر شهرة في نظرية العقد الاجتماعي من قول روسو "إن الشخص الأول الذي سور ارضا وقال هذه لي ووجد اناسا بسطاء ليصدقوه كان المؤسس الحقيقي للمجتمع المدني". لقد جسد هذا إنتقال الإنسان من كونه إنسان الطبيعة إلى كونه إنسان الإنسان. والملكية هي خالقة الحاجة للمجتمع المدني لانها خلقت حالة اللامساواة بين البشر وبالتالي وجب وجود المجتمع المدني لتجاوزه هذه الحالة. فالحالة الطبيعية تتسم بالانانية والخوف واللاطمأنينة وغير المساواة. ما الحل إذا؟. الإجابة تكمن في الوصفة السحرية: العقد الإجتماعي. يقول روسو "وإن البشر إذ يمكنهم أن يكونوا غير متساوين في القوة او في العبقرية يصبحون متساوين بالعقد والحق". ما ينتج عن ذلك وجود لحظتين تاريخيتين: اللحظة الطبيعية واللحظة السياسية. في العقد يقوم كل فرد بالتنازل عن كامل حقوقه لكل الجماعة التي تتجسد وتجسد الإرادة العامة. أما الجسم الناشئ فهو بلا شك الدولة. وإن كان الفرد من خلال عملية التعاقد هذه يخسر حريته الطبيعية فهو يربح بالعقد حريته المدنية. فالعقد والمجتمع المدني الناجم عنه هو ضمانة الحرية المدنية التي هي بدورها البديل عن الحرية الطبيعية المفقودة. إذا كان المقطع الآخر الشهير في كتابات روسو يقول "ولد الإنسان حرا، وهوفي كل مكان مكبل بالقيود. إن من يعتقد بأنه سيد الآخرين هو الذي لا يكف عن أن يكون أكثر منهم"، فلنا أن نفهم أن العقد الإجتماعي خروج من حالة العبودية هذه والعودة إلى الحالة الطبيعية ولكن هذه المرة عبر الحرية المدنية المنظمة وفق قوانين ومواثيق .
وكان شارل مونتسكيو (١٦٨٩-١٧٥٥) قد رأى قبل هوبس ان ضمانة الحرية الوحيدة هي المؤسسات الدستورية التي تؤسس للحريات وتضبطها. ويشدد مونتسكيو على الحقوق السياسية بوصفها حقوقا بشرية تضمن الحياة السليمة. وعليه فقد رفض مونتسكيو الحكم المطلق ورأى انه يناقض الطبيعة البشرية. لا يمكن تصور مرافعة أشد وأقوى من مرافعات مونتسكيو ضد الاستبداد في تعليقه على نظريات الحكومات وهو دعا إلى الجمهورية لكنها الجمهورية التي لا تخلو من عيوبها على وزن كافة الجمهوريات الفاضلة والمثلى. فالأحرار لا العبيد والأسياد لا التابعون هم من يحكمون.
كما رأى دنيس ديدرو (١٧٨٤-١٧١٣) صاحب الموسوعة ان الدولة حادث اجتماعي

لم يعشه الإنسان في الحالة الطبيعية. والحالة الطبيعية هي حالة من المساواة والحرية اللتين هما في فطرة الإنسان، وتكمن وظيفة القانون المدني الأساسية في تأكيد هذا الحق والتعبير جهارا عنه. فقبل نشوء الدولة كان البشر متساوين غير ان غياب الضمانة لاستمرار هذه المساواة ولاعتبارات مصلحية وتوقا وبحثا عن حياة افضل يلجأ البشر كمجتمع مدني للتعاقد مع الدولة. وبهذا المعنى يكون العقد الاجتماعي تتمة للحق الطبيعي(٨).

وبغض النظر عن موقفنا الفكري من الطبيعة البشرية السابقة لتشكل المجتمع فإن النتيجة المركزية لمثل هذا التعاقد كانت المجتمع السياسي او الدولة او الليفتان او الجمهورية. وأيا كانت النتيجة فإن نظريات العقد الإجتماعي لم يكن يهمها الفصل بين الدولة والمجتمع المدني إذ انها ساوت بينهما بإعتبار الدولة في تلك الفترة كانت تجسيدا لإحساس الأفراد بحقهم التعاقدي وعليه نزوعهم لتشكيل المجتمع. كان قلق هوبس ولوك وروسو ومجايليهم هو نفي شرعية الحق الإلهي ومن هنا كان التركيز على المدني بوصفه عكس إلهي ونتيجة ذلك بأن المجتمع المدني كان ينظر إليه بشمولية فضفاضة تشمل كل ما ليس كنسيا أو بابويا. نتيجة هذه الرحابة المفهوماتية كانت دلالة المجتمع المدني على كافة النشاطات المتعلقة بالسياسة أو بالحياة الثقافية والإجتماعية .

ما تم على يد آباء المدرسة الطبيعية وأصحاب الحق الطبيعي هو انهم جعلوا الحكم أمرا أرضيا والحقوق الفردية حقوقا مدنية وسجلوا إلى غير رجعة إيمان البشرية بالإنسان. فقد مضى الزمن الذي كانت الدولة بوصفها ارثا إلهيا او ملكيا ساميا أكبر من الإنسان، وبدا جليا أن المجتمع بوصفه تعاقد مجموع الأفراد بوصفهم ذواتا حرة، هذا المجتمع يتفوق على الحكومة او على الدولة كما يعترف ثوماس بيـن. وإن كانت الدولة شرا ضروريا، وبكلمات بين نفسه فإن "كل حق مدني يلد من حق طبيعي؛ أو أنه، بعبارة أخرى، حق طبيعي متبادل"(٩).

ومدرسة العقد الاجتماعي وإن كانت قد لاقت رواجا وتقبلا فكريا كان كفيلا بجعل مجموعة القيم والأفكار التي روجت لها تسود المنظومة الفكرية والممارسة السياسية، متوجة بعد ذلك بالليبرالية والديمقراطية، إلا أنها واجهت بعض النقاد اللاذعين الذين رأوا في فكرة العقد الاجتماعي فكرة غير جديرة بالتأسيس لشرعية الدولة. في هجومه على الثورة الفرنسية ومبادئها يسخر إ. بيرك من تأسيس شرعية الدولة حصرا على قاعدة

عقد منفعي بين أفراد مجردين وأن يتم اعطاء الأفراد في الدولة حقوقا مطلقة ومقدسة ضدها وان يتم اقتصار دور الدولة بموجب هذا العقد على حماية اعضائها وملكياتهم. ورأى بيرك في ذلك تحديا للطبيعة ولطبيعة الأشياء والإنسان والمجتمع السياسي .

وبيرك لا يرى حكمة في اعتبار العقد الاجتماعي مؤسسا للمجتمع المدني او للمجتمع السياسي إذ إن حالة المجتمع السياسي هي الحالة الطبيعية. وهو وإن كان يعترف بأن حالة الطبيعة المجردة هي حالة توحش وحياة غابية فإنه يقول بأنه رغم بلوغ الإنسان كمال حالته الطبيعة إلا أنه يجرد نفسه من هذه الوحشية عبر التثقيف للوصول إلى التهذيب اللائق والذي بتحقيقه ينقل نفسه إلى المجتمع السياسي. وعليه فالمجتمع السياسي هو الحالة الطبيعية الكاملة .

إن أكبر غايات المجتمع المدني كما يقر بيرك هي البحث عن سعادة الإنسان. وبيرك يهاجم اصحاب العقد باستخدام مفرداتهم وبالنظر بعمق وجدية ولكن بقصد الهدم والاجتثاث لهذا العقد(١٠) .

هيغل

ربما كان هيغل أول من اقترح عدم صوابية رؤية منظري العقد الإجتماعي منوها إلى عجز المجتمع المدني عن تنظيم ذاته وعدم مقدرته على تحقيق العقل والحرية وحاجته للدولة بوصفها قوة خارجة عنه للقيام بذلك. منظرو العقد الاجتماعي كانوا مشغولين بتصور ما يجب أن يكون، فيما كان هيغل منهمكا في تصور ما هو موجود "لأن ما هو موجود هو العقل(١١)" لذلك لم يتصور واقعا لم يحدث كما لم يبحث عن يتوبيا يتمناها بل نظر إلى التجربة التي تعيشها الدول في سبيل فهمها.

بحدة وبوضوح وبقطعية لا تراجع عنها يفصل هيغل بين المجتمع المدني والدولة. قبل هيغل كان هناك افتراض يصح ان نسميه حقيقة فكرية وقتها أن المجتمع المدني هو حالة الافتراق والانفصال والطلاق عن الحالة الطبيعية ولم يكن ينظر للدولة إلا بوصفها تجسيدا لهذا المجتمع. الآن اختلف الأمر مع هيغل. وإذا كان المجتمع المدني ساحة للتنافس فإن الدولة فوق هذا التنافس والنزاع بين المصالح الفردية وهي فوق المجتمع وأسمى منه. والدولة بوصفها فوق المصالح الشخصية هي التي تعطي الشرعية لأخلاقية الفرد بانتسابه لها طواعية. والمجتمع المدني كما يرى هيغل هو ساحة لتصارع مصالح

الأفراد وعليه فهو منظومة غير مستقرة وهو في ذلك بحاجة للدولة للتدخل لحل تناقضاته .

هيغل يرى أن المجتمع المدني هو المساحة بين الدولة والعائلة أي هو البنى الوسيطة بين الفرد والدولة. وهذا يفترض تحقق الدولة أولا ليتسنى تحديد هذه المساحة، ولما كانت العائلة متحققة والمجتمع المدني كما يرى هيغل هو ساحة لتصارع مصالح الأفراد وعليه فهو منظومة غير مستقرة وهو في ذلك بحاجة للدولة للتدخل لحل تناقضاته، فإن تحقق الدولة يسبق افتراق وتحديد المجتمع المدني وهي شرط وجوده وتمايزه. وعليه يرى هيغل أن المجتمع المدني عبارة عن "فسيفساء من الأفراد والطبقات والجماعات والمؤسسات التي ينظم علاقاتها المتبادلة القانون المدني المبني على التعاقد والذي لا تشكل الدولة طرفا مباشرا فيه خلافا للقانون الجنائي والدستوري"(١٢) .

وربما أمكن تفهم دعوة هيغل إلى دولة قوية مقابل مجتمع ضعيف فقط في سياق تأخر ظهور الدولة في ألمانيا. هيغل كان منشغلا بالبحث عن تبرير الدولة وتبرير الحاجة لها لذا بدا له أن التنافس المادي في المجتمع المدني سبب تأخر ظهور الدولة في ألمانيا. تتميز مناقشة هيغل بالفصل الحاد والواضح بين ما هو للدولة وما هو للمجتمع المدني وعليه كان لابد ان ينظر هيغل بعين الريبة للمجتمع المدني الذي ستدفعه غرائزه وطباعه المشكلة من مجموعة مصالح إلى التنافر مع الدولة ومحاولة الانتقاص منها. و من هنا الحاجة لتطويق المجتمع المدني لصالح دولة قوية وكبح نزوعه للتحرر من ربق الدولة. وبعيدا عن كون المجتمع المدني فضاء للحياة الأخلاقية كما يعترف هيغل فالمجتمع المدني لا يتحقق بوجهة النظر الهيغلية إلا عبر الدولة. فالمجتمع المدني ليس الدولة كما اعتقد منظرو العقد الإجتماعي لكنه لا يمكن أن يتمظهر إلا من خلالها(١٣) .

ماركس

استنتج ماركس (١٨١٨-١٨٨٣) أن المجتمع المدني هو أصل الدول مثله مثل منظري الحق الطبيعي ولكن من زاوية أخرى. قال ماركس بأن المجتمع المدني هو تعبير آخر عن أو تمظهر من تمظهرات المجتمع البرجوازي. بالتالي فالمجتمع المدني هو مجتمع البرجوازية وتجسيد لنشاطها الإقتصادي وتعبير عن رأسملة الدولة التي هي بدورها دولة البرجوازية التي تقمع كل الطبقات الاخرى. بهذا فماركس لم يفصل كثيرا بين

الدولة والمجتمع المدني فالإثنان من ادوات البرجوازية في قمعها للطبقات الاخرى. وكما رأت الماركسية وتفسيرها اللينيني في الدولة اداة لسيطرة البوليتارية ومن ثم تحلل هذه الدولة فإنها أيضا نظرت إلى المجتمع المدني بوصفه نتاجا لهذه البرجوازية. إن التصور الأدواتي الماركسي للدولة أتاح لها ان تهاجم الإثنين بهدف ازالتهما.

فلما كانت الدولة هي نتاج مجتمع الطبقات فوظيفة البوليتارية إذا، بتحريض ماركس، هي الوصول إلى مجتمع بلا طبقات وبذلك تنتفي الحاجة للدولة وبالتالي الحاجة للمجتمع المدني الذي سرعان ما يذوب مع ذوبان البرجوازية الذي هو أحد نتاجاتها. التجارب السياسية التي رأت في نفسها تحقيقا لقراءة ماركس للتاريخ، ونقصد الدول الإشتراكية في روسيا وأوروبا الشرقية خلال الحرب الباردة، عكست مخاطر الفهم الماركسي، إذ ان هذه الدول استخفت بالمجتمع المدني واخذت من التأويل الماركسي ذريعة لقمع المجتمع امام قوة الدولة الشمولية وقهر الحزب الواحد والوحيد. وإذا كان الأمر كذلك فإن المتتبع لمثل هذه العلاقة بين المجتمع المدني والدولة في الكتلة الإشتراكية لن يجد غرابة في أن يكون المجتمع المدني اول من هب للانتقام من عدوه اللدود: الدولة. غير ان انتقام المجتمع المدني لم يقده لمحو الدولة وذوبانها إذ أن من شأن هذا الذوبان والاختفاء ان يقود إلى زوال الضرورة إلى المجتمع المدني ذاته. فكانت النتيجة هي انتقام المجتمع المدني من طبيعة الدولة والعمل على تغييرها بما يسمح له بالإزدهار والنمو فالدولة المفككة لا تنتج مجتمعا مدنيا ومن غير المنطقي تصور مجتمع مدني مزدهر في دولة ضعيفة ومهدمة الأركان. لكن تظل فضيلة الطرح الماركسي هي ادراكه لوجود المجتمع المدني واقراره به واعطاءه الفضل في تطور الدولة الحديثة. فلما كان المجتمع البرجوازي هو أصل الدول أمكن لماركس أن يستنتج بسهولة ان المجتمع المدني هو أصل الدولة الحديثة، وإذا كانت العبودية هي ركيزة الدولة القديمة الأساسية كما يقول ماركس في كتابه "العائلة المقدسة" فإن ركيزة الدولة الحديثة هي المجتمع المدني.

ربما بطريقة مغايرة نظر اقتصاد السوق للدولة بوصفها الدركي الذي يحمي الملكية الخاصة كما نظر إلى المجتمع المدني على انه مجتمع السوق او مجتمع الليبرالية الإقتصادية حيث هو مجال تنافس حر بين الأفراد بمنأى عن اي تدخل للدولة(١٤). وروح التنافس وشهوة الربح والنفعية هما قوانين هذا المجتمع حيث خرافة النحل، كما يقول

عنوان واحد من آباء هذه المدرسة عن الخير العام والمصلحة العامة، ليستا بأكثر من إكليل النزاع الفردي من أجل الحياة(١٥). من جانبه رأى إميل دوركايم ضرورة وجود شبكة أمان تتشكل من المؤسسات المدنية بين الدولة والفرد للتصدي للأمراض الاجتماعية المتفشية في المجتمع و لحالة الاغتراب التي يعيشها الأفراد في ظل مجتمع الحداثة، وهذه الضمانة ليست إلا المجتمع المدني.

توكوفيل

كان ألكسس دي توكوفيل أول من فتح عيون الباحثين ومفكري السياسة الأوروبيين لحقل آخر في مجال دراسات المجتمع المدني. في كتابه ذائع الصيت الديمقراطية في امريكا. يسجل، بداية، الباحث الفرنسي اعجابه بالحياة السياسية في الولايات المتحدة. الكتاب يبدأ بالعرض لمجمل الحياة في البلاد الجديدة من تشكيل التكتلات السكانية والمدن إلى ظهور النظام السياسي والمؤسسات التشريعية والقضائية والدستورية المختلفة. ما لفت انتباه توكوفيل هو نزوع الأمريكيين إلى تشكيل جمعيات ومؤسسات تغطي كافة وجوه النشاط البشري. جمعيات اقتصادية وصناعية ودينية وأخلاقية، جمعيات عامة وجمعيات خاصة، صغيرة وكبيرة. بعضها قد يقام لتنظيم الحفلات أو لبناء الفنادق والأديرة ورعاية الكنائس وبعضها لنشر الكتب وإقامة المستشفيات والسجون والمدارس. توكوفيل يرى في هذه المقدرة التوالدية للجمعيات، بناء على حاجة الناس وما يرغبونه، سر الديمقراطية والمشاركة الجماعية في أمريكا. يقول توكوفيل "في البلدان المتقدمة فن إنشاء الجمعيات هو أبو التقدم". وأبدى توكوفيل اعجابا كبيرا بتنوع الكنيسة وتنوع الطوائف والانتماءات الدينية في المجتمع الأمريكي. واعتبر ذلك دليلا على حيوية المجتمع المدني. وبقراءة عزمي بشارة فإن هذا التنوع هو دليل على خصخصة الدين وتحوله إلى جزء من المجتمع المدني(١٦). لكل فرد في أمريكا حسب توكوفيل الحرية في أن يسلك الطريق التي يعتقد أنها ستقوده إلى الجنة. وتوكوفيل يرى الدين، بوصفه رادعا شخصيا، ضمانة للحرية . يقول "إن الإستبدادية هي التي بإمكانها أن تستغني عن الإيمان، وليس الحرية. لأن الدين ينظم الأخلاق، وبدون اخلاق، لا توجد حرية".(١٧)

لضمان مثل هذا التنوع في الجمعيات لا بد من ضمان سمة التنافس والصراع بين القوى والجمعيات المختلفة في الخريطة المؤسسية للمجتمع. لكن ما تقدم ليس اكثر من

اختصار لكتاب لا يكاد دارسو السياسة يذكرونه كلما تحدثوا عن تطور المجتمعات الحديثة. إنه كتاب عن روح المجتمعات الحديثة، وعن سر نمو الديمقراطية وقوتها ومناطق ضعفها. وبقراءة أرون فإن مشكلة توكوفيل تكمن في محاولته النظر إلى الشروط التي يمكن ان يتجه فيها افراد المجتمع إلى الاستبدادية اذا اصبحوا ذا نمط واحد، وبعبارة اخرى كيف "نجعل المساواة والحرية منسجمتين مع بعض". وبعبارة أرون فتوكوفيل يعود لحالة المجتمع من أجل فهم مؤسسات السياسة(١٨). غير ان تحذيرات توكوفيل تزداد وتتسع علامات الاستفهام التي يطرحها فهو ينظر بعين متبصرة لصيرورة تطور الفرد والمجتمع في المجتمعات الحديثة ويندب حظ البشرية حين ينغلق كل فرد على نفسه "كل بمفرده في عزله قلبه الخاص"وينفصل عن مصير الآخرين ويقتصر عالمه على أولاده واصدقائه المقربين، وبالتالي يعطي للدولة الفرصة لتوسيع سلطتها ومد أذرعها المخيفة. من أجل اخراج الفرد من قوقعة الذات والفردانية السوداء ومن اجل خروج السلطة من أزمة الاستبداد المحتملة لابد من وجود جمعيات وبنى وسيطة تستطيع ان تحمي الفرد وتضمن انخراطه في الحياة العامة. فالمؤسسات والجمعيات بتفسير شوفالييه تهز اللامبالاة الناشئة عن الفردية. إنها تولد وترعى العمل المتبادل الذي يمارسه الناس على بعضهم البعض، والذي لا ينتج نفسه تلقائيا في النظم الديمقراطية، في حين ان النظم الارستقراطية التي كان توكوفيل حريصا على مقارنة المجتمعات الحديثة معها ليست بحاجة لإقامة الجمعيات لأن البنية الاجتماعية نفسها تشد الجميع بقوة نحو الجميع. وتوكوفيل يسجل انحيازه الكامل والمبدئي للمؤسسات البلدية التي هي "المدرسة الإبتدائية" للحرية .

إن مثالية توكوفيل المدنية بمصطلح ادوارد أ. شوارتز(١٩)، جعلت من كتابه موضة في الصناعة الأكاديمية الامريكية ليس لأنه عالج بجدية تطور المجتمع الامريكي ومجد الديمقراطية الناشئة آنذاك، بل لأن تحذيراته تقع في صلب آفات المجتمع الامريكي، ونصائحه بتفعيل المجتمع المدني واعطائه الريادة في الإصلاح وفي ضمان الحريات والخروج من العزلة هي ذاتها الوصفة التي مازال صناع الرأي العام الأمريكيون هذه الأيام يرددونها .

غرامتشي
بالقدر الذي لا يمكن فيه فهم نزوع هيغل إلى دولة قوية مقابل مجتمع مدني ضعيف دون اعتبار واقع تأخر ظهور الدولة في ألمانيا، من الصعب استيعاب فهم غرامتشي للمجتمع المدني دون استحضار معركة الحزب الشيوعي الإيطالي ضد نظام الحكم الفاشي. غرامتشي ادخل مفاهيم مصاحبة للمجتمع المدني يتعذر فهم مقاربته النظرية له دون استحضارها مثل الهيمنة والإيدلوجيا والثقافة وبالطبع الدولة. قد يحلو للبعض القول إن غرامتشي لم يكن ماركسيا صافيا لكنهم لا ينكرون حقيقة أن اضافاته للفكر الماركسي هي الأهم في القرن العشرين. افترق غرامشي عن ماركس في تصور الأساس الإقتصادي لتطور المجتمع المدني، على النقيض من ذلك فإن غرامتشي رأى أن أساس التنافس في نشوء المجتمع المدني هو الحيز الأيديولوجي. غرامشي نقل مفهوم المجتمع المدني إلى حقل البنى الفوقية (الدولة). يقول في الأمير الحديث "ينبغي الانتباه إلى أن في مفهوم الدولة عناصر ينبغي ردها إلى المجتمع المدني، إذ تعني الدولة: المجتمع السياسي + المجتمع المدني، أي الهيمنة المدرعة بالعنف ... لا ينبغى ان يفهم بكلمة "دولة" جهاز الحكم فحسب بل جهاز الهيمنة "الخاص" أو المجتمع المدني"(٢٠). فالدولة حسب غرامشي هي المجتمع السياسي متحالفا مع الحقل الإيديولوجي (المجتمع المدني) وهذا الحقل يشمل الاجهزة الاعلامية والتربوية للدولة البورجوازية الحديثة. ما العمل؟
يقترح غرامشي ضرورة خلق ايديلوجيا وهيمنة مضادة، أي خلق مجتمع مدني آخر او استبدال المجتمع المدني الخاص بالدولة بمجتمع مدني جديد. وحسب غرامشي فإن النقابات والأحزاب هي الوحيدة القادرة على خلق ما أسماه "هيمنة مضادة" لهيمنة الدولة القوية الأمر الذي سيساهم في عملية التغيير الثوري. غرامشي عاش في دولة قوية كان هو ذاته ضحية هيمنتها القاسية على المجتمع، وفي سياق فرض هذه الهيمنة فإن الدولة تستغل كل أنواع المؤسسات والنقابات لتدعيم سلطانها، وتأسيسا فإن هذه المؤسسات والنقابات (المجتمع المدني) هي الأساس الأخلاقي للدولة. من هنا أكد غرامشي افتراقه الفكري عن ماركس حين بات للمجتمع المدني عنده معنى سياسي وهو ليس نمط ممارسة رأسمالية بل وسيلة تتجسد فيها الوظيفة الأيديولوجية والسياسية للدولة. ورغم افتراق غرامشي عن أدواتية الماركسية في نظرها للدولة ومن ثم الحاجة في نهاية المطاف إلى إلغاء الدولة لصالح مجتمع بلا طبقات فإن كاتبا مثل نيربورتو بوبيو مواطن غرامشي

الإيطالي يشير إلى إخلاص غرامشي في النهاية لماركس حين رأى بأن هدف المجتمع المدني يكمن في خلق هيمنة مضادة لهيمنة البرجوازية وبعد تشكل هذه الهيمنة المضادة وتراجع هيمنة البرجوازية تستولي البوليتارية على الحكم بوصفها تجسيدا للمجتمع المدني ومن ثم تنتهي الحاجة للدولة.(٢١)

ثانيا: المجتمع المدني وتطور المجتمعات الغربية

في البداية لابد من تفكيك المفهوم ولمس دلالاته المباشرة قبل الخوض في أركيولوجيا تطوره. شأن الكثير من المفاهيم فإن "المجتمع المدني" يعني أشياء مختلفة في أوقات مختلفة وفي سياقات مختلفة، وعليه فإن التجريد النظري للمفهوم وإن كان يفيد في الاستدلال على منطق التفكير الذي يتم الحديث فيه فإنه من غير المحقق أن يعني واقعا سياسيا أو إجتماعيا بعينه، إذ أنه من غير الإشارة الواضحة إلى السياق الإجتماعي والسياسي الذي يحتضن المجتمع المدني الذي نتحدث عنه فإن الحديث لا يعدو أن يكون تمرينا ذهنيا في أحسن الأحوال ينسى أن المفاهيم السياسية خلقت لتعالج واقعا حاضرا وفي أسوأها يشطح بعيدا عن المنطق .

وفيما يبدو ان كلمة مجتمع واضحة الدلالة فإن كلمة مدني هي مكمن الغموض والإبهام في سبر أغوار المفهوم. فمن جهة تشير إلى ارتباط الشيء بالمدينة بما هي مقابل للريف وهي عكس عسكري عند الحديث عن العلاقات العسكرية- المدنية وعليه فهي ترتبط بالسياسي، وهي ترتبط بمفاهيم المواطنة كما ترتبط بعمليات التحديث كما ترمي في حقل علم الاجتماع السياسي إلى الثقافة المدنية وهي في صلبها تحمل نقيضا للديني(٢٢). الجابري ينسب المجتمع المدني إلى مجتمع المدن(٢٣). فيما يرى عزمي بشارة ان الترجمة الأصح للمفهوم يجب ان تكون مجتمع المواطنين(٢٤). ومقاربة بشارة اقرب من حيث روح المفهوم.

خاض المجتمع المدني صراعين مريرين قبل ان يتم الاعتراف به كفاعل في الحياة العامة. بالطبع لا يمكن تناسي الدلالة الدنيوية او المدينية لإصطلاح المجتمع المدني. فأول صراعات المجتمع المدني كان بإثبات أرضيته. فأول هذه الصراعات يأتي حين ندرك الدلالة الدنيوية للمجتمع المدني حيث لم يكن أمام المجتمع المدني إلا خوض صراع قاس مع الإكليروس الذي كان يرى أن كل شيء في الأرض من اختصاص الكنيسة. لا

توجد مبالغة بقولنا إن تاريخ الأفكار المعاصر في أوروبا ليس بأكثر من سرد لتقلص مشاركة الكهان في الحكم(٢٥). تنطلق الكنيسة في تصورها لحالة الحكم من فكرة أن سيطرة الإنسان على الإنسان هي حالة غريبة عن الطبيعة الإنسانية النقية والطاهرة التي كانت توجد قبل سقوط آدم من الجنة. فهذه السيطرة ليست إلا فدية وتكفير عن الخطيئة. لذلك لابد للكنيسة من ان تقود مثل هذه السيطرة لضمان ان تكون كلمة اللـه ومغفرته هي العليا. لقد رأت "كاتدرائيات الأفكار"(٢٦) أن عظمة الأكليروس لا يمكن ان تقارن بعظمة الإنسان، لأن الأساقفة هم خلفاء الانبياء والرسل(٢٧). لقد كان البابا غريغوار السابع أفضل من شرع لسلطة الكنيسة والبابا المنزه عن اي محاسبة ومساءلة من اي كان. فيما كان بوسويه المؤرخ الفرنسي أفضل من شرع لحق الملوك المقدس إذ ان الملك يحل محل اللـه الذي هو الأب الحقيقي لكل البشر وعليه فإن الملك صورة عن أبيه وله ما له. الإسناد الفقهي اللاهوتي لمثل هذه الشرعية الدينية الكنيسية يرجع إلى قول السيد المسيح لبطرس (أبو الكنيسة الاول) "إرع خرافي"، ما يعتبر تفويضا منه للكنيسة بإدارة الحياة الدنيوية والدينية بعده. يقول المسيح لبطرس "إن كل ما ستربطه على الأرض سيكون مربوطا في السماء. وكل ما ستحله على الأرض سيكون محلولا في السماء". لا يوجد تفويض اكبر من هذا للكنيسة لتزعم حقها الإلهي في الحكم. إنه ذات الحق الذي استند عليه البابا غريغوار مهندس الحكم الإلهي بامتياز في سحب الشرعية عن هنرى الرابع في العام ١٠٧٦ حين أصدر فرمانه الإلهي "أيها السعيد بطرس، يا أمير الرسل.. إنني بقوة ثقتك.. وبسلطتك ونفوذك، امنع الملك هنري.. الذي وقف بغرور أحمق ضد كنيستك، من حكم مملكة ألمانيا وإيطاليا. واحل كل المسيحيين من اليمين الذي أدوه له، وامنع أي شخص كان من الاعتراف به كملك. إن من المناسب بالفعل أن يفقد، ذاك الذي يريد أن ينقص من شرف كنيستك، الشرف الذي يبدو أنه يمتلكه". إن مثل هذا التدخل السافر باسم الناس العاديين في تحديد ولائهم السياسي هو ما سيناضل فقهاء السياسة والمجتمع بعد ذلك في صراع طاحن يكون ثمرته وفاكهته الأكثر شهرة المجتمع المدني في مقابل مجتمع الكهنة، والدولة في مقابل الكنيسة. إن هذا الصراع هو اعادة اعتبار للفرد بدلا من النظر إليه بوصفه مكفرا عن اخطاء جده الأول. ربما كان الإصلاح الديني الذي عصف بالكنيسة هو الشرارة التي أعطت لهذه النار الوهج. لقد شكلت مواقف بطاركة الإصلاح الديني من لوثر إلى كالفن دفاعا صريحا عن الفرد مقابل بطش الكنيسة وبذلك

أرست هذه المواقف للمطالب المدينية المتقدمة بعلو الفرد وسموه على الكاهن. لقد اعاد كالفن للمجتمع المدني وللتنظيمات المدينية التابعة له مثل الشرطة مهمة التنظيم المدني للدين، أي إدارته ومتابعة حقوق الـلـه مثل العقاب لتفشي المعصية .

وتطور المجتمع المدني وثيق الصلة ليس بميلاد المجتمع الصناعي وبروز الطبقة البرجوازية فحسب بل بتوترات المجتمع الغربي المختلفة في حضورها الإقتصادي والإجتماعي والثقافي والسياسي بشكل عام. وبكلمة أخرى فإن تاريخ المجتمع المدني هو اعادة سرد لتاريخ الحداثة الاوروبية وتاريخ نشوء الدولة وتشكل القوميات وترسيم الهويات الوطنية في عالم ما بعد "ويستفاليا" من ثم صعود نجم الرأسمالية الليبرالية وإقتصاديات السوق .

وبعيدا عن القراءة الماركسية للتاريخ فإن صراع البرجوازية في سبيل تحقيق ذاتها السياسية أول المفتتح في أي قراءة للتاريخ السياسي للواقع الأوروبي في العصر الحديث. كان على البرجوازية ان تخوض مجموعة من الصراعات على أكثر من صعيد. كان النظام الإقطاعي بتبعاته السياسية والإقتصادية والإجتماعية ومنظومة القيم التي أفرزها أول التحديات التي كانت تعيق بزوغ نجم البرجوازية. وليس من شك ان الإقطاع لم يكن وحيدا في المعركة ضد الصعود المحتمل للبرجوازية. كان على أي تغيير في مبنى القيم السائدة ان يصيب في الأساس نظرة المجتمع للحكم وللسلطة. كان على هذا الصراع ان يقضي على شريعة غريغوار التيوقراطية وخوض صراعات قاسية ومريرة في بعض الأحيان لتحييد مبدأ الحق الإلهي أو حق الملوك المقدس كما صاغها بوسويه في سبيل نزع القدسية عن السلطة أيا كان مصدر هذه القدسية وجعل الحكم شأنا أرضيا يشرعه البشر وهو بالتالي متغير .

تبعات مثل هذا التغير كثيرة أولها اعطاء الأولوية للفرد وليس للمقدس ويتبع ذلك التركيز على جملة من الحقوق يتصدرها حق الملكية الفردية. ولا يغيب عن بال متتبع تطور نشوء المجتمع المدني مركزية "الملكية "في هذه المسيرة للدرجة التي يبدو فيها تاريخ المجتمع المدني هو تاريخ تمفصل الفرد وتحديد جملة حقوقه الخاصة.

تاريخيا ارتبط ظهور المجتمع المدني بتراجع المجتمع الإقطاعي وظهور البرجوازية والصراع المرير حول مجتمع الحقوق الفردية والانتصار لمقدرة البشر على التعاقد في

سبيل ضمان هذه الحقوق. لسنا في سياق دراسة وتحليل الواقع السسيولوجي للمجتمع الإقطاعي والتقلبات الطبقية التي حدثت مع تراجع الإقطاع والنبلاء غير أنه دون فهم مثل هذا التحليل وهذه التقلبات لا يستقيم فهم صحيح لتشكل المجتمع المدني في سياقه المبكر. الصراع على الحقوق هو اللبنة الأولى في تشكل الفرد كذات حقوقية في المجتمع، وهذا الفرد بوصفه الوحدة الاهم التي يتشكل هذا المجتمع من إئتلاف مثيلاتها هو مادة المجتمع المدني، لكنه الفرد لا بوصفه انسانا فحسب بل بوصفه مواطنا في مجتمع المواطنين، ومجتمع المواطنين هو المجتمع السياسي الذي انبثقت منه الدولة. فإذا كانت الجماعة القروسطية هي الوحدة الأساسية للمجتمع الإقطاعي فإن الفرد أصبح الوحدة الأساسية للمجتمع المدني(٢٨). اساس المجتمع المدني هو المواطن بوصفه ذاتا في علاقتها مع الدولة. لذا كانت فكرة المواطنة، وإن كانت بأشكالها الأولى، في صلب النقاش حول المجتمع المدني وكانت تلك العلاقة المواطنية هي لبنة تطور المفهوم ومحوره. لم يكن الصراع الذي نشب في القرن السابع عشر بين المجتمع المدني والدولة الكنسية الكهانوتية المبنية على الحق الإلهي أو لاحقا الحق المقدس عموما ابعد من هذا السجال، كما لم يكن صراع المجتمع المدني مع الطابع العسكري الشمولي القمعي للدولة في القرن العشرين ايضا بعيدا عن فكرة المواطنة بتبعاتها الحقوقية. فالفرد في المجتمع المدني ذات حرة مستقلة إذ أن مفهوم المواطنة تقع في نواة المجتمع المدني الصلبة، والمتتبع لتاريخ نشوء وتطور المجتمع المدني يكاد يستنتج انه من المتعذر الحديث عن مجتمع مدني في مجتمع تشوب فكرة المواطنة فيه ضبابية شديدة. والأفراد بوصفهم ذواتا حرة متذررة بإقتراح هيغل يجسدون المجتمع. فالمجتمع المدني هو مجتمع الحريات، هو مجتمع الحقوق والتعددية والتنافس المكفول بالقانون والمساواة المحمية بالعدالة .

لا يجب ان يوهمنا التحليل السابق أن المجتمع الإقطاعي هو مجتمع بلا حقوق وبلا صياغات حقوقية تقسم لكل فرد حقوقه وواجباته بل إن الصحيح ان هذا المجتمع الإقطاعي كان اكثر صرامة في تحديد الحقوق وفرضها على الأفراد. لكن القصة لا تكمن في وجود هذه الحقوق بل في جودتها أو في عدالتها إذ ان البطش قد يكون حقا يعترف فيه القانون لفرد على باقي رفاقه البشر دون ان يعني هذا أحقية الحق ذاته. فالمجتمع الإقطاعي حدد لكل فرد حقه لكن هذا الحق كان رهنا بالموقع الإجتماعي وبالتالي كانت حقوق البشر متباينة. وبالتالي لم يكن مستغربا ان يبدأ فلاسفة الحق الطبيعي او العقد

الإجتماعي او الأنوار مرافعاتهم الشهيرة في البحث عن واقع أفضل من حالة الطبيعة وهي الحالة الافتراضية التي كان فيها الإنسان حرا بلا قانون وبلا قيود. هذه الحالة تمثل للكثيرين الحالة الجميلة لكنها مثل الطفولة لا يمكن ان تعود، وبما انه من المتعذر العودة إليها فلابد من صياغة آلية تنظم العلاقات بين البشر للوصول لحالة يحمي فيها البشر أنفسهم ويصلون إلى الوضع المثالي النموذجي. من مصوغات هذا البحث عن مثل هذا الوضوع إعادة الاعتبار للفرد وللحقوق الفردية المرتبطة به والتي كفلتها الحالة الطبيعية، والأهم من كل ذلك البحث في سسيولوجيا تشكل الدولة والمجتمع السياسي بوصفه القابلة التاريخية لتشكلها. ومثل هذا البحث دعا قبل كل شيء إلى تأصيل نظري للحالة الطبيعية والحالة غير الطبيعية التي هي ليست أقل من مقاربة نظرية للحالة الطبيعية لكنها حالة إصطناعية مثل حيوان هوبس. وعليه كان البحث عن المجتمع المدني او المجتمع السياسي بحثا عن المساواة. لنلاحظ ان مثل هذه الكلمة ستظل من المفاتيح الجوهرية التي ستصاحب الفلسفة والفكر السياسي كما لن تغيب ابدا عن كل دوائر السجال حول المجتمع المدني لتجد ضالتها في الصياغات الديمقراطية والليبرالية المعاصرة وتصديرها خارج السياق الأوروبي .

بيد أن صراع البرجوازية مع النظام الإقطاعي ومع السلطة المقدسة أنتج أهم ظاهرة في التاريخ السياسي المعاصر: الدولة. الكيانات السياسية التي افرزها الإقطاع على شكل امبراطوريات ودول-مدينة و تحالفات إقليمية لا يمكن بمفاهيمنا ان نطلق عليها دولة. إن الدولة كما نعرفها اليوم هي نتاج معاصر. وربما لم يكن ماركس مخطئا في القول إن الدولة هي نتاج البرجوازية دون ان نسلم بالتبرير الأدواتي في علاقة البرجوازية بالدولة. هذا القول يقودنا للنظر في تمظهر الدولة في التاريخ المعاصر في ذات السياق الذي تمظهر فيه المجتمع المدني. ثمة قناعة لا تغيب عن بال دارس مسيرة نشوء المجتمع المدني في سياقه الأوروبي تقول بأن تاريخ صعود المجتمع المدني هو سرد تاريخ نشوء الدولة. والمجتمع المدني مثل الدولة لم ينشأ ولم يتشكل بضربة واحدة. وتاريخ نشوء الدولة كما يعترف الدارسون هو تاريخ صراع الجماهير مع الأمراء، إنه تاريخ تنازل الأمراء والملوك وبالطبع الكنيسة عن السلطات المطلقة التي كانت بحوزتهم لصالح حكم أكثر تسامحا وأكثر انفتاحا يساهم فيه السكان (فيما بعد مواطنون) في تحديد مستقبلهم. وبالقدر الذي يمكن ان نتحدث فيه عن الدولة بوصفها اعادة الاعتبار للجماعة فإن

المجتمع المدني أيضا كان اعادة اعتبار للفرد في الأساس وللجماعة بوصفها اتحاد مجموع افراد. هذا لا يجب أن يعني بأي حال من الأحوال ان الفرد ليس من اختصاص الدولة لكن ما نريد ان نطرحه هنا هو حقيقة ان الفرد في الأساس هو قلب المجتمع المدني (دون ان نغفل جملة الحقوق المترتبة على مثل هذه المكانة) وهو لا يتحقق إلا بإدراك ذاته وتحققها ومن ثم اشتباكه مع الأفراد الآخرين لتشكيل جماعة او جماعات على شكل تنظيمات واتحادات وتكتلات تكون هي المؤشر على ظهور المجتمع المدني. أما الدولة فهي تعنى بالفرد بوصفه عضوا فيها، ينتمي لها ويأتمر بقوانينها ويلتزم بواجباته تجاهها وبالطبع يتلقى حقوقه التي تؤمنها هي له، أي بوصفه مواطنا فيها. كان هيغل من أصر على هذا التمايز بين الدولة والمجتمع المدني في علاقتهما بالفرد. يقول هيغل ان الدولة بوصفها الروح الذاتية فإن الفرد بحد ذاته ليس موضوعا وحقيقة خاصة بالدولة إلا بقدر ما هو عضو في الدولة. ما يمكن ان يقترحه التحليل السابق هو تلازم نشوء المجتمع المدني والدولة بوصفهما دلالة نمو مجتمع المصالح والحاجات، مجتمع يبحث عن تحقيق ذاته .

هذا التلازم في الميلاد بين المجتمع المدني والدولة جعل النظر إلى أحدهما بمعزل عن الآخر ضربا من الجهل، للدرجة التي وقع الكثيرون من دعاة المجتمع المدني في العالم الثالث في خطأ فادح عندما خلطوا بين الإثنين وتوهموا بضرورة ان ينصب المجتمع المدني نفسه معولا لهدم الدولة بحكم (كما اعتقدوا) ان احدهما يجب ان يقوم على انقاض الآخر. وبالطبع فإن تفهم التاريخ القمعي والتوليتاري الذي عاش تحته نشطاء المجتمع المدني من قبل دولهم هو ما خلق حالة العداء عندهم تجاه الدولة. ما نريد قوله هنا إن تلازم الدولة والمجتمع المدني جعل قراءة أحدهما تستدعي الآخر.

من العسير الفصل بين المجتمع السياسي والمجتمع المدني في ظل كون الدولة هي الإطار القانوني والسياسي للمجتمع المدني إلا أن الأدبيات السياسية والفكرية التي بدأت تعيد التنظير للمجتمع المدني ربطت بين المجتمع المدني وتعزيز الديمقراطية. ومن هذا الربط ظهر التمييز البسيط ولكن الهام بين المجتمع المدني والمجتمع السياسي. بات واضحا أن المجتمع المدني هو شكل متقدم من أشكال المجتمع السياسي(٢٩) إنه الشكل الذي يعتمد الديقراطية والمشاركة في علاقاته الداخلية وفي رؤيته وتجسيده لعلاقاته بالدولة. غير أن هذا الربط بين المجتمع المدني والديمقراطية لا يهدف إلا لإعطاء نوع

من الشرعية للفاعلية السياسية التي يمثلها المجتمع المدني. غير ان الخاصية الديمقراطية للمجتمع المدني لا تساعد في فهم جوهر افتراق السياسي عن المدني. قبل تأمل الخاصية السياسية للمجتمع السياسي والخاصية المدنية للمجتمع المدني لابد من الاتفاق على أن طبيعة العلاقة بين المدني والسياسي غير ثابتة فما كان في عصر ينسب إلى المجتمع السياسي قد ينسب إلى المجتمع المدني في عصر آخر، وفي ذات الفهم فإن ما كان من شأن المجتمع المدني اليوم قد يصبح من شأن السياسي غدا. مثلا: تاريخيا كانت الكنيسة في أوروبا من شأن الدولة في العصور الوسطى لكنها بعد تهميشها أصبحت في سياقات عديدة من متعلقات المجتمع المدني وتمثل الدور المركزي للكنيسة في دورها الفاعل في عملية التحول الديمقراطي في بولندا. أيضا الامر ذاته ينسحب على الدين في العالم العربي ففي فترة كان رجال الدين يلعبون دورا هاما في خلق حيز عام بعيدا عن سلطة الدولة وعاد واصبح الدين من متعلقات الدولة قبل أن تعود الجمعيات الإسلامية وفي ظل ظهور الإسلام السياسي لتصبح المرشحة الأقوى للعب دور مهم في المجتمع المدني .

ويظل باب الفصل بين المدني والسياسي في ان المجتمع المدني يتعلق بعلاقات الأفراد بما هم مواطنون ينتجون حياتهم المادية وعقائدهم وافكارهم ومقدساتهم ورموزهم وليس بما هم أفراد تربطهم علاقات سياسية أو علاقات هي من نتاج السياسة. غير ان السلطة السياسية قد تقوم باستخدام هذه المنتجات العقائدية والفكرية والمقدسات والرموز وتضفي عليها بعدا سياسيا.

ويبقى المجتمع المدني يتشكل من كل التنظيمات والجمعيات والمؤسسات "التي تختص بانتاج حياة البشر الاقتصادية والأخلاقية والأسرية (والفكرية والاجتماعية) والتي لا تخضع لتنظيم رسمي شامل وعام من قبل السلطة المركزية". (٣٠)

وإذا كانت علاقة المجتمع المدني بالمجتمع السياسي بهذا الحال فعلاقة المجتمع المدني مع الدولة هي علاقة غير مستقرة بطبيعة الحال وهي بالتالي متغيرة والحدود بينهما قابلة للزحزحة من وقت لآخر وفقا لمعالم الحقل السياسي الذي ينظم علاقة المجتمع بالسلطة السياسية الحاكمة. وتأسيسا عليه فإن وظائف المجتمع المدني تتبدل من وقت لآخر واجندته تتغير من دولة لأخرى. والمجتمع المدني الصحي دائما في طور مراجعة اوراقه ومساءلة وظائفه وليس أدل على هذا من اختلاف اجندة المجتمع المدني

من مجتمع إلى آخر، فغني عن القول بأن الدمقرطة لم تعد تقلق أقطاب المجتمع المدني في الدول الغربية إذ باتت من مسلمات النظام السياسي والإجتماعي والفكري فيما لازالت هي الجوهر الوظيفي للمجتمع المدني في جل الدول النامية وغير الديمقراطية.
ويكفي تأمل نظرة المجتمع المدني لعلاقة المواطن الحقوقية في الدولة في سياقات ثلاثة متباينة: العالم الثالث واوروبا الشرقية واوروبا الغربية. واحدة من المسلمات بين المشتغلين في المجتمع المدني في العالم الثالث ان المواطن في هذه الدول ليس مواطنا بالمعنى الحقوقي للكلمة إذ ان حقوقه كلها (المدنية والسياسية والإجتماعية) مغيبة ومسلوبة، واقتضى هذا الغياب وهذا الاستلاب ان يضع هؤلاء هذه الحقوق الثلاثة في سلم أولوياتهم في صراعهم المرير مع الدولة. لنلاحظ أننا استخدمنا كلمة صراع في تأصيل العلاقة حيث ان غياب العامل الديمقراطي في الحقل السياسي في هذه الدول جعل من مجرد فكرة طرح هذه الحريات "جهادا" ومشقة. وإذا كان الحال كذلك في العالم الثالث فإن المجتمع المدني في اوروبا الشرقية وبعد مشاركته الفاعلة في التحول الديمقراطي وتحقيق جملة من الحقوق التي شملت الحق السياسي والحقوق المدنية وحقوق الأقليات خصوصا، بقي عليه من جملة ما بقي الحقوق الإجتماعية الموسعة. ولما كان المجتمع المدني في اوروبا الغربية قد أنجز سلة الحقوق هذه فقد بات انتباهه متمركزا على البحث عن المشاركة الاجتماعية في تطبيق هذه الحقوق ولامركزة عملية اتخاذ القرار فيها وتوسيع باب الديمقراطية المباشرة في قطاعات كثيرة تمس الحياة اليومية للمواطنين(٣١) .
تاريخيا احتدم الجدل حول المجتمع المدني وعلاقته بالدولة في الفترات التاريخية التي كانت الدولة فيها موضع مساءلة أو في الفترة التي شهد نشوء الدول وتشكل الكيانات ازديادا وتكاثرا حيث أن المجتمع برز في العادة ليس كنقيض للدولة بل تم استحضار المجتمع المدني تارة لاعطاء شرعية للدولة وللحكم وتارة ثانية لنزع هذه الشرعية وتارة لتبرير وجودها .
هناك نزوع للإيمان بأن ضعف الدولة يعني قوة المجتمع المدني وقوتها يعني ضعفه، والكثير من الشواهد التاريخية تجعل من هذا النزوع في مرات عديدة اقرب إلى الحقيقة. يمكن مثلا فهم ظهور مفهوم المجتمع المدني ككيان مستقل عن الدولة في بريطانيا وفي العالم الأنكلوسكسوني في ضوء غياب دولة قوية فيما لابد ان قوة وقبضة الدول في أوروبا الإشتراكية جعلت من فكرة المجتمع المدني هجينة. "المجتمع المدني ليس نتاج هدم او

تراجع الدولة او زعزعتها" كما يقول عزمي بشارة، "وإنما هو نتاج تحديد العلاقة بينهما،(بين الدولة) كمجال السلطة واحتكار القوة، وبين المجتمع المفترض فيه ان يكون مصدر شرعيتها". ويعيب عزمي بشارة على منظري المجتمع المدني العربي تنصيب المجتمع ضد السياسة أو المجتمع المدني ضد الدولة بزعم موازنة الفساد ويقول إن تحقيق ذلك لا يتطلب العزوف عن السياسة بل تفعيل المجتمع. وتفعيل المجتمع يقتضي انهماكه في السياسة وقلقه عليها(٣٢). فالمجتمع المدني والدولة توأمان سياميان بكلماته وعليه يتعذر تصور مجتمع مدني ينهض على أشلاء دولة ضعيفة إذ أنه في اللحظة التي يحاول المجتمع المدني قتل الدولة فهو يقتل نفسه، من هنا أمكن تفهم الشلل والعطب الذي يصيب المجتمعات المدنية في الكثير من دول العالم الثالث حين تضع نصب عينيها هدم الدولة وتصب عداءها للدولة بقصد إذابتها. وتاريخ تشكل الدولة في اوروبا هو رواية أخرى لسرد تاريخ تشكل المجتمع المدني .

من غير المشكوك فيه أن انسحاب الدولة يقود إلى تقدم وازدهار المجتمع المدني. فمثلا عملية الخصخصة التي اجرتها الكثير من دول العالم الثالث هل نتج عنها مجتمع مدني قوي؟. هناك من يقول من انصار الدولة بأن ما تعطيه الدولة بيد تأخذه بأخرى، وهناك الكثير من السجل الفكري بين انصار العولمة وبين من يرفضها وبين انصار الدولة يتمحور حول مستقبل الدولة ومؤسساتها، لكن ما يظل مؤكدا وواضحا بأنه من غير الممكن تصور الدولة تختفي كظاهرة. وربما كان الحال مختلفا إذا تأملنا الكيانات السياسية الفاعلة ذات المجتمع المدني القوي. النتيجة التي قد نخلص إليها بأن المجتمع المدني الفاعل والنشط يوجد في دولة قوية وثابتة وممأسسة. فضعف الدولة يقود إلى مجتمع مدني ضعيف. والثابت ان تبرير ضعف المجتمع المدني في العالم الثالث لا علاقة له بقوة الدولة في هذه المناطق بقدر ارتباطه بطبيعة النظام السياسي الشمولي فيها.

الثابت ان الدول ضرورية لتماسك المجتمع. فنظرا لكون التنافر والتناقض والتنافس من سمات المجتمع المدني فالدولة هامة لتماسكه وهي ضمانة فاعليته وتحقيق شروط وجوده إذ هي التي تضبطه وتعمل على ضمان تماسكه وهي للمجتمع المدني كمثل الوعاء للحساء بتصوير برهان غليون، فالوعاء يمسك الحساء ويمنعه من الانسكاب. والدولة بتوفيرها الضمانة الأخلاقية والقانونية تشكل القاعدة الخصبة والبوتقة المريحة التي يتفاعل فيها المجتمع المدني.

مرة أخرى، من غير الممكن التفكير في نشوء هيمنة الطبقة البرجوازية بعيدا عن استحضار نشوء هذا الكم الهائل من الأسئلة حول الحق الإلهي والحق الدنيوي ومساءلة صلاحيات الملك المتراجعة بشكل واضح امام القوى السياسة الناشئة مثل البرلمان أو المجالس، ومن ثم تشكل الأحزاب السياسية المدافعة عن مصالح ومواقف سياسية خاصة وبعد ذلك تشكل عالم المنظمات والجمعيات المهنية والنقابية والتطوعية التي وقفت لتحمل لواء المرافعة عن حقوق اعضائها. ثمة شيء في التاريخ الأوروبي يقترح ان المجتمع المدني كما نعرفه الآن مركب لا يمكن تجريده بتعريف بسيط يمكن حمله من سياقة التاريخي والسياسي والبحث عنه في سياقات سياسية وثقافية مختلفة. بل إن الفهم الأسلم للمجتمع المدني كما يقترحه تطور نشوء المجتمع لا يستقيم بدون فهم هذه السياقات التاريخية المركبة بذاتها التي كان المجتمع المدني كمفهوم وكظاهرة نتاجا لها. فقط ضمن هذا الفهم يمكن تأمل المجتمع المدني في سياقات أخرى إذ إن من شأن فهم الواقع السياقي لتطور المفهوم أن يساعدنا في تلمس المجتمع المدني في سياقات مختلفة. ولما كان تاريخ الأفكار مبنيا على التسامح بالقدر الذي تنتقل فيه المفاهيم وترحل بلا قيود فإن المجتمع المدني ضمن هذه الرؤية، وإن كان نتاجا مركبا لسياق تارخي وسياسي ما، فإنه من الممكن القول بوجود واقع سياسي آخر يمكن ان ينمو وينتعش فيه مجتمع مدني آخر متلائم مع التجربة السياسية والواقع الإجتماعي والثقافي للمجتمع .

ثالثا: ما بعد المجتمع المدني

عناوين الكثير من الكتب والمقالات تقترح ان تغيرا جذريا حدث على مفهوم المجتمع المدني بأفول القرن الماضي وان هناك حاجة باتت ماسة لتأمل المجتمع المدني وتبصر وضعيته في سبيل ترشيد العلاقة بين الفرد والمجتمع والدولة. لا يوجد حديث عن انتهاء حقبة المجتمع المدني بالمعنى التاريخي، لكن هناك حديث عن تغيرات جذرية تطرأ على المجتمعات (الغربية خصوصا) تستدعي اعادة الاعتبار للمجتمع المدني وتفعيل دوره في حياة البشر وتتطلب قدرا من المرونة في التعاطي مع ظواهر اجتماعية جديدة من الصعب احتواؤها نظريا في التعريف الكلاسيكي للمجتمع المدني .

يقول محرر كتاب "بناء مجتمع من المواطنين: المجتمع المدني في القرن الحادي والعشرين"، دون إي إيبرلي ان سلطة مؤسسات مثل الأسرة والكنيسة والأحياء والكنس والجمعيات التطوعية قد ضعفت في المجتمع الأمريكي، وأضحى الامريكيون غارقين في فردانيتهم منهمكين في شؤونهم الخاصة لا يحركهم سوى الوعد بمزيد من الحقوق والمكتسبات ولا يحركهم الواجب المدني. يقول "فحين ضعفت بنى المجتمع الوسيطة -الأسر والكنائس والمجتمعات المحلية، والجمعيات التطوعية- وشارفت على الانهيار، بقي الأفراد أكثر عزلة وقابلية للانهيار داخل دولة تزداد سيطرتها اتساعا"(٣٣). لنتأمل المعضلة التي يندبها إيبرلي محقا. مثلث العلاقة: الفرد، المجتمع المدني، الدولة. دور المجتمع المدني هو وسيط وفي اللحظة التي ترجح كفة أحد الأطراف على الآخر يختل دور الوسيط او يفقد وساطته. إحدى معضلات العالم الثالث وعالمنا العربي، لنتذكر، هو قمع الدولة وضعف الفرد. وكما سنلاحظ في الفصلين الثالث والرابع فلا يوجد فرد بمعنى مواطن وبمعنى ذات حقوقية في البلدان العربية وأن الدولة قوية بمعنى انها تستخدم القمع. في أمريكا وفق إيبرلي هناك انغماس شديد في الفردانية للدرجة التي ماتت فيها حساسية المواطن الامريكي للمشاركة في الحياة العامة سواء عبر المشاركة المجتمعية (المجتمع المدني) او عبر المشاركة السياسية (الدولة). وعليه فهو يدعو الأمريكيين إلى "مقاومة الخسارة المضطردة في استقلالهم المدني عن طريق تعزيز الجمعيات والمؤسسات المحلية.. وهناك امل كبير في خلق مجتمع محلي أصيل من دون كبح الفردانية والتوجهات البيروقراطية"(٣٤). بكلمة أخرى هناك حاجة ماسة لعودة المجتمع المدني الفاعل والنشط لملء الفراغ.

مع توسيع باب المشاركة الجماهيرية وتذمر المجتمع من الدولة وسياساتها وكذلك تقلص صلاحيات الدولة مع التطورات المتسارعة في الاقتصاد وثورة المعلومات ومع ظهور ما يمكن تسميته المجتمع المدني الكوني ظهر على الساحة لاعبون جدد وهو ما عرف بالحركات الإجتماعية .social movements لم يخرج هؤلاء من عباءة الدولة كما لم تشترك مع المجتمع المدني في الكثير من الأشياء، بل افترقت عن الإثنين، فقد نزعت اكثر إلى العمل ضمن قواعد المجتمع التحتية متخلية عن قواعد المجتمع المدني التقليدية مثل الاحزاب والنقابات. وتمتد هذه الجمعيات من الحركات النسوية إلى الجمعيات الشبابية وحماية البيئة والحيوان والطفل وغيرهم للدرجة التي باتت هذه

الجمعيات تعمل على خلخلة طمأنينة الدولة كما تعمل على دفع الحراك في المجتمع المدني إلى أقصاه من خلال التنوع والتعدد والتنافس(٣٥).

بدأ الاهتمام بظهور الحركات الإجتماعية مع تسارع نظريات تطور المجتمع ونظريات "التصرف الجماعي collective" Behaviour مثل كتابات نيل سميلسر وغيره. يقترح منظرو "التصرف الجماعي" أن الحركات الإجتماعية هي رد فعل طبيعي على الشروط غير الطبيعية للحراك التركيبي بين المؤسسات المجتمعية المختلفة الأمر الذي يقود إلى خلخلة في كل النظام الإجتماعي(٣٦). هناك أيضا من برر ظهور الحركات الإجتماعية على انها ردود منطقية وبسيطة لأوضاع تطرأ على المجتمع وفرص تستجد فيه. إنها حركات تستغل هذه الفرص وتستجيب لهذه التطورات(٣٧). هذه الحركات بكلمة أخرى تحرك المصادر المتاحة لها في المجتمع لخلق أشكال جديدة وخلاقة من المشاركة السياسية(٣٨).

وتفترق الحركات الاجتماعية عن المجتمع المدني في موقعها ووظيفتها في النسق الاجتماعي. المجتمع المدني ينشأ وفق تركيب اجتماعي محدد (نظام اجتماعي) والذي لا بد ان يكون له ارتداده في المجتمع المدني. حين يكون هناك توافق تام بين النظام الاجتماعي وبين المجتمع المدني عندها يقوم المجتمع بتحقيق مصالحه عبر اشكال تقليدية راسخة فيه ولن يكون هناك حاجة لظهور حركات اجتماعية. لكن مع تنامي المجتمع ما بعد الصناعي وتسارع حدة التشريعات وتكاثر ثورة المعلومات أصبح مثل هذا التوافق التام بين النظام الاجتماعي والمجتمع المدني غير وارد بشكله الطوباوي. دائما هناك مساحة من عدم التطابق (تتراوح من مجتمع لآخر) بين النظام الاجتماعي وبين المجتمع. هذا المساحة مليئة بالمصالح الاجتماعية غير المحتواة ضمن النظام الاجتماعي السائد. من هنا تبزغ الحاجة لظهور الحركات الاجتماعية للاستجابة لهذه المصالح وبالتالي فهي تقوم بطريقة متأنية بتغيير النظام الاجتماعي ذاته. وعليه تتنوع الحركات الاجتماعية بتنوع هذه المصالح الاجتماعية التي هي بحاجة لتلبية. يقول هابرماس ان نتيجة ذلك هو ردود فعل ليست نتيجة الانتاج المادي كما انها "ليست مقننة عبر أحزاب أو منظمات .. إنها (تتمظهر عبر) تناقضات ناجمة عن إعادة الإنتاجية الثقافية والتكامل الإجتماعي وعملية الحراك"(٣٩).

وهي في ذلك تعمل في الجذور وبين الشرائح المتدنية للمجتمع وفي الساحات التي تغفلها الدولة ويتجاوزها المجتمع المدني.

جملة القول إن الحركات الإجتماعية أضافت

بعدا جديدا للمجتمع المدني في انها أخرجته من حالة النخبوية التي عاشها في ظل طموحه لتحدي الدولة او العمل على إصلاحها وباتت هذه الحركات من خلال عملها في البنى التحتية للمجتمع وزيادة اسهامها في صناعة حياتها وتكييف الشروط العامة للحياة مع تنوع وتلون المجتمع، باتت هذه الحركات نقطة جذب في علاقة الدولة بمحيطها وبالمجتمع عموما .
ثمة شعور بمرور الزمن وتقادم المجتمع المدني دون ان يعني هذا تحلله فطالما كان هناك فرد كان هناك مجتمع مدني حيث ينزع الأفراد للتكتل او للتعاقد (لنعود بالمجتمع المدني إلى منظريه الاوائل) فيما بينهم. لكن ايضا ثمة شعور صادق بضياع البوصلة في حالات بعض المجتمعات المدنية حين يغرق الفرد في ذاتيته وتتراجع المواطنة وتنحصر في النشاط السياسي (التصويت)(٤٠) وحين يتم التعامل مع المواطن بوصفه زبوناclient ، وتنتفي عنده روح التطوع وروح التعاقد في جمعيات محلية ذات اهداف متنوعة تلبي اهتماماته ومصالحه. وايضا ثمة ادراك واضح لهيمنة بعض الظواهر المجتمعية التي هي بحجمها ووظيفتها تتخطى المبنى الكلاسيكي للمجتمع المدني .
لم تكن رحلة البحث عن المجتمع المدني إلا رحلة لتفسير غياب الحالة الطبيعية الافتراضية او التاريخية وهي رحلة وازت تطور المجتمعات الحديثة. لكن الثابت في هذه الرحلة هو ان المجتمع المدني كمفهوم ظهر في البداية ليشير لحالة الاتفاق بين الافراد على ميثاق أو عقد يحميهم من حياة الغاب التي مثلتها الحالة الطبيعية أو التي مثلها غياب الحالة الطبيعية او التي يتمنونها في سبيل حياة أكثر أمنا. وأيا كان الحال فتطور المفهوم ارتبط ارتباطا وثيقا بحركة نمو الكيانات السياسية وهي حركة شهدت ازدهارا متواصلا للبنى الوسيطة في المجتمع في المساحة بين الفرد و الـلـه. في البداية ظهرت الدولة بوصفها من يشغل هذه المساحة ثم تقلصت المساحة لتصبح بين الفرد والدولة وبعد ذلك تقلصت المساحة لتستثني المجتمع السياسي برمته. إن المفهوم في عملية نمو وتطور لا يمكن معها الجزم بصيغة ثابتة له.(٤١)

الهوامش:

1 -شوفاليه ١٩٩٣، ٣١٦

2 -حسام عيسى في تعقيباته على ورقة سعيد بنسعيد العلوي ، "نشأة وتطور مفهوم المجتمع المدني في الفكر الغربي الحديث" في: المجتمع المدني في الوطن العربي ودوره في تحقيق الديمقراطية. بحوث ومناقشات الندوة الفكرية التي نظمها مركز دراسات الوحدة العربية. بيروت. طبعة ثانية ٢٠٠١

3 -عام ١٦٨٣ قامت جامعة أكسفورد بإدانة هوبز لتعرضه بالنقد لسلطة الحق الإلهي واستنتاجه بأن مصدر كل سلطة إرادة أرضية .

4 -صادق جلال العظم، دفاعا عن المادية التاريخية، دار الفكر الجديد، بيروت ١٩٩٠ .

5 -مقتبس في: شوفاليه، ١٩٩٣: ٣٨٢

6 -من هؤلاء مثلا ثوماس بيين .Thomas Paine

7 -محمد جمال باروت، المجتمع المدني: مفهوما واشكالية، دار الصداقة، حلب، ١٩٩٥ :٢١. الخط العريض في النص الأصلي.

8 -باروت ،١٩٩٥ ٣١:.

9 -مقتبس في جان جاك شوفالييه، تاريخ الفكر السياسي: من الدولة القومية إلى الدولة الاممية. ترجمة محمد عرب صاصيلا. ط٣: ٢٠٠٢، المؤسسة الجامعية للدراسات والنشر والتوزيع .

10 -عقب الثورة الفرنسية وما حملته من كارثة للطبقة الأرستقراطية والإقطاعية ظهرت بعض الكتابات التي دافعت عن النظام السابق وهاجمت الأفكار التي استمدت الثورة منها شرعيتها وفي قلبها نظريات العقد الاجتماعي والحق الطبيعي. من هؤلاء مثلا ج. دو ميستر وكتابه دراسة في السياسة و نظرات على فرنسا و مقالة حول المبدأ المولد للدساتير، والنبيل الفرنسي ل. دو بولند و كتابه نظرية السلطة السياسية والدينية في المجتمع المدني كما برهن عليها التفكير العقلي والتاريخ .

11 -هيغل: مبادئ فلسفة الحق، ترجمة تيسير شيخ الأرض، وزارة الثقافة، دمشق، ١٩٧٤، ص ٤٠.

12 -عزمي بشارة، المجتمع المدني: دراسة نقدية (مع إشارة للمجتمع المدني العربي)، مركز دراسات الوحدة العربية، بيروت/ ط.٢، : ٢٠٠٠ ١٣٩.

13 -عبد الباري الهرماسي "المجتمع المدني والدولة في الممارسة السياسية الغربية (من القرن التاسع عشر إلى اليوم:دراسة مقارنة) في: المجتمع المدني في الوطن العربي ودوره في تحقيق الديمقراطية. ط٢، ٢٠٠١.

14 -محمد جمال باروت، ١٩٩٥ ١:.

16 -برنارد دي ماندفيل، خرافة النحل، مشار إليه في: باروت ص ١٣-١٢.

17 -عزمي بشارة، ٢٠٠٠ :١٦٣.

18- Alexis de Tocqueville, "Democracy in America", ed. Philips Bradley (New York: Vintage, 1990).

19 -مقتبس في: شوفالييه، ٢٠٠٢ ١٧٢:.

20 -ادوارد أ. شوارتز، "تصورات توكوفيل الديمقراطية: المصلحة الشخصية وفهمها الصحيح" في: دون إي إيبرلي، بناء مجتمع من المواطنين: المجتمع المدني في القرن الحادي والعشرين، الأهلية، عمان ٢٠٠٣.

21 -مقتبس في: نايف سلوم، المجتمع المدني وعودته، النهج، العدد ٢٦ (ربيع ٢٠٠٠) ٢٥٢-٢٤٤. ص ٢٤٥.

22- Bobbio, Norberto. "Gramsci and the concept of Civil Society" in: John Keane(ed.) Civil Society and the State. London; New York: Verso, 1988, pp 73-99

23 -للتعمق حول دلالات الكلمة انظر: سيف الدين عبد الفتاح اسماعيل، المجتمع المدني والدولة في الفكر والممارسة الاسلامية المعاصرة (مراجعة منهجية) في: المجتمع المدني في الوطن العربي ودوره في تحقيق الديمقراطية، ٣١١-٢٧٩. يقوم اسماعيل في الهوامش صفحة ٢٨٤ برصد المراجع التي تشرح كل احالة من هذه الاحالات لكلمة مدني. وفي اعتقادنا هذا هام لفهم دلالات مصطلح المجتمع المدني بعموميته .

24 -محمد عابد الجابري، "إشكالية الديمقراطية والمجتمع المدني في الوطن العربي" المستقبل العربي، السنة ١٥، العدد ١٦٧ (كانون الثاني/يناير ١٩٩٣)، :٨.

25 -عزمي بشارة، ٢٠٠٠ :٦٩

26 -يتعجب احد اعمدة الفكر الكهنوتي في الحكم - ترتيليان- قائلا "وماذا سيكون لله، إذا كان كل شيء لقيصر؟ فلنرد لهذه القطعة النقدية المنقوشة صورته عليها، أما لله فيجب ان نرد صورة الـلـه الموجودة في الإنسان" والإجابة حسب ترتيليان تكمن في الترديد خلف القديس بطرس "إن الـلـه أحق من الناس بالطاعة". شوفالييه ١٩٩٣، الصفحات ١٤٤-١٤٣.

27 -المصطلح لـ أ جليسون في الإشارة إلى القرن الثالث عشر حين وصفه بأنه قرن كاتدرائيات الأفكار وهو القرن الذي وجد فيه توما الاكويني والبير الكبير وغيرهم. مشار إليه في شوفالييه ص ١٧٨. يقول القديس توما "هذا الملك الذي هو ليس إنسانا وإنما إله، أي سيدنا يسوع المسيح. إن تفويض امر هذه المملكة أو خدمتها، أسندت لكي تكون السلطة الروحية متميزة عن السلطة الزمنية، ليس إلى ملوك أرضيين، وإنما إلى كهان وبصفة رئيسية للكاهن الأكبر، خليفة بطرس، ونائب المسيح، بابا روما، الذي يجب ان يخضع له كل ملوك العالم المسيحي، كما يخضعون لسيدنا يسوع نفسه". المصدر السابق: ١٨٨

28 -المصدر السابق ١٧٦-١٧١

29 -محمد جمال باروت، ١٩٩٥ :.١٢

30 -برهان غليون، بناء المجتمع المدني العربي: دور العوامل الداخلية والخارجية، في : المجتمع المدني في الوطن العربي ودوره في تحقيق الديمقراطية، ٧٥٥-٧٣٣.

31 -مصدر سابق ٧٣٦ . ما ورد بين قوسين اضافة الكاتب.

32 -عزمي بشارة، : ٢٠٠ ٣٦.

33-مصدر سابق، ١١٠.

34 -دون إي إيبرلي، بناء مجتمع من المواطنين: المجتمع المدني في القرن الحادي والعشرين، ترجمة هشام عبد الـلـه، الأهلية، عمان،٢٠٠٣: ٢١

35-مصدر سابق

36 -لمناقشة موسعة للحركات الإجتماعية انظر:

Donatella Della Porta and Mario Diani, (1999) Social movements: an introduction, Oxford, Malden, Mass: Blackwell.

37 Smelser, N. (1962) Theory of Collective Behaviour. London; Routledge& Kegan Paul.

38 -أو ما يعرف بنظرية "تحريك المصادر resources moblization "

39-انظر مثلا:

Kitschelt, H. (1986) Political Opportunity Structures and Political Protests. British Journal of Political Science. 16: 57-85.

40 Habermas, J. (1981) New social movements. Telos. 49 (Fall)): 33-37.

41 -يقول إيبرلي ساخرا بان السياسيين حين يناشدون الناس ان يمارسوا مواطنتهم فإنهم عادة ما يعنون "هيا اخرجوا وصوتوا لنا فإن في وسعنا عمل شيء لأجلكم". إيبرلي ص٣١.

2

الفصل الثاني

المجتمع المدني من الخارج

في الفصل السابق قمت باستعراض تطور ونمو المجتمع المدني في سياقات نشوء المجتمعات الغربية وفي الكتابات الفكرية لآباء الفكر السياسي الغربي من عصر النهضة مرورا بعصر الأنوار وانتهاء بمطالع القرن العشرين وتحديدا الفكر الغرامشي. ومن ثم استعرضت ظاهرة مابعد المجتمع المدني في المجتمعات الغربية واعادة اكتشاف المفكرين الغربيين لقيمة المجتمع المدني في الحياة الغربية العامة. وتركت ما اسميته في حينه نقطة كنت قد ذكرتها في مطلع الفصل السابق حول "انتقال المفهوم" إلى سياقات أخرى. لابد بأن قولي باعادة اكتشاف الفكر الغربي للمجتمع المدني أن مفهوم المجتمع المدني بتربته الغربية أصبح ناجزا كما أن صياغاته وتجلياته الفكرية قد اكتملت وان اعادة الاكتشاف لا تعني أكثر من اعادة الاعتبار له، وعليه فالفكرة والمفهوم قد أصبحتا جاهزتين للانتقال لمجتمعات غير غربية. هناك ما يدعو لمثل هذا الاعتقاد .

فمنذ العقد الثالث من القرن العشرين وهي الفترة التي توقف عندها الفصل الأول في بحثه عن المفهوم في الكتابات الفكرية الغربية بدأت الدول الغربية بالتخلي التدريجي عن مستعمراتها في أفريقيا وآسيا وأضيف لمشهد العلاقات الدولية عشرات الدول الجديدة. شكل نشوء هذه الدول الجديدة مجموعة من الافتراضات النظرية التي وجدت طريقها للممارسة العملية حول علاقة الدولة بالمجتمع، اتضحت اكثر مع إيغال هذه الدول في الممارسات القمعية بحق سكانها وفي مرات عديدة المذابح والتطهير العرقي والقمع غير المحدود للدرجة التي صارت فيها الدولة ضد المجتمع وليست لصالحه. وإذا ما ترافق كل هذا مع تدخلات القوى الخارجية في سياسات هذه الدول والتأثير والتأثر في الحقل المعرفي الذي شهد اتساعا غير مسبوق في التاريخ بحكم الثورة المعلوماتية،

وظهور ما يمكن تسميته بالمجتمع المدني الكوني بمركزيته الغربية وازدياد ظاهرة "اللاعبون الجدد" في السياسة الدولية، فإنه من البديهي البحث عن سر الاهتمام الخارجي، تحديدا الغربي، بالمجتمع المدني، تحديدا في العالم الثالث .

المجتمع المدني الكوني

شهد نسيج العلاقات الدولية تطورا وتغيرا واضحين. يتطلب فهم هذا النسيج المزيد من التأصيل والبحث في طبيعة علاقات الدول فيما بينها وفي طبيعة علاقة الدولة بالمؤسسات التي لا تقع تحت سيطرتها ونفوذها رغم أن هذه المؤسسات تمارس نوعا من السلطة في منطقة نفوذ هذه الدولة. الحديث هنا يدور حول مايسمى في الدراسات السياسية المعاصرة "non-state actors". وهؤلاء الفاعلون ينسجون فيما بينهم علاقات تتجاوز حدود الدولة الوطنية فيما يمكن تسميته بالمجتمع المدني الكوني Global Civil Society. وهذا المجتمع المدني الكوني مكون من مجموعة من المنظمات غير الحكومية ذات الفروع في شتى انحاء العالم. عادة ما يكون المقر الرئيس لهذه المنظمات في الدول الغنية في أوروبا وتكون باقي المكاتب في دول العالم، افريقيا وآسيا وامريكا اللاتينية، أو دول أوروبا غير الغربية .

قراءة واقع المنظمات غير الحكومية في المشهد العالمي يقول بكثير من الصراحة الكثير عن الاهمية المتزايدة التي اكتسبتها هذه المنظمات في حقل العلاقات الدولية كما يدلل على أهميته واهمية ما تقوم به من نشاط في الحياة العامة. الأرقام تتحدث عن نفسها كما يقولون، فبينما كان هناك ١٧٦ منظمة أهلية دولية فقط عام ١٩٠٩ شهدت السنوات التالية ما يمكن تسميته حمى المنظمات الأهلية إذ بلغ مجمل عدد المنظمات الأهلية الدولية (وليست تلك محدودة العمل في نطاق دولة ما) عام ١٩٩٣ قرابة ٢٨٩٠٠ منظمة. لابد ان ما ورد قبل قليل يعطي انطباعا بأن الرقم يتضاعف عشرات المرات حين الحديث عن عدد المنظمات غير الحكومية العاملة في نطاق الدول المختلفة دون اجندة كونية. والمؤكد في ذلك ان ظاهرة المنظمات غير الحكومية شهدت تفشيها الاكبر في الدول النامية في التسعينات من القرن الماضي. مثلا في نيبال كان هناك ٢٢٠ منظمة عام ١٩٩٠ ليرتفع العدد إلى ١٢١٠ عام ١٩٩٣ وفي بوليفيا كان هناك ١٠٠ منظمة غير حكومية عام ١٩٨٠ ليصبح عددها ٥٣٠ بعد ١٢ سنة وفي تونس كان هناك ١٨٨٦ منظمة

غير حكومية عام ١٩٨٨ ليرتفع العدد إلى ٥١٨٦ في أقل من ثلاث سنوات. غير ان تمدد ظاهرة المنظمات غير الحكومية لم يقتصر فقط على الناحية الكمية بل تمددت الخدمات التي تقدمها لتتجاوز وتتقاطع مع مهام الدولة فبات عمل المنظمات غير الحكومية يشمل الخدمات الأساسية مثل الصحة والتعليم والزراعة وباتت مقدرتها على التوظيف تنافس الحكومة وبات المستفيدون من خدمات بعض المنظمات غير الحكومية يتجاوز ما قد تستطيع إحدى وزارات الدولة تقديمه، فمثلا لجنة التطوير الريفي في بنغلاديش توظف قرابة ١٢ ألف موظف يخدمون قطاعا سكانيا يتجاوز ثلاثة ملايين نسمة. ايضا منظمة النساء العاملات ذاتيا في الهند لديها أكثر من مليون مستفيد(١) .

وكان لشيوع العولمة بالغ الأثر في انتشار مثل هذه المنظمات العابرة للقوميات. فالمثاليون في الفكر السياسي ينظرون إلى المنظمات غير الحكومية بوصفها حاملة لواء المجتمع المدني الكوني حديث الميلاد، ومرد تلك الريادة المنسوبة لهذه المنظمات هو ما يقال عن تقويضها لسلطوية الدولة الوطنية بجانب تجاوزها لنفوذ رأس المال متعدد الجنسيات(٢).

وعلى الرغم من ما في ذلك القول من منظومة افكار تسعى للحد من قيمة وصلاحية الدولة الوطنية بوصفها مشروعا انتهت فاعليته في تاريخ التكوينات السياسية إلا انه (اي هذا القول) يحمل شيئا من الصحة وشيئا من التعميم الجائر في نفس الوقت. فمن ناحية فإن القول إن المنظمات غير الحكومية تعد تجاوزا لسلطة الدولة فهذا بمعناه الحرفي وبمستواه الدلالي والوظائفي صحيح بالقدر الذي تشكل فيه هذه المنظمات تكتلا قادرا في الكثير من الاحيان على التأثير على صنع السياسة واتخاذ القرار دون ان يكون جزءا من الماكينة السياسية. بيد ان هذه المنظمات نشأت، وكما يقترح اسمها، لتنأى بنفسها عن الدولة ولتمايز ذاتها عن الوظائف والخدمات التي تقدمها الدولة للمواطنين، وهي بذلك تتقاطع مع الدولة في طموحها لتقديم خدمات، كما تتلاقى مع الدولة في انها ردة فعل (في جزء من وظائفها) على او استكمالا لمشروع الدولة الخدماتية (٣) .welfare state(هذا من جانب، اما من جانب آخر فمن المشكوك فيه نظريا، وعند مراقبة الممارسة العملية للعلاقة بين منظمات المجتمع المدني والدولة، بأن هذه المنظمات هي بالفعل خارج نطاق سلطة الدولة وسلطة رأس المال عابر الجنسيات. فسؤال التمويل اول معول يهدم صلاحية مثل هذه المقولة.

وهذا يكفي بأبسط العبارات للقول بأن المنظمات غير الحكومية وإن حاولت تمويل نفسها ذاتيا فإن الجزء الأكبر من هذا التمويل تقدمه الدول الغنية ويمنحه رأس المال. الحكومة البريطانية تقدم للمنظمات غير الحكومية من ربع إلى نصف ميزانية هذه المنظمات(٤). أما سياسات هذه المنظمات فمن السذاجة السياسية والاقتصادية القول بأنها تتعارض مع السياسسات التي ترسمها الدول الكبرى والمانحة لها او مع طموحات واقتصاد رأس المال المهيمن على السوق.

غير أن المحقق في حقل دراسات العلاقات الدولية ان تغييرا وانزياحا قد حصل بالفعل في بنية العلاقات الدولية وفي قواعد اللعبة السياسية بين الدول حيث ان اللاعبين الجدد باتوا يساهمون اكثر في تحديد قواعد اللعبة. فيما مضي كان حجم ومساهمة هؤلاء اللاعبين لا يسمح لهم بالمساهمة في مثل هذه الممارسة. فرأس المال لم يعد ليقبل ان يجلس مكتوف اليدين لتقوم الدولة بسن التشريعات والقوانين التي تحدد له ما هو المسموح به وما هو غير المسموح، كما لن تقبل الاتحادات والنقابات ان تكون مجرد متلقية وفي احسن الحالات تكتفي بالاعتراض على ممارسة الدولة وسياساتها الخدماتية. إضافة لذلك فإن الثورة المعلوماتية لعبت دورا كبيرا في هذا التغيير كما لعبت التغييرات في فكرة الخدمات services وتراجع دور الاقتصاديات الوطنية امام نمو الاقتصاد الكوني وازدهار الشركات عابرة الجنسيات multinational companies MNCs وشبكات البنوك الضخمة وحجم الاستثمارات الخارجية المباشرة Foreign direct investment FDI ونمو القطاع الخاص.

الدارسون يقترحون ضمن اشياء اخرى اعادة قراءة تاريخ تطور العلاقات الدولية من منظور اللاعبين الآخرين، نقصد المنظمات والمؤسسات البعيدة عن نفوذ الدولة. هاليدي مثلا يقول إنه بالطبع من الممكن كتابة التاريخ من وجهة نظر تتمحور حول دور الدولة في صناعة الاحداث "إلا أنه ايضا من الممكن وبدرجة متساوية القول بأن العلاقات الدولية ليس فقط في القرن العشرين بل في مجمل الخمسمائة سنة الماضية تم تشكيلها وتوجيهها من قبل عناصر خارج نفوذ الدولة"(٥).

ربما كان ازدهار الممارسة الديمقراطية ونمو رأس المال وشيوع ظاهرة المنظمات غير الحكومية وتنامي قدرة المنظمات الإقليمية مثل الاتحاد الأوروبي وبعض المنظمات الدولية مثل البنك الدولي وصندوق النقد الدولي IMF وتمدد الاحزاب السياسية عابرة للدولة الوطنية مثل الأحزاب الإسلامية وحزب الخضر في أوروبا او الاحزاب العمالية(٤٧)

وراء بعض هذه التراجعات أيضا في هرمية وشكلية الممارسة السياسية لكن من غير المؤكد ان التوزيع الوظائفي للاعبين قد طوى قواعد اللعبة بالكامل حيث ان الدولة مازالت تمسك بزمام الامور ومن غير الوارد في حسبان المحللين السياسين والمراقبين للاقتصاديات السياسية الدولية ان الدول ستصبح يوما من حكايات التاريخ الجميلة والتي تستعاد ضمن الدراسات التطورية للتكوينات السياسية .

المجتمع المدني حصان السبق في عمليات التحول الديمقراطي

سر الاهتمام الخارجي بالمجتمع المدني هو الاهتمام بالديمقراطية وبعمليات التحول الديمقراطي. فلكي تحدث عملية الدمقرطة لابد ان تخضع الدولة لتحول جوهري في طبيعة عملها وفي خاصيتها التمثيلية وفي طبيعة الفاعلين المركزيين في اللعبة السياسية الداخلية. واهتمام الدول المانحة بالمجتمع المدني جاء مع اهتمامها في تسريع التحول الديمقراطي في دول العالم الثالث. ولإيضاح هذه النقطة لابد من مراقبة التحول في النظر إلى عملية الدمقرطة من عملية داخلية internal process إلى عملية يمكن دعمها من الخارج .externally promoted process

لفترات طويلة ساد اعتقاد راسخ في السياسة الدولية وفي كتابات منظري التحول الديمقراطي بأن التحول الديمقراطي في اي نظام سياسي هو شأن محلي بحت. وكان يعتقد بأن التحولات في البنية الطبقية وفي فاعلية القطاع الخاص وفي الحد من سيطرة الدولة على الاقتصاد وخصخصة هذا الاقتصاد، بجانب صراع النخب والتوتر بين النخب العسكرية والنخب المدنية وصعود وقوة المعارضة السياسية وزيادة التسامح في الثقافة السياسية وتزايد الغضب الجماهيري، كل هذه محركات من شأنها ارغام النخبة الحاكمة على توسيع باب المشاركة واحداث حراك سياسي واجتماعي يقود إلى ارغام الانظمة الديكتاتورية على التنحي(٧). وكانت تجربة امريكا اللاتينية حيث ظهرت نظريات التحول وحيث وجدت نظرية "التحول" وحيث ركز "التحوليون " transotologist schoolابحاثهم الميدانية مغرية لتعزيز هذا الاعتقاد. لكن كان لابد لهذا الاعتقاد من أن يهتز مع تزايد التدخلات الخارجية في عمليات التحول الديمقراطي ومع عجز الكثير من الدول القمعية عن التحول إلى أنظمة ديمقراطية رغم توفر الكثير من الأسباب الداخلية التي اعتبرت دافعا للتحول .

وكان المثال العربي حيث صارت الدولة قادرة على اساءة استخدام الانفتاح السياسي واللبرلة الجزئية لامتصاص المطالب الشعبية والنخبوية بالتغيير مثيرا للقلق حول جدوى الدوافع الداخلية. ولم تمض عشر سنوات على نشر المؤلف الشهير حول التغيير الأبعاد الداخلية المحلية للتغيير الديمقراطي والذي حرره أودنيل وشمتر وويتهيد حتى قام ويتهيد ذاته بتحرير كتاب جديد بعنوان "الأبعاد الداخلية للدمقرطة". في مشاركته في هذا الكتاب يعترف شمتر بأن "السياق الدولي لعملية الدمقرطة أكثر اهمية مما كنا نعتقد"(٨). لسنا بصدد تحليل الوسائل التي تم استخدامها من الخارج لتسريع عملية التحول الديمقراطي لكن إحدى الخلاصات المركزية بهذا الشأن هي أن "الدعم المادي برز بوصفه الاداة الأهم والأكثر شيوعا" في عمليات الدمقرطة من الخارج(٩) .

لتحقيق ذلك نال المجتمع المدني رعاية ومحبة الدول المانحة بوصفه احد خيول التحول الديمقراطي التي يمكن الرهان عليها دون خوف وتردد .

الشكل التالي (شكل١) يوضح طبيعة العلاقة بين الدول المانحة وبين المجتمع المدني وبين الدولة كما تفترضها دوائر الدول المانحة.

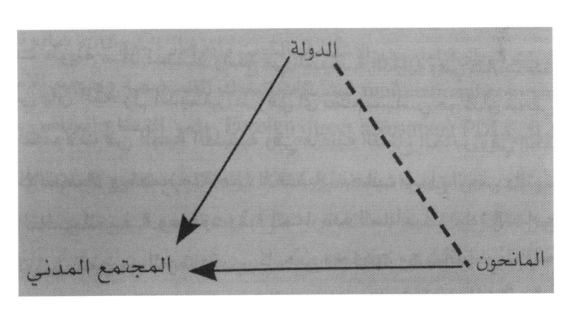

في الشكل السابق من السهل فهم العلاقة بين الدول المانحة والتحول الديمقراطي المرجو داخل الدولة عبر وساطة المجتمع المدني. يدعم المانحون المجتمع المدني (علاقة مباشرة) وبدوره يدفع المجتمع المدني باتجاه التأثير على الدولة (علاقة مباشرة) وبذلك تكون العلاقة بشكل غير مباشر بين المانحين وعملية الإصلاح والتأثير على التحول الديمقراطي في انظمة الحكم. لكن الذي يغيب في هذه العلاقة هو المجتمع. ورغم اعتراف الدول المانحة بدور المجتمع في عمليات التغيير إلا ان المراقب لمشاريع الدعم

الخارجي يلاحظ انصباب المشاريع على منظمات المجتمع المدني العاملة في السياسات العامة، أي اقتصاره أو تركيزه على منطقة محصورة في المجتمع المدني مضيقا مساحة التغيير لتظل حراكا نخبويا. وربما كان مرد الكثير من هذا، كما نستطيع فهمه، هو طبيعة المجتمع المدني في العالم الثالث عموما وفي فلسطين خصوصا حيث يكاد يكون مجتمع مدني نخبوي كما سنأتي عليه بكثير من التفصيل في معرض حديثنا عن "المجتمع المدني الفلسطيني تحت المجهر"، لكن هذا لا ينفي حقيقة تركيز الدول المانحة على هذا المجتمع المدني النخبوي وعدم ايلاء الاهتمام الكافي للمنظمات المجتمعية التحتية الفاعلة في القرى والمخيمات والأحياء الشعبية .

وبدلا من تركيز المجتمع المدني على دوائر الدولة العليا طمعا في احداث تغيير جذري فيها، ومع اقرارنا بضرورة فعل هذا وبجدواه كما دللت تجارب بعض الدول، نقترح ان يتم تركيز الجهد الأكبر على المجتمع وشرائحه المختلفة والتي بدورها تستطيع ان تؤثر في بنى الدولة السياسية المختلفة. وفي ظل علاقة التمايز بين المجتمع والمجتمع المدني وحالة الأخير النخبوية أقترح تسوية علاقة الدول المانحة بعمليات التحول والتأثير وفق الشكل التالي (شكل ٢)

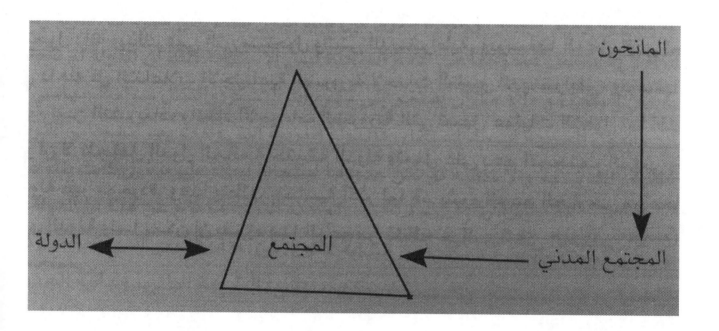

في الشكل السابق يقوم المانحون بتقديم الدعم للمجتمع المدني بكافة منظماته، وهذه المنظمات المنتشرة في المجتمع تقوم بدورها بالتأثير على الدولة من خلال عملها داخل المجتمع ومن خلال العمل على رفع درجة وعيه وبالتالي يقوم المجتمع بالضغط على الدولة. لكن وكما يبين الشكل فإن الدولة بدورها تمارس ضغطها على المجتمع المدني من خلال علاقة مباشرة مع المجتمع المدني ومع المجتمع، وهي قد تستخدم المجتمع ضد

المجتمع المدني كما يحدث حين تقوم دول العالم الثالث وبعض الدول العربية وفي أحيان السلطة الفلسطينية بتحريض المجتمع على المجتمع المدني مستغلة حقيقة اعتياش المجتمع المدني على الدعم الخارجي وضعف علاقته بالمجتمع المحلي كما سنوضح في معرض حديثنا عن المجتمع المدني العربي والفلسطيني .

وكما أن التحول الديمقراطي لا يحدث في "فراغ دولي" بعبارات دي بالما (١٠) De Palma فإن الدعم الخارجي لعمليات التحول الديمقراطي لا تحدث في "فراغ داخلي"، فلا يمكن ان نرقى بالدعم الخارجي وبجهود الدمقرطة الخارجية لنعتبرها "المحرك الأساس" لعمليات التحول كما يحذر شمتر(١١). إنها ليست بأكثر من "عامل مساعد" تسرع من حدة التفاعلات الخارجية، فلا يمكن ضمان نجاح الدعم الخارجي دون فهم السياق الداخلي الذي تتفاعل فيه كما يقول خبراء سياسات الدعم(١٢). لذلك فالتوازن في فهم العوامل الخارجية والداخلية لعمليات التحول الديمقراطي مهم في انجاح هذا التحول، كي لا يصبح الدعم الذي يتلقاه المجتمع المدني تبذيرا في غير محله(١٣).

خلاصة القول بأنه رغم الدور الهام الملقى على كاهل المجتمع المدني في عمليات التحول الديمقراطي تظل الدولة هي الفاعل المركزي في عملية التحول بوصفها الهدف للتحول ذاته وبذلك فهي التي ستتحول وتتبنى الديمقراطية، وبوصفها الوعاء الذي تجري في داخله كل التفاعلات الاجتماعية الضرورية لإحداث التغيير الديمقراطي، وبوصفها من تقوم بسن التشريعات واتخاذ الاجراءات الضرورية التي تسهل عمليات التحول. ما أقترحه هو ان لا تتجاهل الدول المانحة حقيقة الدولة وتعمل على دعم المجتمع المدني وكأن الدولة غير موجودة. وهذا يتطلب حساسية أكثر لما قد يثيره الدعم الخارجي من مخاوف لدى الدولة ولما يمكن ان يفرزه هذا الدعم من نتائج جانبية في الحقلين السياسي والمجتمعي.

إذا كانت جهود الدمقرطة من الخارج هي من جاءت بالمجتمع المدني إلى واجهة الأحداث فإن مجموعة اخرى من الأسباب ساهمت لحد كبير في تفشي حمى المجتمع المدني في العالم الثالث، منها: حقيقة الدولة الوطنية في الدول التي خضعت للاستعمار الغربي، وفشل مشاريع التنمية في الكثير من بلاد العالم الثالث وفشل الدعم الخارجي في إحداث اي انتعاش في اقتصاديات هذه الدول رغم مليارات الدولارات التي تم ضخها في

حساباتها، و الحقيقة الدامغة في طبيعة العلاقات الدولية من انتهاء حقبة الحرب الباردة وانتصار النموذج الليبرالي الغربي وتفكك المنظومة الاشتراكية. واكب كل هذا استيقاظ مفهوم المجتمع المدني في دوائر الصناعة الأكاديمية والفكرية بعد ان كان توقف عن الظهور منذ اوائل القرن العشرين، حيث توقف الفصل الأول من هذا الكتاب .

السياق ما بعد الاستعماري

لا يمكن فهم فكرة المجتمع المدني من الخارج دون فهم السياق مابعد الكولوني الذي ترعرعت فيه الدول الوطنية في العالم الثالث عموما ومجمل الدول التي خضعت للاستعمار الأوروبي خصوصا في أفريقيا وبعض اجزاء آسيا. هذه الفكرة تتعلق بفكرة نشوء الدولة في هذا المناطق من العالم. ليس صحيحا بأن المجتمعات الأفريقية والآسيوية لم تعرف كيانات سياسية سابقة للفترة الإستعمارية(١٤) بيد أن الدولة في هذه المجتمعات تم ترسيمها في غرف المفاوضات بين القوى الإستعمارية وبالتالي فإن الدولة لم تكن استجابة لواقع المجتمع ولا هي تجسيد لهذا الواقع. وعليه فإن الدولة في السياق ما بعد الاستعماري كما يقول الدارسون منيت بالفشل منذ ولادتها فعلاقتها بمجتمعها علاقة مشوهة وغير سليمة. وبعبارة أخرى فإن هذه الدول تفتقر إلى مقومات الدولة وهي ليست دولا إلا بفضل عضويتها في الأمم المتحدة ليس إلا. نتيجة ذلك أن الدولة لم تتحقق وعليه فإن المجتمع ذاته مازال يفتقر إلى مقومات التشكل والتكتل سواء السياسي أو الأهلي. والدول العربية ليست استثناء، فالدولة العربية التي ولدت بعد انسحاب القوات البريطانية والفرنسية والإيطالية لم تكن حدودها استجابة لحالة طبيعية بل كانت بناء على اتفاق بين القوى الاستعمارية واستجابة لمصالح هذه القوى. ما نتج عن هذا ان الدولة تم فرضها على المجتمع وعليه تشكلت من البداية لتكون أقوى منه بالمعنى الذي تستخدم فيه القوة لضمان ولاء المجتمع، وتأسيسا لم يكن مستغربا الطبيعة الباتريمونيالية الجديدة neo-patrimonia والزبائنية clientelism والطفيلية التي سيطرت على النخب العربية الحاكمة في فترة ما بعد التحرر .

هناك سطوة جديدة اخذت في الهيمنة على العلاقات الدولية: سطوة البنك الدولي وصندوق النقد. ونحن هنا لسنا في باب رسم العلاقة بين الدول الكبرى وهذه المؤسسات بوصفها أكبر ممول لها وصانعة قرار فيها، بل ما أقوله هنا بأن هذه السطوة مارست

دورها في سطوع نجم المجتمع المدني وفي الدفع باتجاه تتويجه ملكا لعملية التغير. بعد بدء مرحلة مابعد الاستعمار ونشوء الدولة الوطنية في الاماكن التي انسحبت منها القوات الكولونية الاوروبية في افريقيا وبعض مناطق آسيا، بدا للنخب الحاكمة أن عملية ادارة بلاد مدمرة بعد قرون من الاحتلال ليست بالحلم الرومانسي الجميل كما كانوا يرددون. وبعد سلسلة من الفشل كان لابد لأبناء مؤسسي هذه الدول ان يتوجهوا للبنك الدولي ولصندوق النقد طلبا ليد العون. ومع تراكم الديون بدأ البنك الدولي في رسم آلية مالية لهذه الدول لتسديد ديونها. ايضا ومع فشل هذه الآلية بات من الضرورة ان يتدخل البنك بطريقة اكثر مباشرة في فرض شروطه على عمليات الاصلاح وفق ما سمي في ثمانينات القرن الماضي "التوافق الهيكلي " Structural Adjustment، ورغم الانتقادات التي وجهت للبنك الدولي ولصندوق النقد حول مبدأ التدخل في شئون الدول من خلال تحديد تغييرات هيكلية وعمليات تحول إداري يجب اتباعها إلا ان المؤسستين الدوليتين واصلتا ضغطهما في هذا الاتجاه. ولكن القليل من النجاح صاحب هذا. الجواب كان أن الدولة في العالم الثالث "غير صالحة للتصليح" بالمعنى الشعبي. يجب العمل على تغيير الآلية التي تصل فيها النخب إلى الحكم ويجب ان تكون المراقبة من الداخل .

لم تكن هذه السياسات التي يفرضها بيروقراطيو "بريتون وودز" في البداية اكثر من توصيات لإعادة هيكلة الإقتصاد في هذه الدول مقابل القروض والمنح المقدمة لها. غير أن حياد "بريتين وودز" السياسي لم يستمر سريعا إذ إن عقد الثمانينات من القرن الماضي عرف ما يسمى بالشروط السياسية Political Conditionality حين باتت قروض الصندوق والبنك الدوليين تحتوي شروطا للإصلاح السياسي الذي يشمل ضمن اشياء اخرى توسيع باب المشاركة السياسية وفتح باب الحريات ومنها بالطبع الحق في التكتل لتشكيل منظمات تطوعية ومؤسسات أهلية، من هنا دخل المجتمع المدني من أوسع الأبواب وأضيقها في آن. من أوسعها لأنه لم يكن امام هذه الدول إلا القبول بمبدأ تفعيل المجتمع المدني وإلا خسرت الدعم الخارجي الذي هي في أمس الحاجة له، ومن أضيقه لكون المجتمع المدني مفروضا على الدولة وعليه فإن علاقة المجتمع المدني بالدولة علاقة مشوهة من البداية وهي علاقة تضاد لا تكامل .

وبات المجتمع المدني الطفل المدلل لمصممي برامج التمويل الاجنبي في وزارات الخارجية الاوروبية والامريكية واليابان. حتى ان الدول المانحة في بعض الحالات، مثلما

حصل في بنغلاديش، فرضت على الحكومة تقليل تدخلها في مراقبة وتنسيق نشاطات المنظمات غير الحكومية كشرط لتلقي الدعم الخارجي(١٥). وعليه فقد ركز المانحون في صفقات الدعم التي يوجهونها إلى الدولة المستفيدة من هذا الدعم على أجهزة القضاء وحقوق الإنسان والاحزاب السياسية والتشريعات وعملية اللامركزية في الحكم والانتخابات والإعلام والصحافة(١٦) بوصفها ضرورية لتحقيق الحكم السليم .good governance المجتمع المدني كان صاحب نصيب الأسد في المهمة الجديدة وكان دوره من الاهمية بحيث فاق دور الدولة .

فشل المشاريع التنموية وعجز الدعم الخارجي عن الدفع باتجاه نهضة اقتصادية

عقب فشل مشاريع التنمية في الدول النامية وبدء تدفق الدعم على هذه الدول كانت النظرة تتركز على ان النمو الإقتصادي اساس للدفع نحو عملية الدمقرطة في المجتمع، واساس ذلك ضمن رؤية النظرية السياسية ان النمو الاقتصادي يدفع اتجاه فكرة المصالح interest والدفاع عنها وهذا يقع في قلب عملية المشاركة الديمقراطية والمطالبة بها. بيد ان قرابة ثلاثة عقود من مشاريع التنمية ومليارات الدولارات التي ذهبت للدفع والتسريع بعملية النمو الاقتصادي لم تأت بالفاكهة المرجوة إذ ان الامر لم يقتصر فقط على حالة الركود التي تكرست في البنية الاقتصادية في هذه الدول حتى بات من شبه المؤكد ان مشاريع التنمية فيها ليست بأكثر من سلسلة غير منتهية من الفشل المروع، الأسوء ان الوضع الديمقراطي لم يتحسن بل زاد سوءا إذ ان النخب الحاكمة في الكثير من الأحيان استغلت الدعم الخارجي لا لتحسن الوضع الاقتصادي للبلدان التي تحكمها بل لتثبيت وضعها ولتقوية مركزها وضمان الدعم النخبوي لمكانتها فيما بات يعرف . neo-Patrimonial regimes امام ذلك اتجهت النظرة للقول بأن العكس هو الصحيح: اي ان العملية الديمقراطية اولا ثم تحصيل حاصل سيتحقق النمو الاقتصادي إذ ان شيوع الديمقراطية من شأنه ان يضمن عملية الدفاع عن المصالح وبالتالي يضمن ان يأتي للحكم من هم قادرون على دفع عجلة التنمية وانقاذ الشرائح المعدمة إذ ان هؤلاء الحكام المنتخبين سيكونون تحت رحمة صندوق الاقتراع إذا ما فشلوا في التسريع بعملية التنمية. ومع ظهور نجم المنظمات غير الحكومية وانشغالها وربما منافستها للدولة في تقديم الخدمات والمساهمة في عملية الحراك الإجتماعي اصبحت هذه المنظمة ليست حزءا من النسيج المؤسساتي فحسب بل

انها باتت محورا لكثير من مفاصل التغيير في المجتمع (التحول الديمقراطي) والمنافسة السياسية (مراقبة الدولة) وصارت مصدرا هاما واستكماليا لمنطقة الخدمات والتسهيلات، كما انها صارت تساهم في عملية رفع قدرات المجتمع من خلال دورات التدريب والتثقيف التي تعقدها وبشكل آخر باتت تساهم اكبر في عملية البناء المؤسساتي institutional building. الإجابة كانت في التوجه إلى هذه المنظمات و إلى كافة منظمات المجتمع المدني بوصفها الأقدر على تعزيز قيم الديمقراطية.

هناك افتراضان جوهريان تحملهما وجهة النظر هذه: أولا هناك افتراض بأن النهضة الاقتصادية تقود إلى تحول ديمقراطي وثانيا أن المجتمع المدني يستطيع ان يقوم هو بمهمة التنمية .

ولما كانت الفرضية الأولى تقتضي نوعا آخر من البحث ينصب على جوهر العملية الديمقراطية من وجهة نظر اقتصادية فسأقصر نقاشي في الأسطر القليلة القادمة على الافتراض الثاني لأنه يقع في صلب علاقة الدولة بالمجتمع المدني وهو محور بحث هذه الدراسة. لكن هذا لا يعفينا من الإشارة إلى حقيقة ان بعض الدول التي حققت نموا اقتصاديا ملفتا للنظر لم تزل تعاني من وجود انظمة اقل ما توصف به أنها غير ديمقراطية، مثل دول شرق جنوب آسيا، بجانب حقيقة أن بعض الدول التي ليست بحاجة لنهضة اقتصادية والتي تعتبر من الدول المستقرة ماليا مثل دول الخليج أقل ما يقال عنها أنها تفتقر إلى اسس الحكم السليم.

المهام التنموية التي انيطت ببعض منظمات المجتمع المدني مثل المنظمات غير الحكومية جعلت من المجتمع المدني وخصوصا المنظمات غير الحكومية لبنة هامة من لبنات عملية التنمية. هذا الدخول في لعبة التنمية لم يكن انتقالا ميكانيكيا وبقرار مسبق بل اقتضته الطبيعة الوظائفية للمنظمات غير الحكومية كما اسلفنا سابقا. هذا بدوره رفع من حجم المهام الملقاة على عاتق المنظمات ورفع من درجة احتكاكها مع سلطات الدولة سواء في ساحة المواجهة من حيث تبادل وتراشق الاتهامات حول فشل مشاريع التنمية او عبر التنسيق مع الجهات الرسمية بشأن خطط التنمية العامة. وهنا وقعت المنظمات غير الحكومية في مطب التناقض المركزي في مهامها. فبدخولها في المعترك الرسمي لماكينة التنمية بكلمات Hlume وEdwards ضحت المنظمات غير الحكومية بالكثير من مصدر

نزاهتها واثارت حول نفسها العديد من الأسئلة مثلا حول علاقتها بالطبقات الفقيرة والمسحوقة وبالأفكار التثويرية التي حملتها في عملية مخاضها من رحم الحراك الاجتماعي.

غير ان السؤال الاشمل الذي بات يطرح في حقل الدراسات التنموية هو حول تركيز العلاقة الفعلية بين المنظمات غير الحكومية وعمليات التنمية آخذين بعين الاعتبار فكرة الدعم الخارجي والاستخدام الادواتي لهذه المنظمات من قبل الدول المانحة الكبرى. في هذا نرى وجوب النظر لفكرة الدعم الخارجي وعلاقتها الفعلية بفكرة بناء الدول النامية وبعمليات التنمية. ما من شك ان الدعم الخارجي هو احدى ادوات السياسة الخارجية للدول المانحة سواء ارادت من ورائه الدفع باتجاه اصلاحات اقتصادية تساهم في تعزيز علاقاتها التجارية او اصلاحات سياسية تساهم في وصول بعض النخب المتصالحة مع الاستقرار العالمي او من خلال تحقيق مصالح مرتبطة اكثر مباشرة بالاهمية الجيوسياسية للبلدان التي تتلقى الدعم الخارجي او لاضفاء صورة نيرة عن وجه البلد الذي يقدم الدعم الخارجي وهذا جزء مهم (الصورة) من وظائف وزارة الخارجية: تحسين صورة الدولة الغنية في أذهان الدول الأخرى.

الكثير من الفشل يكفي لأن يضع الباحثون علامة تعجب حول نهاية بحثهم في مساهمة المجتمع المدني في عمليات التنمية في بلدان الدول النامية. لنلاحظ ان مشاريع التنمية برمتها التي انطلقت في الدول النامية كانت سلسلة مريرة من الفشل، والمجتمع المدني يتحمل في ذلك الجزء المناط به، فيما يعزى الفشل الأكبر إلى النخب الحاكمة. لكن بقيت الحقيقة القائلة بأن المجتمع المدني لم يقم بالجزء الصغير الذي كان يقع على عاتقه. الكثير من النظريات اجابت على ذلك بالقول بأن السلطة الحاكمة اعاقت تفعيل وفي بعض الاحيان شلت حركة المجتمع المدني من ان يقوم بمهامه. وأيا كان الحال فإن تراشق الاتهامات بين المجتمع المدني والحكومات لا يعفي كليهما من المسئولية .

جزء آخر من قلة مساهمة المجتمع المدني ومنظماته في عمليات التنمية هو ما يحذر منه الباحثون دوما بأن المجتمع المدني منفصل عن المجتمع وهو بالتالي لا يساهم بشكل كبير في تفعيل المجتمع وهو، وفي نتيجة حتمية، منفصل عن التركيبة التنموية

برمتها، ومرد ذلك طبيعة المجتمع المدني وتأثير فكرة الاتكائية على الدعم الخارجي على هذه المشاركة. لنقرأ بتمعن الحقيقة التالية حول حقيقة مساهمة المجتمع المدني في عملية التنمية من ناحية التطوير المؤسساتي والتي كنا اشرنا إليها عابرا في غير موضع. طبيعة العقود القصيرة التي توقعها الدول المانحة لبعض المشاريع دفعت بالكثير من طواقم العمل المحلية لإطالة عمر المشروع (بعدم نجاعته) ليتمكن لهم الاستمرار في الحصول على مرتباتهم العالية او حتى يظهر في الأفق مكان آخر ينتقلون إليه ضمن دائرة نشاط إداري تنحصر في نوع مختص من بيروقراطية المجتمع المدني. الأمر الذي قاد إلى نقص واضح وغير مجد في البناء المؤسساتي، وبكلمة أخرى فإن منظمات المجتمع المدني قد تساهم سلبا في عملية البناء المؤسساتي ضمن خطط التنمية وهي التي جاءت، وبناء على طهرانية الفكرة، لرفع اداء المؤسسة الرسمية وغير الرسمية لتحقيق درجة اكبر من المشاركة الجماعية في الحكم .

المحور الاخير الذي تثيره هذه الدراسة حول إذا ما كان الدعم الوارد لمنظمات المجتمع المدني يفيد في عملية النمو الإقتصادي. في ذلك لا تتضح إجابة واضحة وإن كان تشريح الموقف يميل للنفي. فخبراء اقتصاديات التنمية الأوائل وآباء نظريات التنمية حذروا كثيرا مما سمي التأثيرات الجانبية لعميلة الدعم والتي من شأنها ان تضر بعملية التنمية الإقتصادية. من ذلك في حال المجتمع المدني ان الرواتب المرتفعة تزيد من حدة الفروقات الإقتصادية بين الشرائح الإجتماعية وهذا بدوره يبطئ من عملية التنمية من خلال الفجوات التي يحدثها في الإقتصاد وفي قطاع الخدمات الإستهلاكي الذي ينشأ لتوفير الحياة لشرائح الدعم المرتفع بدل انشغاله في تقديم تصنيع قابل للتصدير .

انتصار النموذج الليبرالي وتفكك المنظومة الاشتراكية

صحيح انه بعد فشل الكثير من المحاولات التي هدفت لإحداث تغيير جذري في طبيعة الانظمة الحاكمة في الدولة النامية بدأت الانظار تتجه للمجتمع المدني كبديل عن الدولة في عملية التغيير تلك، لكن هناك ما يقال عن جوهر سياسات الدعم المالي الخارجي ومقاصده السياسية ودوره في الحرب الباردة والتحول الواضح في هذا الدور بعد انتهاء هذه الحرب وما صاحب ذلك من انتصار النموذج الليبرالي الغربي.

النظرة التاريخية للدعم المالي الخارجي تساعدنا أكثر في فهم هذه العلاقة. وانا لا أتبنى الفهم التالي بل أقوم بسرد الآلية التي سارت بها الأمور من وجهة نظر القوى الكبرى والمؤسسات المالية والنقدية الدولية. لم تكن الديمقراطية بشكلها المطلق هو ما تسعى إليه الدول الكبرى في سياستها الخارجية ولو حتى من باب نشر الفضيلة كما يقولون. بعد الحرب العالمية الثانية وتوزع العالم بين كتلتين كان مبدأ تأمين أكبر عدد من الحلفاء هو دافع كل من الدولتين الاعظمين في الحلبة السياسية الدولية في تقديم الدعم لدول العالم النامية. وعليه لم يكن التركيز على طبيعة الحكم في هذه البلدان هو المعيار في تقديم الدعم المالي الخارجي بقدر التركيز على ان السلطة والنخبة الحاكمة تدور في مدار أحد القطبين. ونتيجة ذلك ان أمريكا والاتحاد السوفياتي على حد سواء ساهمتا في تثبيت اركان الانظمة الديكتاتورية في العالم وساهمتا في تعزيز مقدرة هذه الانظمة على قمع اي تمرد شعبي إلا إذا كان في دولة من دول الطرف المعادي. لننظر بقليل من التأمل للدعم الامريكي للانظمة القمعية في امريكا اللاتينية والدعم البريطاني لبنوشيه. بالطبع لم تكن واشنطن لتقبل ان تسود انتخابات يفوز بها اليساريون في حديقة بيتها الخلفية: امريكا اللاتينية. شكل انهيار الكتلة الشيوعية والمساهمة الملحوظة والهامة التي قدمها المجتمع المدني في بلدان الكتلة الشرقية عاملين أثرا في تغيير المفاهيم الدولية إزاء العالم الثالث تمثلت في نقطتين: (١) لم تعد القوة العظمى الوحيدة بالعالم بحاجة لتأمين ولاء الدول لها، نتيجة ذلك سقطت خياراتها في رؤية اهمية قلب افريقيا السوداء ولم تعد تنظر لكثير من المناطق في العالم على انها مهمة، فالبعد الجيواستراتيجي قد سقط،(٢) تبع ذلك ان نجم المجتمع المدني بدأ في الصعود وبدأ النظر إليه بوصفه عاملا قد يتم استخدامه في تغيير هذا النظام او ذاك، وتجربة وسط وشرق اوروبا خير دليل.

النتيجة التي بات الجميع مقتنعا بها ان المجتمع المدني كان المحرك الأساسي في دفع عملية التغيير. الحكاية بدأت ببزوغ نجم نقابة "تضامن" في بولندا Solidarnosc ودورها في إحداث التغييرات في بولندا. وفي هنغاريا وفور ظهور بوادر انفراج سياسي وتخفيف الضغط عن المؤسسات المجتمعية أخذت هذه المؤسسات زمام المبادرة في تسريع عمليات التحول. حكاية التغيير في أوروبا الشرقية ابرزت حقيقة بسيطة لكنها تقع في صلب النقاش الفكري حول المجتمع المدني والدولة، والحقيقة تقول بأن المجتمع المدني بإمكانه أخذ زمام المبادرة من الدولة وفرض شروط اللعبة عليها. ورغم ما في

هذه الحقيقة من تحول عميق في صلب العلاقة إلا انها تبقى ضمن الإطار النظري المقبول حول علاقة الدولة بالمجتمع المدني. كل ذلك ارتبط بالفعل بانتصار النموذج الليبرالي في المعركة الشرسة مع النموذج الإشتراكي الذي طرحته التجربة الروسية وكانت الولايات المتحدة تشكل ذروة تجسد التجربة الغربية الأوروبية. ومع هذا الانتصار بات من المحقق ان فرضيات وادبيات هذا النموذج صارت من ضمن المسلمات في الحقائق السياسية، وأول هذه المسلمات الديمقراطية التي كانت ديدن الفصل في طرح النموذج الليبرالي في تعريف نفسه وتميزها عن النموذج النقيض. ولم يكن هذا الانتصار وحده برهان فاعلية القيم والمفاهيم التي تبناها النموذج الليبرالي إذ إن العديد من الحقائق الاقتصادية والاجتماعية ساهمت في تعزيز هذه الفاعلية. مستويات الدخل المرتفع، ومستوى الرفاهية التي يعيشها سكان دول اوروبا الغربية، بجانب الاستقرار الاجتماعي، والحريات العامة الممنوحة للسكان، في مقابل تدني مستويات الدخل وعدم الاستقرار الاجتماعي والقهر الذي عاشه سكان الدول الإشتراكية. ليس هذا فحسب بل تسارع القوة العسكرية والتصنيع الحربي والإلكتروني ايضا عزز من الفرضية التي باتت حقيقة والقائلة بأن المجتمعات الديمقراطية اكثر رفاهية من المجتمعات غير الديمقراطية .

وبإنجاز المشروع الليبرالي انتصاره التاريخي بسقوط جدار برلين وتوسل موسكو لمؤسسات بريتن وودز (البنك الدولي وصندوق النقد) لكي تتلقى مساعدات خارجية من هذه المؤسسات، اعتقد الكثيرون بأننا نشارف على نهاية التاريخ بفهم فرنسيس فوكاياما او طورا آخر لصراع الحضارات بتنظير صمويل هنتنغتون، غير ان المحقق كان أمرا آخر. ما حدث كان ان بدأ هذا النموذج الليبرالي بتصدير نفسه باعتباره الجين الوحيد الذي يعطي نسلا حسنا. وعليه تم دمقرطة معظم دول اوروبا الشرقية وفق شروط ومعايير صاغها بيروقراطيو الاتحاد الأوروبي في بروكسل قبل ان يتم ضم ثماني دول منهم إلى الاتحاد في أول آيار ٢٠٠٤ (١٧) فيما تم ضم معظم دول المنظومة الاشتراكية في حلف ناتو العدو التقليدي لهذه الدول خلال حقبة الحرب الباردة. تصدير النموذج الليبرالي حول الديمقراطية اقتضى تصدير الكثير من القيم والمفاهيم المرتبطة بانجازاته الديمقراطية وعلى رأس هذه القيم والمفاهيم كان المجتمع المدني.

الكتابات الاكاديمية

في كتابه "الثورة الديمقراطية، النضال من أجل الحرية والديمقراطية في العالم النامي" يحرض لاري دايموند(١٨) على دور المجتمع المدني في عملية التحولات الديمقراطية التي يجب ان تحدث في الأنظمة الشمولية لنقلها إلى أنظمة ديمقراطية. وديموند أحد أقطاب مدرسة "التحول الديمقراطي transition theory التي تضم اسماء امثال فيليب شميتر و أدونيل و خوان لينز والتي بدأت أول ما بدأت بدراسة التغييرات في البنية السياسية في مجتمعات امريكا اللاتينية في السبعينات ومحاولات الدمقرطة التي هزتها. يعترف ديموند في الكتاب المذكور بأن للمجتمع المدني دورا هاما في صياغة عملية التحول الديمقراطي وعليه لابد للقوى الداخلية وبالطبع الخارجية ان تعمل على تفعيله ورفعه إلى مصاف المحرك للعملية الديمقراطية، فالمجتمع المدني بتعدديته وتنوعه يغني المجتمع ويحفز على المشاركة السياسية وهو بخاصيته الديمقراطية يقف ضد توجهات الانظمة غير الديمقراطية والمناهضة للحراك الاجتماعي الديمقراطي الليبرالي.

في مقالة لاحقة يعدد ديموند مهام منظمات المجتمع المدني في عملية التحول الديمقراطي(١٩) ويعتبر انها:

-تقيد الدولة وتخضعها للرقابة العامة.

-توفير فرص للمواطنين للمشاركة في التنظيمات التطوعية وبالتالي زيادة احساسهم بالقيم المدنية والديمقراطية

-تعزيز قيم التسامح والاعتدال والاستعداد لعقد الصفقات والتفاوض الاجتماعي وبالتالي التخلي عن التطرف السياسي والفكري.

-تعمل على توفير قنوات اخرى غير الأحزاب السياسية يستطيع المواطنون من خلالها التنفيس عن مصالحهم والدفاع عبرها عن هذه المصالح.

-بالطبع فمنظمات المجتمع المدني تفرخ قيادات سياسية جديدة.

-الرقابة على الانتخابات وعلى الاصلاحات القضائية والتشريعية والقانونية في الديمقراطيات الناشئة.

-منظمات المجتمع المدني منابر جديدة ومصادر متجددة للمعلومات.

- تخفيف العبء عن الدولة عبر مشاركتها في حل الأزمات وتوفير بعض الخدمات.

- قد تساهم منظمات المجتمع المدني في ضخ موارد تسهل مهمة الإصلاح الاقتصادي .

ومنظمات المجتمع المدني والفاعلون فيها يراقبون الدولة ويتبادلون الخبرات ويدفعون باتجاه مصالحهم ومصالح من يمثلونهم ويعززون القيم المدنية في الثقافة العامة .

ما من شك في أن هناك تحت السطور في كل نظريات التحول الديمقراطي دورا واضحا للمجتمع المدني بوصفه ضد العسكري، فجل المجتمعات المحكومة بأنظمة شمولية سواء في امريكا اللاتينية أو في افريقيا أو في البلاد العربية يحكمها العسكر، وعليه يكتسب المجتمع المدني اهميته من خاصيته المدنية فهو بفاعليته ونشاطه المجتمعي والسياسي يزيد من فاعلية القيم المدنية على حساب فاعلية القيم العسكرية. إنه يشارك في معركة القيم التي هي جوهر عملية التحول .

وبكلمات بسيطة فإن المجتمع المدني ومنظماته حيوي لعملية التحول الديمقراطي لأنه المساحة بين الفضائين الخاص والعام والتي تدور في ساحتها العملية المدنية نفسها والحراك المجتمعي. إنه المهد الذي يحضن العملية الديمقراطية الناشئة(٢٠.)

لكن هناك من ينظر بريبة لمثل هذه النظرة الليبرالية ويقول بأنها تغفل حقيقة ان المجتمع المدني ذاته ليس احتوائيا كما يتم تصويره، بمعنى ان الدخول فيه والفاعلية ضمن نطاقه ليست مفتوحة للجميع، فالمشاركة في المجتمع المدني تتطلب موارد ومعرفة وتقديرا مجتمعيا، وهذه لا تتوفر للجميع. وهذه النظرة التي ترى انه في ظل ان العملية الديمقراطية هي نتاج رأسمالي فإن المجتمع المدني نفسه مساحة من الفرص ليس بإمكان كل فرد المشاركة فيها. وعليه لمعرفة فاعلية المجتمع المدني في عمليات التحول لابد من معرفة من هم الفاعلون في منظمات المجتمع المدني وكيف يتم بناء فكرة المواطنة والحقوق وبعدها يمكن النظر إلى امكانيات التحول الديمقراطي. ففيما ترى النظرة الليبرالية في المجتمع المدني مساعدا للدولة في عملية التحول ترى النظرة الراديكالية فيه محركا ومحولا يعيد تشكيل الدولة. ووجهة النظر هذه ترى في الفاعلية

المجتمعية فرصة لتصحيح اللامساواة التي خلقتها الرأسمالية، ونتيجة صراع المجتمع المدني مع الدولة بخصوص المساواة في الفرص والحقوق ينتج التحول الديمقراطي. فالصراع الاجتماعي يسهل عملية التحول الديمقراطي لأنه يقود إلى اصلاح الدولة وتوسيع مفهموم المواطنة ويعزز من الحقوق العامة. ج. كوهين و أ. أراتو، وهما ممن يتبنون وجهة النظر هذه، يريان انه يقع على عاتق المجتمع المدني مهمتان: (١) تقديم رؤية ونموذج للديمقراطية عبر توسيع باب المشاركة في منظمات المجتمع المدني، (٢) الصراع من اجل اصلاح الدولة(٢١) .

من جهتها تتبنى جين جروجيل وجهة نظر وسطا بين الموقفين ترى ان مهمة المجتمع المدني هي الاشتباك مع الدولة لدفع التغيير. وعليه فإن مقدرة منظمات المجتمع المدني على الضغط باتجاه الاصلاح وفي الاشتباك مع الدولة مهمة في تحديد إذا ما كان بالفعل سيحدث تحول ديمقراطي ام لا. في الخاتمة فالمجتمع المدني هام في تحديد جودة الديمقراطية وفاعليتها فمنظمات المجتمع المدني ليست بديلا عن الاشكال التمثيلية الأخرى، كما تقول جروجيل، بل هي وسائط للمراقبة والتحكم اتجاه الدولة لدفعها نحو اصلاحيات اعمق تقود إلى التحول الديمقراطي وتضمن استمرارية العملية الديمقراطية بعد التحول(٢٢).

لكن هنا يظهر السؤال الجوهري الذي تعرضنا له في فصل سابق حول كيف يمكن لنا ان نحدد من هم اللاعبون في المجتمع المدني. ففيما يقوم الباحثون في السياسات الأمريكية اللاتينية بتبني تعريف شمولي للمجتمع المدني يضم الحركات المجتمعية والاجتماعية وحركات المهمشين والمعوزين بجانب المؤسسات التقليدية للمجتمع المدني، يشير المجتمع المدني في افريقيا إلى المنظمات غير الحكومية والجماعات المحلية التي تضغط باتجاه التغيير، وفي آسيا إلى الحركات العمالية والاجتماعية وجماعات حقوق الانسان والناشطين في حقل البيئة، فيما يقول دارسو التحولات في اوروبا الشرقية بأن المجتمع المدني هناك كان يشير إلى شريحة المثقفين بوصفها من قاد التحول، ولم يكن مستغربا والحال كهذا، ان يضعف المجتمع المدني في هنغاريا بعد التحول لأن النخبة المثقفة التي شكلت عصب المجتمع المدني في فترة ما قبل التحول كانت تبحث لها عن موقع في سلم القيادة. وطبقا لـ لوماكس، في معرض دراسته عن دور المجتمع المدني في

التحولات الديمقراطية في هنغاريا، فإن هذا كان صراعا تقوده الطبقة المتوسطة (هنا بزعامة الشريحة المثقفة مستخدمة راية المجتمع المدني) لضمان استمرارية امتيازاتها المعرضة للضياع ولم يكن التحول نتيجة هبة شعبية ممثلة بمنظمات قاعدية(٢٣). لكن هذا التدهور والتراجع في دور المجتمع المدني كان قد حذر منه أقطاب مدرسة التحول الديمقراطي أمثال فيليب شميتر وأودنيل من قبل، فهم وإن كانوا قد اعترفوا بأن بدايات اي عملية تحول ديمقراطي لا بد ان يصاحبها نهوض ونشاط في حقل المجتمع المدني لكنهم حين درسوا الحالات التي حدث فيها التحول استنتجوا انه بعد عملية التحول من المتوقع ان يحدث خفوت في شعلة وفاعلية المجتمع المدني وانحسار في دوره بعد حدوث التحول. وعزوا هذا الانحسار إلى اربعة اسباب:

(1)حقيقة أن توسع المجتمع السياسي وزيادة فاعليته على شكل احزاب سياسية بعد التحول يأتي على حساب المجتمع المدني .

(2)الحركات التي حملت على أكتافها عبء التغيير تميل للتحلل بعد انجاز مهمتها ليعيش افرادها حياة عادية او ما اسموه "الضعف المؤسساتي ."

(3)الدول حديثة الدمقرطة تنزع لاستيطان المجتمع المدني في مشاريعها لتثبيت حكمها.

(4)تراجع الدعم الخارجي للمجتمع المدني في مرحلة ما بعد التحول واتجاه الدعم إلى الدولة(٢٤). ومرد الكثير من ذلك ان التحول الديمقراطي ينتج علاقات جديدة بين الدولة والمجتمع فالدولة الجديدة اكثر شرعية فهي منتخبة ومعترف بها من العالم الخارجي، وتتوفر لديها الكثير من الثقة في تعاملها مع المجتمع. كل هذا يفترض تغييرا في علاقة المجتمع المدني بهذه الدولة . لكن ليس صحيحا تماما ان المجتمع المدني يختفي مع حدوث التحول الديمقراطي. كل ما هناك حدوث تغيير في طبيعة عمل المجتمع المدني وتكييفه مع قوانين الدولة الجديدة وتأقلم مع المعطيات السياسية الجديدة. كما ان التحول يخلق واقعا يفتح معه آفاقا جديدة وفرصا لم تتكن تتوفر في حالة الحكم الديكتاتوري الشمولي، الأمر الذي من شأنه ان يعيد هيكلة المجتمع المدني وتفعيله مرة أخرى بصورة مختلفة .

مراجعة نقدية

كان هذا السرد الكرونولوجي و التحليل السياقي والمتابعة الأكاديمية لشيوع ظاهرة المجتمع في أدبيات المانحين وفي الصناعة الأكاديمية ضروريا لفهم المهام الجسام التي انيطت بالمجتمع المدني في عملية التغيير. فكما اسلفنا فقد ساد اعتقاد في اوساط المانحين ان المجتمع المدني أفضل الادوات instruments لإحداث تغيير ديمقراطي حقيقي في الدولة النامية. غير اننا نرى أن اساس العلاقة بين المجتمع المدني وبين عملية التغيير لا يجب حصرها فقط ضمن الفشل الذي منيت به الدولة في مشاريع التنمية وفي فشل الدولة الوطنية في تحقيق النهضة الاقتصادية وفي دفع عجلة المدرنة للامام بل ايضا في تشريح دقيق لعملية ودور المجتمع المدني في العملية الديمقراطية على المستوى النظري على الأقل .

يمكن رسم العلاقة وفق التالي: هناك مجتمع يراقب الحكومة وهو بالتالي يعزز من مبدأ المراقبة والمحاسبة والمساءلة وهذا اساس جذري في عملية الدفع والتغيير الديمقراطيين. قد يكون هذا الفهم في مستواه النظري صحيحا للحد الذي نتفق معه، وقد تكون بعض الشواهد قد اثبتت مقدرة المجتمع المدني على احداث تغيير في بعض الحالات الأفريقية لفترات قصيرة في مطالع تسعينات القرن الماضي، وكما هو الحال في التحول الكبير في وسط وشرق اوروبا، لكن مثل هذا الفهم كان ينقصه الدفع باتجاه علاقة سوية في عملية الحراك المجتمعي وفي علاقة المجتمع المدني بالدولة بعيدا فقط عن عملية الاستخدام الأدواتي، الامر الذي ساهم سلبا في اداء المجتمع المدني من خلال تقليص مهمته في تحدي الدولة التي بدورها نظرت بعين الريبة للمجتمع المدني الناشئ. والنتيجة المنطقية كانت أن تحليل علاقة الدولة بالمجتمع المدني تم بطريقة عكست فهم المانحين لمثل هذه العلاقة إذ كانت هناك مبالغة في دور المجتمع المدني في عملية التحول الديمقراطي.

وهذه المبالغة في الدور الذي يمكن ان يلعبه المجتمع المدني مسوقة بشواهد من قصص نجاح المجتمع المدني ذاته. فأسطورة التغيير في وسط وشرق اوروبا تقول بأن المجتمع المدني الذي نجح في عملية التحول الديمقراطي تراجع واستنكف ولم يمارس دوره الريادي والطبيعي في عمليات التحول الديمقراطي :عملية تعزيز البنى الديمقراطية

في الحكم. مرد ذلك ان النخب التي قادت عملية التغيير من المجتمع المدني اصبحت ذاتها النخب الحاكمة وانشغلت أكثر في التأكد من خط اللاعودة لفترة الحكم الاشتراكي. بالقدر الذي يجب التركيز فيه على دور المجتمع المدني لا يجب اغفال محدودية هذا الدور. ماذا عن علاقة قادة المجتمع المدني بقادة الدولة بوصف الامر تداخلا في علاقات النخب؟. مرة أخرى إذا كان تعريف المجتمع المدني (في دوائر الدول المانحة على الأقل) هو مجموعة المنظمات غير الحكومية التي تدفع الدولة باتجاه التغيير والتحول الديمقراطي، فالسؤال الذي يثير نفسه هنا، ضمن ضيق افق هذا التعريف، هو ماذا يحدث للمجتمع المدني بعد زوال المواجهة مع الدولة، إذا كان القصد من ميلاد المجتمع المدني هو مواجهة الدولة لإحداث تغيير ديمقراطي وإصلاح مؤسساتي. هل يتحلل المجتمع المدني؟ إذا اقتصر دور المجتمع المدني على اداء وظيفة الدمقرطة والتغيير المحددين له في شبكات المشاريع التي يتلقاها، هل يستقيل من الحياة العامة إذا تحققت عملية الدمقرطة؟

هذا التركيز على دور المجتمع المدني لم يخل من سلبياته أيضا. جزء من سوء الفهم هذا ان تصنيفات وتعريفات المجتمع المدني في دوائر الدول المانحة شملت فقط المنظمات غير الحكومية او المجموعات الإجتماعية التي تساهم في عملية تحسين الحكم نحو مرحلة الحكم السليم good governance وعملية الاصلاح والتحول الديمقراطي، وعليه اصبح الأمر منوطا ليس بالمجتمع ليحدد من هي الفئة التي يمكن ان يطلق عليها المجتمع المدني بل اصبح القرار بيد العواصم الغربية والمانحة. سلبية ذلك ليس في ضيق أفق هذه الرؤية بل في :

- (1) استبعاد الكثير من المنظمات والجمعيات التي تنشط في حقول لا علاقة لها بشكل مباشر بأهداف المانحين من قائمة المجتمع المدني مثل ما ذكرته Tripple من دور الجمعيات النسوية الهام في المناطق الريفية حيث الدولة عاجزة عن تقديم اي نوع من الخدمات. ألا يندرج هذا تحت باب تحسين الحكم؟ ام ان المقصود هو مواجهة الحكومة ليتحسن الحكم   !

- (2) اصبح الأفراد ذوو الشهادات والقادرون على التحدث بلغات او الذين لهم علاقة بالمانحين قادرين على تأسيس جمعيات ومنظمات غير حكومية وفق

اجندة الدول المانحة والتي وسرعان ما تحظى بالدعم والمساندة. وهذا ما نميل لتوصيفه ليس المساهمة في خلق مجتمع مدني بل باستنساخ مجتمع مدني لن يقوى على العيش طويلا. وهذه ظاهرة نزعم انها شائعة في اوساط المنظمات غير الحكومية الفلسطينية، للدرجة التي بات ينظر فيها للمنظمات غير الحكومية على انها استثمار وباتت اولوية الخريج الجامعي تتجه في البداية للعمل في إحدى هذه المنظمات لأن المرتب أكبر والإمتيازات أكثر. وباتت المنظمات غير الحكومية لا ينظر إليها على انها ساحة تغيير ودمقرطة ومشاركة عامة بل مؤسسات استثمار. وهذا لا يجب في اي حال من الأحوال ان يفهم انه طعن في دور هذه المنظمات لكنه تشريح مهم لفهم سبل الرقي في عملها. وبالطبع تحمل الدول المانحة الكثير من تبعيات هذا الوضع برمي الكثير من الثقل على المجتمع المدني وفي المبالغة في دوره وفي الدعم غير المحدود الذي تدفع له به. لاحظ تقرير للخبراء ان المرحلة التي تلت السلام في كمبوديا شهدت انتعاشا ملحوظا لقطاع المنظمات غير الحكومية وعزا الخبراء سبب هذا الانتعاش لا للدور الإيجابي الذي كان من الممكن ان تلعبه هذه المنظمات بل إلى الانتهازية وتوفر وسخاء الدعم الاجنبي الذي حفز على خلق مثل هذه المنظمات والتي كانت نواياها وطموحاتها بعيدة كل البعد عن حاجات الشعب الكمبودي.(٢٥)

(3)بنظرنا وفي نظر الكثير من الباحثين فإن التوجه نحو المجتمع المدني لإحداث عملية التغيير لم يشكل تغييرا جذريا في فهم الدول المانحة لسبل وميكانزمات التغيير. التحول من الدولة إلى المجتمع المدني كان تحولا في التركيز على النخب. فالمجتمع المدني في معظم دول العالم الثالث وفي الوطن العربي وفي فلسطين أيضا مثله مثل الدولة تسيطر عليه النخب.

(4)هذا التركيز قاد إلى احداث هوة بين المجتمع المدني وبين المجتمع ذاته الذي من المفروض ان المنظمات غير الحكومية جاءت لخدمته. إذا كان تعريف المجتمع المدني يقتصر على تلك المنظمات التي تساهم في اجندة التغيير بشكل مباشر فكما يقترح مايكل والزر إن مسافة ما وكبيرة تنشأ بين المجتمع المدني ومنظماته الساعية إلى ادخال تغيير في نهج الحكم وبين "مجمل شبكة

العلاقات الإنسانية التي يتم تأسيسها لخدمة العائلة والإيمان والمصالح الإيديولوجية"(٢٦)، وعليه فإن فصل المجتمع المدني عن المجتمع لا يختلف كثيرا عن فصل الدولة عن المجتمع وهو فصل يخل بمبدأ المشاركة التي من المفروض ان يساهم المجتمع المدني في تعزيزها .

(5)كما اسلفت الدراسة فإن التركيز على شريحة معينة لتلقي الدعم قاد إلى عملية تمييز عنصري بين المنظمات التي تخدم المجتمع وكثيرها متجذر في الخدمة الإجتماعية واكثر عطاء ممن شملتهم محبة ورعاية الدول المانحة. وهذا يثير الأسئلة الكثيرة في حقل دراسات المجتمع المدني حول ماهية الديمقراطية الذي من المتوقع ان يحدثها الدعم الخارجي إذا تم استبعاد منظمات متجذرة في عملية التشكل المجتمعي وتم تنصيب منظمات مولودة في رحم الدعم ولإضفاء شرعية على قنواته .

(6)هناك ريبة كبيرة في حقل دراسات التنمية والديمقراطية حول نوع الديمقراطية التي تطلبها الدول المانحة من الدولة المستفيدة من الدعم، وهذا بدوره يقود إلى نقطتين: (أ) يقول بعض الباحثين مثل باري جيلز بأن الديمقراطية بشكلها المقدم للعالم الثالث من قبل الغرب ليست بأكثر من وصفة لخدمة مصالح رأس المال العالمي في هذه البلدان. في ذلك، والتحليل لجيلز وآخرين، فإن السيطرة الاقتصادية والسياسية الغربية بشكلها المتزمت يتم تقديمها على انها احد قوانين الطبيعة وليست نتاجا او هدفا لتحقيق المصالح ولإدارة الصراع مع العالم النامي. ما يتم تقديمه جرعة مخففة من الديمقراطية التي لا تسمح بتغلغل القوى المعادية لرأس المال إلى الهرم السلطوي او هي بالمصطلح الإنجليزي).(27) low-intensity democracy ب) في الكثير من الأحيان يتم رسم دور رومانسي للمجتمع المدني في عميلة الدمقرطة هذه بشكل يصعب معه مهمة المجتمع المدني ويثير اسئلة جدية حول حقيقة نوايا الدول المانحة في ان ترى الديمقراطية وقد تحققت في البلدان النامية.

(7)السؤال الهام الآخر الذي تطمح الدراسة لإثارته يتعلق بجوهر فكرة التغيير الذي يمكن ان يقوم المجتمع المدني بإحداثه. هناك اجماع كأنه قانون من قوانين الطبيعة بأن دور المجتمع المدني يكمن في عملية الإصلاح الديمقراطي. ولما

لسنا بأي حال نشك بأهمية المجتمع المدني في عملية التغيير الديمقراطي إلا اننا نعتقد انه من باب خصي المجتمع المدني تقييد نشاطاته في هذا الجانب واستبعاد الجانب الخدماتي منه والتطوعي.

(8) تركيز نشاط المجتمع المدني على مواجهة سياسات الدولة وفي عملية التغيير الديمقراطي يدفع بشكل طبيعي إلى تركيز عمل نشاط المجتمع المدني في المراكز الكبرى حيث تدار الدولة. بالطبع طالما كان القصد فقط التأثير على القرار الحكومي فمن غير المعقول أن تؤثر على الحكومة وانت في قرية صغيرة او مخيم بعيد لا علاقة له بالقرار السياسي واتخاذه. النتيجة المنطقية كانت تمركز المجتمع المدني في المدن الكبرى. خلاصة ذلك الخوف هو ان تتخلى المنظمات غير الحكومية عن مهمتها الأساسية في خدمة المجتمع وتسعى لان تتلاءم مع اجندة الدول المانحة. وبذلك تتخلى عن المجتمع لصالح أجندة خارج مصلحته. تقرير الخبراء ذاته الذي اشارت إليه الدراسة يتحدث عن الصومال ويقول بأن المنظمات غير الحكومية هناك كانت تلهث وراء الدول المانحة لذا اجتهدت في توثيق منجزاتها عبر وسائل الميديا. لتحقيق ذلك ركزت المنظمات غير الحكومية كل جهدها على توزيع الطعام وحرصت على التغطية الإعلامية اللائقة لترسل نسخ منها للعواصم التي تمنحهم المكافأة على انجازات على الورق، فيما كانت الازمة الكبرى تكمن في مكافحة الأمراض الذي تفتك بالمجتمع الصومالي. لذا مات آلاف الصوماليين فيما كان اخطبوطات المنظمات غير الحكومية يحتفلون بنصرهم عبر عرض منجزاتهم التي كتبتها أو صورتها الميديا.

(9) اغداق الدعم بسخاء على المجتمع المدني كما يحذر الباحثون يؤثر على التوازن الإجتماعي والتركيبة الطبقية في المجتمع وهو ما كان ينظر إليه على انه من المحرمات التي يجب ان تتجنبها مشاريع التمويل في كتابات المفكرين الاوائل في اقتصاديات الدعم مثل Rostow و Chenery وStrou وRosentein Roden. خطر ذلك فلسطينيا أن المنظمات غير الحكومية الفلسطينية ساعدت على توليد كثافة بيروقراطية يزيد تعدادها عن عشرة آلاف موظف يشكلون شريحة تدور في فلك واحد حيث عادة ما يتم انتقال الموظف من واحدة من المنظمات

إلى أخرى وقلما يحدث الانتقال من المنظمات غير الحكومية إلى دوائر الحكومة، مع انه من السهل حدوث العكس(٢٨).
ولذلك مضرات كثيرة أولها: ان المنظمات غير الحكومية تساهم سلبا في عملية البناء المؤسساتي في الدولة الفلسطينية الناشئة
فتجربة المجتمع المدني لا تنعكس على القطاع الحكومي إلا في استثناءات قليلة ذات علاقة ببرامج التدريب التي قد تكون
موجهة للقطاع الحكومي من قبل المنظمات غير الحكومية. وهي على العكس من ذلك تمتص تجارب القطاع الحكومي عند
انتقال موظف حكومي إلى دائرة قطاع المنظمات غير الحكومية، وعادة الذين ينتقلون هم اشخاص ذوو تجربة كانت ذات
قيمة في اماكن عملهم الحكومية إلا ان الرواتب المغرية التي تقدمها المنظمات غير الحكومية الممولة تدفع باتجاه ما يمكن
مقاربته "بنزيف الأدمغة" من القطاع الحكومي إلى قطاع المنظمات غير الحكومية. والمجتمع المدني لا يساهم فقط في عدم اداء
مهمته في التأثير على عملية الإصلاح بل إنه يساهم في شل نمو القطاع الحكومي وبذلك إعاقة عملية الإصلاح التي يطمح لدفعها
للأمام. وثانيها: ان عملية التلاقح لا تحدث في الخبرات وفي انتقالها من المنظمات غير الحكومية إلى المجتمع عبر الدولة. وبالطبع
مثل هذه الحالة من المساهمة السلبية للدعم الخارجي في عملية البناء المؤسساتي شائعة في تجارب دول كثيرة، ففي كمبوديا
ونظرا للرواتب المغرية للمنظمات الدولية العاملة هناك عقب الحرب كان الاطباء الذين يجيدون اللغات الاوروبية يتركون
وظائفهم في الطب ويعملون كمترجمين في المنظمات الدولية او يلتحقون بالمنظمات غير الحكومية المحلية الممولة دوليا الامر
الذي اضعف الجهاز الصحي في البلاد الخارجة من حرب مدمرة.

(10) تمركز تجمع منظمات المجتمع المدني في المناطق التي يدار فيها القرار السياسي والمالي بالطبع لا يعكس فقط جري القائمين
على هذه المنظمات فقط لإيجاد مكان في أجندة المانحين بل أيضا يساهم سلبا في عملية التنمية والتغيير الديمقراطي. فالندوات
التي تنظمها الكثير من هذه المراكز والمنظمات حول الديمقراطية وحقوق الإنسان والمشاركة الجماعية تتم في الفنادق الكبرى
على شاطئ غزة أو رام اللـه او القدس. ومع اقرارنا بأن المدن

الكبرى ذات كثافة سكانية عالية مثل مدينتي غزة والقدس إلا ان هذه المؤتمرات والندوات تحدث في محيط ضيق وعادة في الضواحي الراقية مثل الرمال او بيت حنينا فيما الضواحي الشعبية في هذه المدن المزدحمة لا حصة لها في ذلك. فالمتحدثون مجموعة من الأصدقاء الذين يتفقون على اهمية التغيير المجتمعي والذين يتشاركون في الرأي حول القيم الديمقراطية فيما التغيير والنقاش والجدل المطلوب يجب ان يدور في المخيمات وفي القرى وفي الأحياء الشعبية حيث تعيش أغلبية الشعب الفلسطيني وحيث ان هذه هي المناطق التي من شأن النقاش الجاد فيها ان يشكل دافعا نحو التغيير والزحزحة المجتمعية اللازمتين لعملية التغيير. من هذا القول نريد التأكيد ان الحوار بين النخب لا يقود لشيء أكثر من متعة النقاش وانا هنا لا أقلل من شأن الجدل الفكري الذي تعتبر هذه الدراسة مساهمة فيه بل يجب ان نحرض على الدفع باتجاه تمركز نشاط المنظمات غير الحكومية في المناطق التي هي بحاجة لمثل هذه النشاطات ولا يقع قطاع المنظمات غير الحكومية الفلسطينية ضحية الرواتب والمشاريع والسفريات الممتعة.

في الفصل التالي سأقوم باستعراض واقع حال المجتمع المدني العربي في ظل السياق التاريخي والفكري الذي ترعرع فيه مناقشا بالتفصيل، دون الاستطراد، ازمات المجتمع المدني العربي. ومن ثم اقوم في فصل آخر باستعراض فكرة المجتمع المدني العربي من الخارج وارتباطات المجتمع المدني بالتحول الديمقراطي في الوطن العربي قبل ان انتقل إلى الفصول الثلاثة التي أناقش فيها واقع حال المجتمع المدني الفلسطيني، مدركا بأني بمناقشتي لواقع حال المجتمع المدني العربي إنما أقوم بتمهيد التربة الفكرية والسياقية لمناقشة المجتمع المدني الفلسطيني، وبالتالي فمناقشة واقع المجتمع المدني العربي ليست إلا استهلالا شاملا لمناقشة واقع المجتمع المدني الفلسطيني.

الهوامش:

1 -الأرقام الواردة سابقا مأخوذة من

Hulme, David Michael Edwards(1997), NGOs, States and Donors: Too close For Comfort? St. Martin Press, New York.

2- Josselin, Daphné, William Wallace,) 2001 (Non-State Actors in World Politics, Palgrave, UK

3- Najam, Adil, (1996) NGO Accountability: A Conceptual Framework, Development Policy Review Vol. 14 pp 339-35

4- Halliday, Fred, (2001)"The Romance of Non-state Actors" in Dalphné Josselin and William Wallace, Non-State Actors in World Politics, Palgrave, UK

5- Halliday, ibid, 28

6 -يجب ان نكون حذرين في مثل هذه المقاربة للاحزاب السياسية حيث انه رغم التقارب الايديولوجي بين هذه الاحزاب إلا ان الكثير منها وإن كان يأتي من مصب واحد إلا انها عادة تدفع باتجاه اجندة قومية تنبع من حاجة ناخبيها على مستوى الدولة الوطنية. من الملاحظات التي مازالت تقلق منظري الوحدة والتكامل الاوروبيين ان الناخبين الاوروبيين وخلال الانتخابات للبرلمان الأوروبي يختارون مرشحيهم على اساس دولهم وان نسقا من الأحزاب عابرة الدولة الوطنية وإن كان نظريا قد تأسس في التكتلات البرلمانية داخل البرلمان الأوروبي في ستراسبورغ إلا انه لم يتحول لظاهرة سياسية انتخابية.

7 -لمزيد من النقاش حول الدوافع الداخلية للتحول الديمقراطي انظر الأجزاء الأربعة لعمل جاليرمو أودونيل وفيليب شمتر ولورانس ويتهيد

Guillermo O'Donnell, Philippe Schmitter, and Laurence Whitehead, Transition from Authoritarian Rule (Baltimore: Johns Hopkins University Press, 1986).

8- Philippe Schmitter, "The influence of the international context upon the choices of national institutions and policies of neo-democracies", in Laurance Whitehead (ed.) The international Dimension of Democratization Oxford (Oxford University Press, 1996), p.27

9- Peter, Schrader, 'The State of the Art in International Democracy Promotion: Results of a joint European-North American Research Network', Democratization, vol.10,no2 (Summer 2003) 21-44

لمناقشة باقي الأدوات التي يمكن دفع عمليات الدمقرطة من الخارج عبرها انظر مشاركة ويتهيد في كتابه سابق الذكر.

10- Giuseppe Di Palma, To Craft Democracies. An Essay on Democratic Trnasitions (Berkeley, CA: University of California Press, 1990), p183

11- Schmitter, 1996

12- Pronk, Jan P.,(2001) 'Aid as a Catalyst', Development and Change 32, 611-629; Riddell, Roger (1996) Aid in the 21st Century, UNDP Office of Development Studies, Discussion paper Series, 6, New York.

13- Atef Abu Saif, EU and Democratization in Palestine, (Article) coming publication, 2005

14 -يشير هيربست جيفري إلى ان المجتمعات الأفريقية عرفت نظما سياسية سبقت الحقبة الإستعمارية بيد أن الوجود الإستعماري خلق قطيعة بين الدولة الناشئة بعد رحيله وبين هذه النظم والقيم السياسية التي رافقت ظهورها، وعليه ساهمت الحقبة الاستعمارية في نزع الدولة من سياقها التاريخي .

Herbst, Jeffery, (2000) States and Power in Africa: Comparative Lessons in Authority and Control, Princeton University Press.

15- Hulme, & Edwards, 1997

16 -كل من هذه العناصر له اهميته في اجندة الدول المانحة. فالتركيز على الاحزاب السياسية كان بالأساس لضمان مشاركتها في العملية الديمقراطية عبر ضمان قبولها لقواعد اللعبة الديمقراطية من التبادل السلمي للسلطة. وكانت التجربة الأفريقية مريرة حيث ان الاحزاب السياسية ما كانت لتقبل ان تخسر الانتخابات. جانب مهم في ذلك ان الاحزاب السياسية في الكثير من الدول النامية تأتي للسياسة من باب العسكر والمقاومة المسلحة لنظام الحكم لذا كانت هناك حاجة ماسة لتدجينها. اما التركيز على الصحافة والإعلام فأساسه هو دورهما في التوعية ونشر الأفكار التي تساعد على تعزيز قيم الديمقراطية والمشاركة الجماعية. لنلاحظ ان التركيز على الاحزاب السياسية قد يصبح فجأة واحدا من اولويات الدول المانحة في فلسطين لضمان تحويل حركات التحرير والمقاومة إلى أحزاب تعنى أكثر بالشأن الشعبي ضمن الممارسة السياسية والحكومية اليومية .

17 -عملية التوسع التي شهدها الاتحاد الاوروبي في آيار ٢٠٠٤ شملت ضم عشر دول، ثمان منها من المنظومة الاشتراكية السابقة واثنتان من دول حوض المتوسط. هذه الدول هي بولندا والتشيك وهنغاريا وسلوفاكيا وسلوفينيا ولاتفيا وليتوانيا وإستونيا. بجانب قبرص ومالطا. كما سيتم ضم رومانيا وبلغاريا في ٢٠٠٧ .

18- Larry Diamond,ed.The Democratic revolution : struggles for freedom and pluralism in the developing world, New York, N.Y : Freedom House,1992

19- Diamond, L.,) 1994 '(Rethinking Civil Society Towards Democratic Consolidation', Journal of Democracy, 5,3.

20- Jean Grugel, , Democratization: a critical introduction, Palgrave, New York, 2002: 92

21- Cohen, J., and A Arato, (1992) Civil Society and Political Theory (Cambridge, MA: MIT Press).

22- Grugel, 2002: 115

23- Lomax, B., 1997 'The Strange Death of "Civil Society" in Post-Communist Hungry', Journal of Communist Studies and Transition Politics, 13, 1.

24- Schmitter, P., and G. O'Donnell (1986)Transformation from Authoritarian Rule, Tentative conclusion from Uncertain Democracies (Baltimore: Johns Hopkins University Press).

25- UNRISD (1993) Rebuilding Wartorn Societies: Report of the workshop on the Challenge of Rebuilding wartorn societies and the social consequences of peace

26- Machael Walzer, (1991) The Idea of Civil Society: A Path to Social Reconstruction, Dissent, 38,2 Spring, p293

27- Gills, Barry, Joel Rocamora and Richard Wilson, eds., (1993) Low Intensity Democracy, London:Pluto Press

28- المشكلة هي ان الكثير من برامج الدعم الموجهة لمنظمات المجتمع المدني تكون من الحصة المخصصة للدولة وبالتالي فإن بيروقراطية المجتمع المدني يأخذون رواتبهم العالية من حصة الحكومة دون ان يكون مثلا للحكومة قول في ذلك أو دون ان يكون هناك أي نوع من انواع الرقابة المجتمعية على الفساد الذي من شأنه ان يستشري في جسد المجتمع المدني. انظر تقرير الخبراء حول هذه النقطة في افريقيا.

3

الفصل الثالث

المجتمع المدني في الثقافة العربية

لم يحظ مصطلح بمثل الإهتمام الذي حظي به مصطلح "المجتمع المدني" في أوساط النخبة العربية أو في الصناعة الأكاديمية والمعرفية العربية في العقدين الماضيين. للدرجة التي بات فيها المصطلح والتداول به من ضرورات الخطاب السياسي والمشتغلين بقضايا الإصلاح في الانظمة العربية والعاملين على التحول في طبيعتها وممارستها الديكتاتورية والبوليسية والهادفين إلى ضخ روح جديدة في انظمة ماتت سريريا منذ عقود. فكلما تم التطرق إلى العطب الذي أصاب السياسة العربية من تضخم جهازها البيروقراطي واقتصادها الريعي إلى تداخل السلطات وهيمنة العسكر على الحقل السياسي كانت الوصفة السحرية جاهزة والقائلة بضرورة تفعيل وتنشيط دور المجتمع المدني وتقويته ليصبح قادرا على مواجهة وتقويم سياسات الحكومة. وإن كان هذا التصور صحيحا نظريا ويمكن اثبات فعاليته في التنظيرات الجدلية إلا أن أزمة مثل هذا الخطاب تتعثر حين تبرز أسئلة من باب كيف يمكن تحقيق ذلك. كيف يمكن تفعيل المجتمع المدني العربي. وكيف يمكن له بعيدا عن التجريد ان يواجه عطب الدولة ويخلق حيزا للممارسة السياسية والمجتمعية مختلفا عن الحيز الذي تحوزه وتسيطر عليه الدولة. والممارسة الثقافية العربية والجدل الفكري في أوساط النخبة لم يكن قادرا على الإجابة على مجموعة من الأسئلة الهامة بهذا الصدد والتي تتمحور أكثر حول ماهية العلاقة بين المجتمع المدني والمجتمع السياسي وحول علاقته بالدولة. غير ان الأزمة اعمق من ازمة مفهوم المجتمع المدني إذ أن الحداثة العربية باتت في ورطة كبيرة نظرا لعدم مقدرتها على مواكبة كم المفاهيم التي تبلورت في سياقات أخرى واصبحت ظاهرة متجذرة في عمليات الحراك السياسي والاجتماعي والثقافي .

ورغم ظهور الكثير من النزعات النهضوية في التاريخ العربي خلال القرنين الماضين إلا أن أي من آباء النهضة العربية أمثال رفاعة الطهطاوي ومحمد عبده والأفغاني والكواكبي ورشيد رضا والتونسي وعلي مبارك لم يأخذ على عاتقه مهمة التأصيل للمفاهيم التي أخذوا ينظرون لها في المجتمع العربي، ونتيجة ذلك كان انهماك مفرط في التبشير دون جهد ولو قليل في التأصيل. كان قلق النخبة النهضوية العربية في ذلك الوقت تبرير حاجة المسلمين لإصلاح الخلافة وبذلك تم ادخال مفاهيم كثيرة في محاولة لتخفيف حدة الإستبداد الذي تتصف به النخبة التركية الحاكمة وبالتالي كان القصد من الإصلاح إعطاء العرب حيزا أكبر للمساهمة في دولة الخلافة. وفي الوقت الذي بدأت فيه النخبة تبشر بدولة عربية قومية بعد التخلص من نير الحكم التركي كان التبشير بـ"الحاجة" إلى هذه الدولة قد طغى على ماهية هذه الدولة القادمة، لذا لم تعبأ النخبة كثيرا في تطوير نظرية عربية معاصرة في الحكم للدرجة التي باتت فيها الدولة كفكرة هجينة في الممارسة السياسية العربية، في الوقت الذي لم يبق امام الجماهير العربية كما لم يرسخ في ذاكرتهم إلا انماط الحكم القمعي الموروث من النمط المملوكي، والذي تم تعزيزه وتنميطه خلال الحقبة بعد التحرر من الاستعمار وقدوم الجنرالات للحكم. ففي الحالات التي كان الحكم فيها ملكيا أو جمهوريا لم يكن الملك أو رئيس الجمهورية إلا القائد الأعلى للقوات المسلحة وإن لم يكن يفقه في العسكرية شيئا .

ونتج عن هذا القصور في تطوير مفهوم عربي خاص بالدولة قصور مصاحب في تطوير جملة من المفاهيم المصاحبة، وعليه لم يكن أمام النخبة العربية التي جاءت بعد عصر النهضة إلا ان تتأمل هذا الفراغ الفكري الذي افرزه عصر النهضة بشيء من القلق. غير انه من باب المجازفة الإبستمولوجية رمي القصور على اكتاف رواد عصر النهضة. فالثقافة العربية منذ أمد بعيد تعاني من أزمة تأصيل المفاهيم والمصطلحات التي تواجهها أو التي تفد إليها من الخارج، للدرجة التي بات فيها العرب مستهلكين للمفاهيم التي تنتجها الآلة الفكرية الكونية منذ بدأ مجد العرب بالتلاشي وتراجعت مشاركتهم في عالم صناعة الأفكار. وحالة الخمود والظلامية التي سادت الفكر العربي في الخمسة قرون السابقة حرفت النقاش الفكري العربي عن جوهر المفاهيم في سبيل الدفاع عن القوقعة الصلدة التي يحمي بها نفسه. وصارت الثقافة والحضارة التي استطاعت ان تفرز امبراطوية واسعة صدفة لا تستوعب حتى صوت الموج الوافد من البحر. وعليه أضحت جل المفاهيم الواردة إلى المجتمع العربي تبدو غريبة وأخذت تدور حولها سجالات كبيرة

ومطولة لا حول تأصيل المفهوم بل حول إذا ما كان يجب ان يتم الأخذ به أم لا من باب حماية الذات من الغزو الفكري الغربي. والدوائر المفرغة والعقيمة التي يدور فيها النقاش لا تبعد في العادة عن نفس منطق التبرير والرفض بغض النظر عن طبيعة المفهوم موضع الجدل. والكثير من أوجه الرفض ترتكز إلى مقولة "الخبرة" والتي تزعم بأن اي مصطلح هو في النهاية نتاج خبرة سياسية واجتماعية وثقافية وفكرية وبالتالي هذه الخبرة بما تشكله من خصوصية تجعل عملية نقله صعبة وفي مرات تبدو للرافضين مستحيلة إذ ان تجربة المجتمع العربي مختلفة بالضرورة. وإذ ما سلمنا بهذا المنطق تبدو كل المفاهيم التي لم ترد بنصها وحرفها في التاريخ السياسي العربي والإسلامي غير قابلة للنقل. وكما يقول سيف الدين عبد الفتاح اسماعيل فإن كون تنوعات الفكر الغربي ومنتوجاته الفكرية والمفاهيمية ترتبط بخبرته وكيانه الحضاري وبتاريخه الخاص "فإن هذا ليس مبررا على الإطلاق أن نعيش معارك مدارس الغرب الفكرية"(١) .

بيد ان هناك بعض العناصر الواجب تحققها لقيام مجتمع مدني في اي واقع حضاري او ثقافي. فعلى سبيل المثال من المتعذر الحديث عن مجتمع مدني دون دولة لأنه فقط مع الدولة تنشأ فكرة المواطنة التي هي في قلب مفهوم المجتمع المدني ودون إطار قانوني يضبط العلاقات في المجتمع. هذا الإطار القانوني هو الضمانة الوحيدة لانتعاش منظمات وجمعيات المجتمع المدني وتنافسها في السياقات الثقافية والاجتماعية والسياسية المختلفة. بجانب هذا لابد من تشكل التكوينات الاجتماعية المختلفة التي هي قاعدة النشاط المجتمعي بكافة اشكاله .

في هذا يرى البعض ان بناء المجتمع المدني في السياق العربي لا يجب ان يعني النقل الحرفي لخبرة المجتمعات الغربية في التحديث بل في تكريس وتجذير بعض المبادئ العامة مثل تحقيق التوازن بين الدولة والمجتمع والحد من تسلط الدولة وبطشها بالمواطنين وتوفير الضمانات الاقتصادية والاجتماعية والسياسية وفق المعطيات الحضارية للثقافة والواقع السياسي والاجتماعي العربي الراهن(٢). وكما يقول عزمي بشارة في معرض حديثه عن الديمقراطية فإن الديمقراطية اصبحت نظاما سياسيا شاملا متكاملا بالإمكان التعلم منها دون توقع عودة العملية التاريخية ذاتها التي قادت إلى تشكل الديمقراطية(٣) .

وبكلمة أخرى فإن الذي غاب عن ساحة المثاقفة العربية هو تأصيل المفهوم بالمعنى الذي يجعل التداول به اعادة انتاج الثقافة السياسية المحلية لمعطياتها الخاصة واستنادا إلى فهم لميكانزمات التحول المجتمعي وليس من باب العمل بالسائد. وشأن غياب التأصيل للمفهوم شأن التأصيل لمعظم المفاهيم الوافدة من خارج التجربة السياسية العربية لا ينفع فيها إن كانت صحيحة أم خاطئة، نافعة أم لا. في الأمر اجتهادان يقول أحدهما بضرورة التعاطي مع مقدرة المفهوم على التغيير في البنية الثقافية السياسية العربية ويرمي الثاني إلى البحث في التاريخ السياسي العربي للاستدلال على وجود المفهموم وإن بصورة او صور مختلفة في الممارسة السياسية العربية. ولا يخلو الأمر في الاجتهادين من مغالطات ترتكز على سوء تقييم في بعض الحالات للواقع السياسي العربي وربما انبهار بنجاحات الآخرين أملا ربما في ان تتحقق نتائج شبيهة متناسين السياقات التاريخية، كما تنطوي على لي عنق التاريخ واعادة تركيبه وربما في حالات تشويهه لتكون الخلاصة بأن المفهموم تم الركون إليه في الممارسة العربية القديمة ولسنا بحاجة إلى أكثر من احياء ممارسة قديمة .

رغم الترحيب الكبير الذي استقبل به المفهوم في الصناعة الاكاديمية والفكرية العربية إلا أن هناك من رأى عدم صلاحيته للاستخدام في السياق العربي لأسباب اختلفت من رافض لآخر. ينطلق متروك الفالح في مناقشته للمجتمع المدني العربي من دراسته للمدينة العربية ليخلص ان المدينة العربية ليست بأكثر من ريف موسع وعليه يصبح من المتعذر الحديث عن مجتمع مدني عربي. كلما تزايد تريف المدينة العربية زادت الإشكاليات التي من شأنها ان تنفي فكرة المجتمع المدني في السياق العربي. وصول آلاف القرويين للمدينة العربية وتمنطقهم في احياء وتكدسات سكنية قاد إلى تشكل إشغالات اجتماعية ذات خلفيات ما قبل مدنية (قبلية أو طائفية أو مناطقية) في الأحياء المتعددة بحيث اصبحت المدينة العربية عبارة عن مجموعات على شكل حاويات أو غرف متباعدة ومعزولة، أو بشكل أدق أصبحت قليلة التفاعل والتواصل في ما بين وحداتها وأحيائها. نتجة ذلك لم يكن تمدن الريف بل تريف المدينة. خلاصة فكرة الفالح أن فكرة المجتمع المدني غير قابلة للتحقق في السياق العربي ليس بسبب قيود السلطة او لثقل الثقافة واسقاطاتها او الاوضاع الاجتماعية وتبعاتها بل من باب تأمل تأثير الإشتغالات الاجتماعية وقواها ومنظوماتها القيمية في ماهية التداخلات بين الريف والمدينة العربية

والنزوع نحو تريف المدينة، في فكرة المجتمع المدني وقواها وفاعليتها باتجاه التحولات الديمقراطية نتيجة مثل هذا البحث هو عدم فاعلية او انتفاء المجتمع المدني وقواه في المنطقة العربية. والبعض قال بـ"إن الحديث عن مجتمع مدني عربي هو حديث عن مرحلة تطورية لم ندخل أعماقها بعد"(٤).

الدعوة إلى وجود مجتمع مدني عربي تغفل، وفق تزيني، عاملين مهمين، أولهما: أن الدولة نفسها مازالت مشروعا أوليا يبحث عن إمكانيات تبلوره وتحوله إلى موقع السيادة الدستورية والقانونية في المجتمع، وثانيهما: هو حقيقة ان اجهزة الدول القمعية تقف في وجه دعاة المجتمع المدني. ويخلص تزيني للقول بأن "أنبل الأفكار وأكثرها تقدمية يمكن ان تتحول إلى نقيضها إن وضعت في مرحلة تاريخية لا تحتملها". وعليه فظهور الحوار حول المجتمع المدني لم يكن صيغة سجالات بريئة "وإنما أتى مثقلا باعباء من القضايا والمشكلات "وعقود سنين بدت فيها البنية المجتمعية مغلقة"(٥). "لذلك فإن الحديث عن صيغة المجتمع المدني وفق النمط الليبرالي وإمكانية تطبيقه أو توفر مقوماته من حيث الشكل والمضمون في بلادنا العربية أو بلدان العالم الثالث عموما، (والحديث لغازي الصوراني) فرضية غير قابلة للتحقيق في ظل أوضاعها الراهنة، لأنها تتخطى التركيبة الاجتماعية الاقتصادية التابعة والمشوهة في هذه البلدان، او انها تتعاطى مع المفهوم المجرد للمجتمع المدني في الإطار السياسي- الاجتماعي الضيق للنخبة الليبرالية من المثقفين، وبعض الانظمة الحاكمة بما لا يضر بمصالح هذه النخب او حلفائها في الداخل والخارج"(٦).

وحمى التنظير للمجتمع المدني وجعله جمل المحامل في حل الأزمات التي تواجهها البلدان العربية جعلت منه موضة كل حديث ولازمة كل خطبة ومفتتح كل مقال وبلسمة كل جراح. قال احدهم في جريدة الثورة السورية "إن الأهداف والغايات جميعها، وكل المصالح والمطامح تحتاج إلى المجتمع المدني"(٧). فيما يتحسر الكثيرون على سيطرة مفاهيم المجتمع المدني على الخطاب النخبوي امام تراجع مفاهيم التحرر القومي والتنمية والعدالة الاجتماعية والتقدم والوحدة الاشتراكية والعداء للامبريالية، مصطلحات كما يقولون "اقرب إلى التفاعل مع الواقع الاجتماعي واكثر قدرة على مخاطبة الوعي النخبوي،

والوعي العفوي الجماهيري في آن واحد"(٨). لكن الثابت أن الفمهوم بات واقعا في الخطاب السياسي الحربي المعاصر.
ورغم الانتشار اللافت للمفهوم والشرعية التي اكتسبها في الأدبيات السياسية عموما إلا أنه مازال من أكثر المفاهيم اثارة للجدل وعدم الاتفاق. وكما يخلص عبد الباقي الهرماسي فإن ما ربحه المفهوم في سعة الانتشار قد خسره على مستوى الدقة، للدرجة التي بات فيها المفهوم فضفاضا قد يعني أكثر من شيء في نفس السياق ويرمي إلى أكثر من دلالة في الخطاب السياسي الواحد.
إن التنظيرات السياسية العربية أغفلت السياقات الكبرى التي يجب ان يتم النظر من خلالها للمجتمع المدني العربي .
تزعم هذه الدراسة ان هناك ثلاثة سياقات كبرى لا يمكن فهم المجتمع المدني العربي في الوطن العربي دون البحث فيها .
1 -السياق العربي والإسلامي ببعده الحضاري والتاريخي.
2 -السياق القطري الدولاني لكل مجتمع عربي في الدولة أو الدول قيد الدراسة.
3 -السياق العربي القومي ببعده المعاصر.
السياق الأول يفيد في التعرف على المدلولات المعرفية والحضور التاريخي للمفهوم إذ انه يتعذر فهم السياسة أو المجتمع العربيين دون ملامسة الفكر السياسي الذي تراكم خلال فترة الخلافة العربية أو الواقع السياسي الذي افرزته الحقبة العثمانية. اول شيء يتبادر إلى الأذهان في هذا السياق موقف الإسلام ومفكريه من الأمة والدولة والجماعة ومن ثم الحيز العام وعلاقة الخليفة بالرعية والعلماء. في هذا هناك عشرات الأسئلة التي يستطيع الباحث في شأن المجتمع المدني العربي الإفادة من الإجابات التي قدمت عليها من قبل دارسي التاريخ والفكر الإسلامي والتي تتعلق أساسا لا بعلاقة بالديني بالدنيوي، وإن كان هذا في صلب تطور المجتمعات عموما لا في المجتمع الإسلامي حصرا بل تتعداه إلى علاقة الديني بالدنيوي في كافة المجتمعات، لكن ما يميز الإشكالية العربية ان مثل هذه العلاقة لم يتم النظر فيها بجرأة وظلت عملية التمازج بينهما مهيمنة على الضرورة لتحديد اطر سليمة للعلاقة. الجانب الآخر من هذا السياق هو الدور الذي لعبه الإسلام في تشكيل منظومة القيم والمفاهيم الخاصة بالثقافة العربية ودوره في صياغة منظومة العلاقات والتفاعلات الاجتماعية، الأمر الذي جعل أي قراءة للواقع السياسي العربي دون

تفهم وتبصر هذا الدور ضربا من الجهل. والتجربة السياسية الإسلامية التي تمثلت في دولة الرسول ومن بعده دولة الخلافة تشكل حقلا خصبا لتبصر دور الإسلام في السياسة. ولسنا في هذا المقام بصدد دراسة وجهة نظر الإسلام في الحكم ولا في الدولة إذ ان هذا موضع بحث آخر لكننا لا نستطيع تجاهل مثل وجهة النظر هذه(٩). غير ان الجانب الأكثر أهمية فيما يتعلق في هذا السياق هو نزوع الكثيرين للبحث عن نموذج مشابه لنموذج المجتمع المدني في التاريخ والممارسة السياسيتين العربيتين. وأول جوانب مثل هذا التشابه هو التبرير النظري للمجتمع المدني من داخل المنظومة الفكرية العربية والإسلامية. مبادئ الاسلام وقيمه، كما يسجل عبد الحميد الأنصاري، تستوعب مضامين وقيم المجتمع المدني ولا تشكل المطلقات والثوابت الإسلامية تناقضا لقيم هذا المجتمع. فجذور المجتمع المدني موجودة بكثافة في عمق المجتمع العربي الإسلامي(١٠). والتاريخ الإسلامي كما يروق لفهمي هويدي ان يسجل، يعج بالكيانات السياسية والمؤسسات التي نهضت بوظيفة المجتمع المدني وتشمل هذه الكيانات والمؤسسات العلماء والقضاة والمفتين ونقابات الحرف والصنائع وشيوخ القبائل والعشائر وشيوخ الطرق ورؤساء الطوائف. غير ان هذا لا يجب ان يقودنا لسخرية هويدي من دعاة المجتمع المدني المعاصر في الوطن العربي حين يقول "هكذا كان المجتمع المدني يدير نفسه بنفسه قبل قرون طويلة من ظهور فكرة المجتمع المدني التي يتشوق إليها البعض في هذا الزمان"(١١) ولا إلى تفسير السيد محمد خاتمي لقول علي بن ابي طالب "إن لي حق الوالي ولكم حق المولى عليه" بأنه دليل على سبق الإسلام بألف ومائة سنة على ظهور المجتمع المدني(١٢). هناك مساحة من التأمل يجب ان تكون كافية لتتيح لنا دراسة الظواهر التاريخية التي أفرزها الحكم السياسي الإسلامي خلال الأربعة عشر قرنا الماضية وتوظيفها لتعزز من إمكانيات نهوض مجتمع مدني عربي معاصر يخدم في تقوية الدولة وتفويض المجتمع وبالتالي تعزيز الحكم السليم والمشاركة الجماهيرية وتفعيل العملية الديمقراطية .

ثمة اتفاق واضح بين منظري المجتمع المدني في الدوائر العربية والغربية بأنه يمكن البحث عن جذور لظواهر في المجتمع العربي تشبه إلى حد ما ظاهرة المجتمع المدني كما عرفتها أوروبا لاحقا. ودون الجزم بوجود الظاهرة ذاتها في المجتمع العربي هناك اقتراحات عدة لقراءة التاريخ العربي وعلاقات السلطة السياسية الحاكمة مع المجتمع

ضمن ثنائية المجتمع/ الدولة. مثل هذه المقاربة في البداية يجب ان تكون متسامحة مع كلا المفهومين، أقصد المجتمع والدولة، إذ ان المجتمع الإسلامي العربي كان ينظر إليه بوصفه الأمة فيما كانت السلطة السياسية متجسدة بوصفها الخلافة بكل البعد الثيولوجي للكلمة والمفهوم سياسيا. غير ان ظواهر كثيرة تقترح بقراءة صامويل ايزنشتات وكثيرين وجود حيز عام في المجتمع الإسلامي(١٣). من هذه الظواهر "الوقف" والمتصوفة ومجالس العلماء واصحاب الطرق .

لم تستوقف ظاهرة اخرى الباحثين سواء الغربيين او العرب مثلما استوقفتهم ظاهرة "الوقف" بما تشكله من ادارة مستقلة لموارد تدار ذاتيا ويستخدم ريعها للصالح العام بعيدا عن سلطة السلطان أو الحاكم. والوقف يغطي الكثير من نواحي الحياة التي تمتد من وقف المسجد والحوانيت والسقايات والمدارس ودور رعاية الأيتام والجسور والاستراحات والوقف النقدي. لم تقتصر مساهمة الوقف في الحياة الاقتصادية والاجتماعية والثقافية العربية بل إنه كان وراء تأسيس ونمو عشرات المدن الجديدة خصوصا في بلاد البلقان كما يذكر الباحث في الشئون الإسلامية ببلاد البلقان محمد م. الأرناؤوط مثل مدينة سراييفو وموستار وفسوكو وجاكوفا وتيرانا وكورتشا(١٣). هناك أيضا ما يستحق بجدارة التأمل في الوقف النقدي الذي ذاع وانتشر في الفترة العثمانية والذي اعتمد على وقف مبالغ كبيرة تقدم بفائدة محددة للتجار وأصحاب الحرف بحيث يتحول الوقف إلى مؤسسة مالية مصغرة تمول مشاريع التجار بفائدة تتراوح بين ١٠% إلى ١ 1%لكن يتم استثناء الأشخاص الذين يتمتعون بمناصب رفيعة في المجتمع مثل الولاة والبكوات والاغوات والسادات والمشايخ والدراويش والقضاة والمدرسين والعساكر. بكلمة اخرى يتم حرمان بيروقراطية الدولة من الاستفادة من خدمات الوقف النقدي. وهذا بحد ذاته خاصية متقدمة من خواص المجتمع المدني المعاصر حين يصر على تمايزه عن الدولة وبيروقراطيتها. لكن هذا لا يعفينا من القول بأن الدولة كانت تستفيد من الوقف ليس لأنه يسد الفراغ الذي تعجز هي عن ملئه فحسب بل لأنه كان يساعد في تثبيت أركانها. لسنا بحاجة لكثير جهد لندرك كيف كانت أركان الدولة مثل الباشوات والباكوات يؤسسون الوقف ليخلدوا أسماءهم او ليخدموا قراهم او مدنهم وفي ذات الوقت توفير خدمات تساعد على استقرار الدولة واستمرارها .

أما أساس اعتبار العلماء كأقطاب فاعلين في نشوء الحيز العام في المجتمع العربي الإسلامي فهو افتراقهم عن الحاكم حيث ان الفكر الإسلامي رأى أن الأمة لا الدولة هي من تحقق الشريعة ، وعليه كان العلماء ينظرون إلى دورهم بوصفه دافعا ومحركا للشريعة من داخل الأمة. ويرى زيادة بأن النظام الديني في الإسلام حافظ على استقلاله عن النظام السياسي وتطور الفقه بمعزل عن الدولة وأصغى الفقهاء لأحكام الشريعة واستجابوا لمتطلبات الحياة المدينية. غير ان هذا الاقتراح يتناسى التشدد الفقهي الإسلامي في كون مهمة الدولة الاولى هي تحقيق الشريعة وان لا سلطان إلا لله وللشريعة وعليه فإن انعزال الفقهاء عن الممارسة السياسية لم يكن من باب تصغير وتهميش الدولة بل من باب الرقابة عليها. ورغم ما في هذا من تسلط من قبل المجتمع السياسي (هنا الديني) على الدولة إلا أن هذا ووفق التأصيل النظري يعزز من فكرة الفصل بين الدولة والمجتمع المدني(١٥). لكن ما يطالب به رجال الدين او رجالات الإسلام السياسي اليوم هو أن يتخلى رجال الدين عن المراقبة وينتقلوا إلى الحكم بالمعنى الذي اصبحت فيه الدولة غاية الفقيه. ولم تكن تنظيرات الإمام الخميني وتطويره لولاية الفقيه ببعيدة عن هذا الفهم وإن كانت جاءت من سياقات تاريخية شيعية مختلفة .

ليس بعيدا عن هذا الفهم يقترح وجيه كوثراني ان يتم النظر إلى ما يسميه "المجتمع الأهلي" المكون من أصحاب الحرف وأهل الصنائع والطرق والفرق بوصفها نواة لمجتمع مدني عربي دون القول بنموذج تاريخي ناجز في التاريخ العربي. وبقراءة كوثراني فإن هذا المجتمع الأهلي العربي كان يتشكل من مجموعة من العلاقات بين المجتمع، بوصف هذا المجتمع وعاء لبشر ينتجون سياسة وثقافة وسلعا وعلاقات تبادل، وبين الدولة بما هي هيئة حاكمة ومنظمة وضابطة لعلاقات هؤلاء البشر. وخلاصة القول إن هذا المجتمع الأهلي يوازي مفهوم المجتمع المدني من حيث دلالة استقلالية المجتمع عن الدولة حيث ان هذه الحرف والطرق والصنائع "تعبر عن دينامية اجتماع سياسي، ومؤسسات مجتمع تجري فيه أشكال من الإنتاج والتبادل وأنماط من الثقافة والإجتهاد الفكري والفقهي، وتعبيرات من العمل السياسي والنقابي(١٦)." ايضا ازدهرت نقابات الحرف وأصحاب الطرق، وجماعات الشطار والعيارين. وتفشت مثل هذه الظواهر وتكاثرت عندما ازداد تسلط الباشوات والاغاوات الاتراك خلال الحكم العثماني. "وامسى كل إنسان، حتى

المكدون والبغايا، ينتمي إلى عصبة أو نقابة حرفية لها أنظمتها الخاصة، التي تحمي أعضاءها من الحكام أولا ومن مزاحمة الآخرين ثانيا وتقوم بمساعدة المصابين والعاطلين ثالثا"(١٧) .

فعلى صعيد الحرف الواحدة فقد قام أصحابها بتطوير ما يشبه القوانين النقابية حيث حافظوا على تقنيات الصنعة ومقاييس جودة المنتج وحددوا فيما بينهم السعر المتداول له بجانب تكاتفهم في مواجهة أي خطر قد يصيب الحرفة او المنتج وكانت تقوم بتحديد ساعات العمل وأيام العطل للحرفة وتحدد علاقة العاملين فيها بعضهم ببعض. وباتت هذه التقاليد تشبه الأعراف والقوانين التي يأخذ بها القاضي والمحتسب في فض النزاعات والخلافات داخل المهنة. كما تم تعين معلم كبير لكل صنعة أو شيخ وشهبندر للتجار يشبه النقيب بالمفاهيم المعاصرة. خلاصة القول هي ان اعادة النظر في طبيعة الدولة في التاريخ الإسلامي وفي مؤسساتها ووظائفها وعلاقة الشريعة بالدولة وبالمجتمع يفترض، كما يقول خالد زيادة، ان تقود إلى بلورة أسس المجتمع المدني في التاريخ العربي.

غير ان ايزنشتايت يتوقف مليا مترددا قبل ان يجزم بجواز ان تعد هذه الفعاليات المجتمعية مجتمعا مدنيا. والسؤال الكبير يكمن في عجز المجتمع العربي عن تطوير هذه الفعاليات التي يطلق عليها حيزا عاما إلى مجتمع مدني. وللإجابة على السؤال السابق لابد من تأمل وتمعن تاريخ تطور السياسة العربية الإسلامية. المحقق بأن العلماء والوقف كانوا في الفترات الأولى للدولة العربية الإسلامية مستقلين كل الإستقلال عن دائرة الخلافة، بمعنى آخر كانوا يشكلون فضاء خارج فضاء السلطة السياسية. كان العلماء يرفضون الإنخراط في السلطان والحكم لأنهم رأوا دورهم في ضمان تحقيق الشرع ولم يروا أن ضمانة تحقيق الشرع تكمن عبر الانخراط في السلطة بل في ان يتكاتفوا ليعارضوا السلطة إن هي زاغت عن الشرع. في تلك الحقبة كان الدين يلعب دورا هاما في تشكيل الحيز العام مثلما كانت الكنيسة ايضا في الكثير من المجتمعات خصوصا خلال فترة الحقبة الإستراكية في اوروبا الشرقية وما مساهمة الكنيسة الكاثوليكية في تحريك الجماهير ضد نظام الحزب الواحد في بولندا إلا مثال معاصر على ذلك. في ذات السياق تطورت الوقفيات الخاصة التي تدار ذاتيا من قبل مجموعة من أهل الخير. وبقراءة الكثيرين فإن انهيار الحيز العام في المجتمع الإسلامي حدث حين بدأت السلطة تتغلغل

فيه. فالسلطة استمالت العلماء واستطاعات ان تجعلهم موظفين في جهازها، ولذلك اصبح قاضي القضاة والمفتي ولجان الافتاء والأمّة وغيرهم موظفين يتلقون رواتبهم من خزينة الدولة. بذات القدر سيطرت الدولة على الوقف ورأت انه جزء من خدماتها للسكان وعملت على جعل الوقف مؤسسة رسمية تدار من قبل موظفين رسميين. أما جماعات المتصوفة فقد انغلقت على نفسها وتقوقعت إلى زوايا وتكايا بعيدة عن النشاط العام. وبذلك ماتت فرصة تطور الحيز العام في المجتمع الإسلامي وصارت فرص نمو مجتمع مدني عربي معدومة .

وأيا تكن درجة تطور التوجهات النقابية في التاريخ العربي فهي مثلها مثل الصوفية وتجمعات العلماء والوقف الإسلامي قد وأدتها الدولة الوطنية وكانت اول ضحاياها بدلا من ان تكون الركيزة التي تبنى عليها. فمثل هذه المنظمات الحرفية لم يتم تطويرها والحفاظ على استقلاليتها عن الدولة، بل قامت الدولة بتأسيس نقابات قامت هي بالسيطرة عليها وصارت احدى مؤسساتها تدين بدينها وتدير وجهها نحو قبلتها .

ورغم ان عزمي بشارة(١٨) لا يشارك المبشرين بوجود مجتمع مدني في التاريخ العربي تنظيرهم، إلا أنه ينظر لنضال المجتمع العربي ضد الاستعمار ضمن انساق سياسية وتركيبات اجتماعية تتعدى الروابط التقليدية والجهوية وتعكس وعيا سياسيا محملا بظواهر المشاركة السياسية، يكفي ليفند القائلين بوجود عطب ثقافي، لا تاريخي يمنع العرب من انتاج المؤسسات المدنية الطوعية(١٩). غير ان بشارة يحذر من التسليم بذلك إذ ان هذا ليس مربط الفرس، فالسر يكمن في السياق الذي يتم فيه هذا النشاط والواقع الذي تترعرع فيه هذه المؤسسات، والحالة العربية لم تشهد تواصلا تاريخيا يكفي لتسجيل هذه الحالات كظواهر ثابتة في الممارسة السياسية. وإذا كانت جذور المجتمع المدني بما هو حالة استقلال أو توازن مع الدولة، موجودة بكثافة في العمق التاريخي للوعي العربي، فإن تفعيل المجتمع المدني العربي يتطلب تفعيل هذه الظواهر التي باتت تحت سيطرة الدولة مثل الوقف والعمل على احياء دورها والتأكيد على استقلالها. وفي هذا يرى الأرناؤوط بأنه مع تراجع دور الدولة وتخبط مشاريعها التحديثية والتنموية وعجزها عن الوفاء بوعودها بالرفاه الاجتماعي برز الوقف من جديد ليساهم في تأدية الخدمات المجانية في قطاعات التعليم والصحة والثقافة تحديدا لكن تظل هناك حاجة لاعادة الاعتبار للوقف في الحياة العربية العامة(٢٠). كما أن الفكر السياسي الإسلامي بات

أكثر انفتاحا في تعاطيه مع المؤسسات التي تشكل عصب المجتمع المدني المعاصر. فالسيد محمد خاتمي يقترح بأنه يجب العمل بشكل حقيقي لاعطاء الفرصة لنمو الاتحادات النقابية والتجمعات المدنية كي تتحمل مسؤوليتها، فبناء المؤسسات المدنية شرط لمشاركة الشعب المدنية وفي تمتع البلاد بأجواء الشفافية والوضوح(٢١). ما نقصده بذلك أن المجتمع المدني بمعناه المعار بات يكتسب شرعية في الادبيات السياسية والفكرية الإسلامية وأن مرد هذه الشرعية تأتي لانتسابه بأشكال أخرى إلى التاريخ المجتمعي والحضاري العربي والإسلامي. وهذا بدوره لابد ان يفيد في تطوير مفهوم المجتمع المدني العربي وفي تأصيله وتدعيمه .

السياق القطري

تأتي حمى التنظير للمجتمع المدني في الممارسة الفكرية العربية ضمن موجة النقد الموجه للدولة والفشل الذريع الذي منيت به في تحقيق كافة الشعارات التي رفعتها النخب الحاكمة من مشاريعها التنموية والشمولية للنهوض بالإقتصاد إلى تنظيراتها الطوباوية لانجاز مشروع التحرر الوطني ومن ثم مشروع التحرر والوحدة القوميين .

لابد من القول إن الدولة العربية القطرية ولدت مأزومة مشكوكا في شرعيتها في نظر الغالبية العظمى من مواطنيها المفترضين. فالقوميون رأوا فيها خيانة للمشروع الوحدوي المفترض كما رأى فيها الإسلاميون انتهاكا لروح الامة وتجزئة لشموليتها. من هنا أمكن فهم عجز الدولة القومية العربية عن ان تكون دولة مواطنيها من الأساس. شكلت الدعاوي الوحدوية العروبية او الإسلامية خطرا على استمرار الدولة القطرية. لكن نصف قرن ونيف أثبت بأن الدولة القطرية العربية باتت حقيقة لابد من التعامل معها(٢٢) .

سر فشل الدولة العربية القطرية كما نعتقد هو نموها غير المكتمل أساسا، فهذه الدولة ورثت الكثير من طباع الدول السلطانية العثمانية ومن الحكم العسكري الذي خلقته إدارات الاحتلال الغربي، فهي في المحصلة لم تبن هويتها الخاصة ولم تطور اجهزتها مستقلة، فالعوامل الخارجية طغت على العوامل الداخلية في ظهور الدولة القطرية العربية. في المحصلة ظلت الدولة العربية القطرية المعاصرة هجينة فهي إقطاعية تماما وليست رأسمالية حقا، وهي ليست سلطانية تماما وفي الوقت ذاته ليست تبعية للقوى الخارجية بالمطلق، وهي ليست استجابة تلقائية لحاجات المجتمع كما انها لم تدر ظهرها

تماما له، وهي اقرت مشاريع مدرنة لم تكمل الطريق لتحقيقها وعمليات رسملة لم تتم حقيقة انجازها، وتبنت عمليات انفتاح اقتصادي مخنوقة وغير مكتملة وتحرير للسوق غير ناجز. حتى على الصعيد السياسي ورغم سيطرة النهج الديكتاتوري الشمولي على النظم السياسية العربية إلا انها ولكي تحمي نفسها في بعض الأحيان قامت بتقديم بعض العمليات الديمقراطية محسوبة النتائج بجرعات قليلة. من نتائج هذه الإزدواجية في طبيعة الدولة القطرية العربية تعايش المجتمعات المختلفة داخل المجتمع الواحد. يرى عبد الله حنا مثلا كيف يتعايش المجتمع الأهلي الذي هو احد افرازات النظام الإقطاعي (في الفترة العثمانية) مع المجتمع المدني (نظريا احد افرازات مرحلة التحرر الوطني) ويقول برجحان كفة المجتمع الأهلي أي بكلمة أخرى كأنه يقول برجحان وطغيان النظام الإقطاعي وما قبل المدرنة على النظام الرأسمالي وعملية المدرنة ذاتها وانتصار البنى التقليدية على نظيراتها المعاصرة. خلاصة ذلك أن "المجتمع المدني المستند إلى التطورات الرأسمالية والتأثيرات الحداثية بقي مجتمعا مهيض الجناح تهزه زلازل الدولة السلطانية المتفجرة من أعماق المخزون المملوكي الإنكشاري وتقذفه بحممها براكين العشائرية والطائفية (رموز المجتمع الأهلي)"(٢٣).

ودليل انتصار المجتمع الاهلي، الذي هو ربيب ونتاج المجتمع ما قبل الدولة الوطنية، أن الكثير من الدول العربية بما في ذلك فلسطين والسلطة الفلسطينية مازالت تستخدم قانون الجمعيات العثمانية لتسجيل المنظمات غير الحكومية وإن كانت الكثير من التغيرات قد أدخلت على هذا القانون، وأن قوانين الجمعيات غير الحكومية أو حتى الجمعيات أو الشركات غير الربحية مازالت في طور الجنينية في الدول العربية.

الجانب الآخر من هذا السياق هو تحول فتنة المثقف والنخبة من ولع بالدولة إلى ولع بالمجتمع المدني. ليظل السؤال حول سبب انعطاف الخطاب الثقافي العربي من اعجاب بالدولة إلى انبهار بالمجتمع المدني يفسر الكثير من جوانب هذا السياق القطري عند دراسة المجتمع المدني العربي. قراءة علاقة المثقف العربي بالسلطة تقول بأن المثقف العربي تحالف في بداية تشكل الدول بعد رحيل الاستعمار مع العسكر قبل ان ينقلب هؤلاء العسكر عليه. كان العسكر يطرحون انفسهم بوصفهم عربة التحديث في المجتمع العربي. وسواء تحدثنا عن مصر الناصرية أو سوريا الأسد او جزائر بومدين فإن الحقيقة ان الجيش كان يقود دفة التنمية ودفة التصنيع ودفة الاقتصاد وليس فقط دفة الحكم. كان العسكر يعدون بمستقبل مشرق لمجتمع رزح تحت احتلالات متواصلة. ورأى

المجتمع المدني والدولة : قراءة تأصيلية مع احالة للواقع الفلسطيني

المثقف ان مهمة الدولة هي احداث التغيير الاجتماعي والإقتصادي. غير ان السحر انقلب على الساحر وبات المثقف الذي كان من يصوغ عبارات العسكر ليصدقها الجمهور هو اول من داسته عربات العسكر ووضعته في السجن.

اليسار انبهر بالمجتمع المدني لانه خارج اللعبة السياسية ورأى فيه منفذا للسياسة. مجموعة من الأسباب قادت إلى التفات المثقفين العرب إلى المجتمع المدني. فإذا كان الاهتمام بالدولة يصاحبه اهتمام بالمجتمع المدني فإن تفسخ الدولة وتقلصها إلى نواتها القمعية بعبارات علي الكنز(٢٤) وعدم استجابتها للتغيرات التي حدثت للمجتمع العربي بجانب فشلها في تحقيق مشاريع التنمية، كل ذلك دفع النخب للبحث في بديل عن الدولة. ولم يكن اسهل عليهم من ان يجدوا ضالتهم في المجتمع المدني. أيضا ساهم في هذا الاعجاب اهتمام المثقف العربي بالدولة القطرية حين بدأت المشروعات القومية تتهاوى على صخرة الانظمة الديكتاتورية.

مرة أخرى كان ضعف وهشاشة الدولة وافتقارها لشرعية ثابتة تؤسس للاستقرار، بجانب فشلها في تحقيق التنمية التي وعدت بها وزيادة تبعيتها للخارج وبالتالي خفوت وهج فتنة المثقفين والنخبة بها، هو من جعل المجتمع المدني في نظر الكثيرين مصباح علاء الدين الذي يعد بتحقيق الاحلام والأماني. وربما كان هذا السر وراء بقاء المجتمع المدني في الحديقة الخلفية للدولة العربية غير قادر على احداث تغيير وزحزحة في طبيعة الحكم فيها او في علاقتها مع مواطنيها. وربما كان هذا الموقف العدائي الذي تبناه المجتمع المدني ودعاته من الدولة الوطنية لا ينم إلا عن سوء فهم لطبيعة العلاقة بين الدولة والمجتمع المدني.

والحقيقة تجافي مثل هذه الرؤية التي تنطلق من تحييد للدولة وتقليل من دورها رغم اعتراف النخب الفكرية العربية أن هدفها من وراء تفعيل دور المجتمع المدني هو لبرلة الدولة ودمقرطتها، فمن المشكوك فيه ان تنتعش الديمقراطية وتزدهر الليبرالية في دولة ضعيفة وهشة غير قادرة على تطبيق القانون وغير قادرة على فرض سيادتها وتنفيذ تشريعاتها. إن فهم نشوء المجتمع المدني يقود إلى نتيجة لا يمكن تجاهلها تقول بترافق ظهور المجتمع المدني وظهور الدولة وعليه لا يعقل "التفكير في المجتمع المدني (العربي) مع اقصاء وإلغاء تامين للدولة" كما يخلص سعيد بنسعيد العلوي للقول(٢٥). وعليه لابد لأي محاولة عربية لتفهم تمظهر المجتمع المدني العربي من الأخذ بعين الإعتبار الدولة

القطرية العربية. ليس هذا فحسب بل هناك من يحذر من ان اي مقاربة لمفهوم المجتمع المدني في سياقه العربي لابد ان تأخذ بعين الاعتبار التباينات بين الأقطار العربية، والازدواجية داخل المجتمعات العربية (مجتمع تقليدي بجانب محاولات مدرنة غير ناجزة)(٢٦)، والتفاوت في العشائرية بين مجتمع وآخر، بجانب حقيقة ان هناك دولا استقلت بزمن ليس بالقليل مقارنة مع دولة استقلت بعدها بزمن بعيد وبالتالي لابد ان يكون هناك تباين في ظهور تشكل جمعيات المجتمع المدني بين هذه الدول .

السياق القومي العربي

لم تمر السياسة العربية منذ فترة التحرر من نير الاستعمار بهزيمة أقسى من هزيمتها في فلسطين، الهزيمة التي بدورها كانت المسمار الاول في نعش القومية العربية، اما المسمار الاخير فربما كان غزو صدام حسين للكويت عام ١٩٩٠ والحرب التي تمت ضد العراق بمشاركة قوات عربية او انطلاقا من بلاد عربية، وما بين هذين المسمارين مسيرة طويلة من النكسات والخيبات والفشل. بداية ، المجتمع العربي ومنذ تشتت العرب وتمزيقهم إلى دويلات بعد اتفاقية سايكس بيكو، أصبح مجتمعات، وأي من هذه المجتمعات لم يكن كامل الشروط ولم يحقق توازنه الخاص وظل مجزوءا من جسد أعم وأشمل. ما يمكن ان يقترحه هذا هو ان الفشل الذريع الذي منيت به الدولة الوطنية كما استعرضنا سابقا كان الكثير منه مرده إلى تشتت المجتمع العربي وبالتالي غياب الوحدة العربية. من جانب آخر فإن انشغال النخب العربية بمشروع انجاز الوحدة ساهم لحد لا يمكن إغفاله بعدم إيلاء هذه النخب لمشروع تثبيت اركان الدولة القطرية، هذا من جانب، ومن جانب آخر فإن النخب السياسية الحاكمة كانت تستغل انهماكها في الهم العربي العام (وعلى رأسه مشروع تحرير فلسطين وتحقيق الوحدة العربية بوصف تحرير فلسطين شرطا او نتيجة لهذه الوحدة) في تبرير فشلها وكانت هذه الطموحات الكبرى الشماعة التي تعلق عليها الأنظمة العربية إخفاقاتها المتكررة. المحصلة المريرة كانت ان الوحدة العربية لم تتم كما ان الدولة القطرية لم تنجح في تثبيت اركانها.

وكان على المجتمع المدني في هذه الدولة القطرية، أولا: أن يعيش هذا التشتت الذي عاشته الدولة القطرية وأن يكون موزع الهوى بين قومية لم تتحقق وبين قطرية لم تنجز. ثانيا: ليس من شك أن الهم العام، نقصد هم الوحدة وهم تحرير فلسطين، أثر في مسيرة نمو المجتمع المدني العربي.

يقول غسان سلامة بأن الدول العربية توسعت أفقيا مع استقلالها وطلبت الكثير من اليوم الأول فلا هي توصلت إلى الوحدة كما نشدها القوميون ولا إلى منظمة إقليمية فاعلة كان يرمي لها القطريون، "ربما لأننا دول هشة إلى درجة لا تزال معها تتمسك بكل تلابيب السيادة، فيما دول أوروبا عريقة إلى درجة أنها أفادت من سيادتها حتى الثمالة، وباتت حاضرة للتضحية ببعض مكونات سيادتها لمصلحة اتحاد علوي"(٢٧). الخلاصة أن الدول العربية تعجز عن فعل ذلك.

البعض عزا جزءا من العوامل التي ساهمت في عدم انجاز مشروع التكامل العربي إلى ضعف مؤسسات المجتمع المدني وضعف التواصل بينها عبر الحدود السياسية وبالتالي ضعف تأثيرها في الضغط نحو تكامل عربي جدي، واعتقدوا "أن أهم ما يعمق العمل العربي المشترك،(وأهم) ما يدفع في اتجاه انجاح الخطوات اللازمة للاتفاقيات المبرمة هو مشاركة مؤسسات المجتمع المدني وضغوطاتها على أصحاب القرار". تجربة التكامل الاوروبي حيث لعبت منظمات المجتمع المدني دورا في التمهيد للتعاون الإقليمي وفي دفع اصحاب القرار للاستمرار في تنفيذ ما يتم الاتفاق عليه وفي رفع مستوى الوعي المجتمعي بأهمية ذلك.

ولم يقتصر انتصار النخبة العربية للمجتمع المدني على كونه، أي المجتمع المدني، مدخلا متقدما للخروج من ازمة الديكتاتوريات العربية فحسب بل إن بعضهم وجد فيه ردا على تراجع المشروع الوحدوي العربي ودافعا باتجاه التكامل والوحدة. فبالنسبة لمازن حسين غرايبة فإن تأمل الواقع العربي ومشكلاته والتبصر في تجارب الدول التي حققت تكاملا تؤكد أن هذه الدول ما كانت لتحقق ما وصلت إليه لولا ترسخ قيم المجتمع المدني وممارساته. ومنطلق غرايبة النظري في الأساس ليس بعيدا عن ثنائية المجتمع المدني/ الديمقراطية التي هي اساس فتنة الكثير من دعاة المجتمع المدني. حيث يرى غرايبة في قيم المجتمع المدني اساسا لتأسيس دولة ديمقراطية مستقرة ومتكاملة اقتصاديا وسياسيا واجتماعيا. وإذا ما وصلت هذه الدول لمثل هذه الدرجة من التكامل من داخلها فإنها تسعى للتكامل فيما بينها. وبكلمة أخرى فإن التكامل الاوروبي مثلا ما كان ليتحقق قبل ان تحقق الدول الوطنية تكاملها الداخلي بأبعاده كافة حيث جاءت عملية التكامل كمحصلة لتفاعل جميع قوى المجتمع المدني في الدولة(٢٨). ومن النخب العربية من نظر

إلى التكامل بين اقطاب المجتمع المدني في دولتين متجاورتين مدخلا لتطوير العلاقة بين هاتين الدولتين. فنبيل عبد الفتاح ينظر للمجتمع المدني كمدخل لتطوير العلاقات المصرية-السودانية إذ أن بناء تشبيكات بين أطراف المجتمع المدني في البلدين يوجد مصالح ويبني خبرات ويبلور تطلعات مشتركة بين البلدين(٢٩).
ثمة ميل للاعتقاد بإمكانات المجتمع المدني الفعلية على خلق تربة خصبة للمشروع التكاملي العربي في حال تم تطوير مجتمع مدني على الصعيد العربي متجاوزا ازمات المجتمع المدني القطرية. لكن تظل هناك مجموعة من الأسئلة التي من شأن التبصر فيها وتأملها أن ينير فهمنا لديناميكية ومستقبل المجتمع المدني في سياقه العربي. في قلب هذه الأسئلة هل يمكن الحديث عن مجتمع مدني عربي على الصعيد القومي. هناك ما يغري للحديث عن إمكانيات تطور مجتمع مدني عربي على الصعيد القومي لأكثر من سبب. اولها: ان امكانيات ذلك نظريا واردة حيث ان هناك حديثا مسهبا عن مجتمع مدني كوني global civil society وعليه لا يوجد ما يمانع من ظهور مجتمع مدني قومي. ثانيها: مكمن الإغراء في ان وجه الشبه في مهمات المجتمعات المدنية في الأقطار العربية كبير للدرجة التي يصعب في الكثير من الأحيان التمييز بينها إلا في نطاق الخصوصية الوطنية. وثالثها: تشابه المشكلات التي تعاني منها الدول العربية في طرق الحكم وآليات الوصول إلى السلطة. أخيرا يمكن لدعاة القومية والوحدة العربيتين ان ينظروا للمجتمع المدني القومي بوصفه عربة تساهم في الوصول إلى الوحدة من خلال العمل على تأصيل مجتمع قومي متماسك يعمل عبر الدولة الوطنية ضمن اهداف أشمل وأعم بحيث يكون المجتمع المدني احد دعائم التكامل العربي برؤية مازن غرايبة(٣٠).
مع تشكل جامعة الدول العربية نشأت مجموعة من المنظمات التي تنتمي تقليديا لحقل المجتمع المدني، هذه المنظمات تم تشكيلها لتكون عابرة للدول القطرية العربية وذات توجه عربي-عربي، مثل اتحاد المحامين العرب، اتحاد الكتاب العرب، اتحاد الطلبة العرب والمنظمات التي على وزنها، لكن حمى هذه المنظمات لا تعبر عن تنامي مجتمع مدني عربي. إنها ليست أكثر من تعاون عربي عربي على المستوى النقابي، وهي وبكلمة منظري سياسات التكامل علاقات دولة بدولة intergovernmental وبذلك تنتفي عنها صفة المجتمع المدني. فممثل تونس أو فلسطين في احد هذه الاتحادات معني بموقف بلده السياسي في الأساس قبل المطالب النقابية التي تشكل مصدر قلق النقابة. لنلاحظ

مثلا الموقف العدائي الذي اتخذه اتحاد الكتاب العرب من الاتحاد العام للكتاب والصحفيين الفلسطينيين بتجميد عضويته احتجاجا على توقيع منظمة التحرير لاتفاقية أوسلو مع إسرائيل. ورغم تأكيد ممثلي الاتحاد الفلسطيني انهم في اغلبهم لا يؤيدون الاتفاق إلا أن ذلك لم يشفع حين رأى ممثلو بعض الدول الانحياز إلى موقف بلادهم المعادي للسلطة الفلسطينية . لكي تتطور هذه الاتحادات والنقابات إلى مستوى مجتمع مدني عربي تكاملي integrated Arab civil society لابد لها ان تتخلص من هيمنة الدولة على ممثليها وتعتبر نفسها ممثلة لمصالح فئة صغيرة ضمن مجموع أكبر، مثلا ممثل عمال فلسطين يمثل هؤلاء العمال في النقابة الأم عربيا، وعليه تصبح النقابة في غزة ليست بأكثر من فرع مناطقي وكذلك النقابة في دمشق. من جهة ثانية يمكن تشكيل مجموعة شبكات بين المنظمات غير الحكومية العربية العاملة في حقل واحد مثل حقوق الانسان او حقوق الطفل او حقوق المهمشين في المجتمع في سبيل دفع أجندة واحدة ذات تمايزات وفق السياق المحلي.

أزمة المجتمع المدني في الفكر العربي

ربما ساهم التحليل السابق للسياقات العامة في فهم المجتمع المدني العربي في استنتاج مجموعة من الأزمات التي تعيق تطور وتقدم المجتمع المدني العربي.

1-غياب الحاضنة الديمقراطية

ليس من باب المبالغة القول بأن أم الأزمات التي تعصف بالمجتمع المدني العربي هي غياب الحاضنة الديمقراطية التي من شأنها ان تكون تربة خصبة لانتعاشه وتطوره. هذا بدوره قاد إلى تعثر ولادة مجتمع مدني، وفي الحالات التي سمحت له النخب الحاكمة بالظهور كان مقيدا أو عاجزا عن اداء وظيفته. وغياب الديمقراطية رغم تنامي الدعوات للديمقراطية لم ينتج عنه على اي حال عملية تحول ديمقراطي. وكثيرون جاءوا للسلطة باسم الديمقراطية والليبرالية والعلمانية لكن النتيجة بعد وصولهم للسلطة لم تكن بأحسن حالا منها قبل وصولهم لها. ومرد ذلك ربما عدم وجود ديمقراطيين حقيقيين في النخب العربية الحاكمة كما يقترح عنوان الكتاب الذي حرره غسان سلامة "ديمقراطية بلا ديمقراطيين"(٣١)، لذلك فإن النخب التي كان من المفترض ان تكون أكثر ليبرالية وعلمانية

وتحررا (على الصعيد النظري على الأقل) والوافدة من الاتجاهات اليسارية والقومية، جاءت إلى السلطة بالبندقية والإنقلاب العسكري وهي لم تؤمن بالديمقراطية(٣٢) وإن كانت تغنت بها في بعض الفترات، ودليل ذلك عداؤها القاتل للعملية الديمقراطية. حتى الأحزاب السياسية العربية التي قدمت مرافعات في الديمقراطية والليبرالية كانت تقليدية في مبناها وهي نفسها لم تقم بدمقرطة صفوفها وتم توريث السلطة في قيادتها في مرات عديدة من الأب للأبن.

كما أن هناك ازمة على صعيد تطوير المفهوم في الثقافة والممارسة الفكرية العربية وعلاقته بالعملية الديمقراطية. فغلاة الدعاة للمجتمع المدني العربي يعزون تأخر تطوره إلى تعثر العملية الديمقراطية، فيما آخرون يندبون سوء حظ العملية الديمقراطية العربية ويعزونه لعدم وجود مجتمع مدني عربي. إننا أمام احجية البيضة أو الدجاجة. حتى ان البعض نفى أي دور للمجتمع المدني في العملية الديمقراطية مثلما فعل الفالح الذي رأى في اعتبار المجتمع المدني محرك التحول الديمقراطي في البلدان العربية تجاهلا لمعضلة ضعف القوى المدينية وتريف المدينة ذاتها في المجتمع العربي وتحميل المجتمع المدني أدوارا لا يبدو انه يستطيع القيام بها. إلا أننا لا نرى وجاهة في نفي المجتمع المدني من لعبة التغيير الديمقراطي ولا نستطيع وفق فهمنا للعملية الديمقراطية تصور نجاح التحول نحو الديمقراطية بدون مساهمة ما للمجتمع المدني ، تختلف في الحجم وفي الدور من دولة لأخرى. موضوع التغيير الديمقراطي أو التحول نحو الديمقراطية في البلدان العربية من القضايا الشائكة والعسيرة على الاتفاق بين الباحثين ولسنا بصدد الاسهاب والإعادة في هذا الموضوع حيث سيكون جزء كبير من الفصل الرابع حول هذا الموضوع. لكن وأيا كان موقفنا من هذه العملية فللمجتمع المدني مساهمة لا يمكن اغفالها. ففي النموذج الذي تأتي فيه الديمقراطية من فوق، من النخب، تكون مساهمة المجتمع المدني مهمة في تعزيز العملية الديمقراطية consolidation وهنا يكون دور المجتمع المدني مصاحبا لنمو الديمقراطية ذاتها ، اما حين تأتي الديمقراطية من أسفل فيكون دور المجتمع المدني تمهيديا وسابقا لنمو الديمقراطية. لكن يبقى القول بأن على الثقافة الفكرية العربية حل هذه المعضلة مثلما عليها حل مجموعة من المعضلات المرتبطة بفمهوم المجتمع المدني مثل الدولة.

2 - استبعاد المنظمات الإسلامية من تعاريف المجتمع المدني

يجب النظر بجدية لظاهرة تفشي المنظمات الاسلامية ودراستها بدقة لمعرفة كيفية توطينها في حقل المجتمع المدني. المنظمات الإسلامية قامت بالاستجابة لفشل الدولة عبر توفير مجموعة من الخدمات الأساسية للجمهور من تعليم وصحة ورعاية اجتماعية فأقامت المدارس الخاصة والمستشفيات والعيادات ومكاتب رعاية ومؤسسات مهنية وتدريبية. بالضبط قامت بعمل دولة غير قادرة على الوفاء بالتزاماتها. انهم لم يتحدوا الدولة بل ردوا بطريقة سليمة على اخفاقاتها(٣٣). علاوة على ذلك قاموا بالسيطرة على النقابات المهنية واتحادات المحامين والأطباء والمهندسين. والحقيقة الأخرى الناجمة عن نجاح المنظمات الإسلامية في سد الفراغ الذي تركته الدولة هو النتيجة الحتمية ان الجماهير باتت سياسيا تتبع من يقدم لها الخدمات وبالتالي تم تسييس وأسلمة المجتمع العربي من تحت هذه المرة. ولما كنا نتفق مع ما طرحه توكفيل من ان الدين بوصفه عاملا روحانيا وحاميا للفضيلة والاخلاق يمكن ان يكون محركا مركزيا في دفع عجلة المجتمع المدني، والكنيسة عادت كفاعل سياسي نشط لصالح الديمقراطية، فيجب ان يتم العمل على أقلمة هذه المنظمات الاسلامية في اللعبة المجتمعية وادخالها ميدان التنافس المجتمعي والخدماتي وفق مبادئ الحقوق والواجبات التي هي في قلب فكرة المواطنة .

3 - ضعف الدولة أو غياب الدولة

ما من شك بأن غياب الدولة وضعفها احد العوامل التي جعلت تطور المجتمع العربي مثل من يفترض نمو زهرة في الصحراء. الدولة ووجودها وفاعليتها وتمأسسها شرط وجودي لصحة المجتمع المدني. فالدولة كما ورد في غير مكان من الفصل السابق ضمانة لحماية المجتمع المدني. والمفارقة ان الدولة لكونها ضعيفة وهشة تعادي المجتمع المدني وتنظر له على انه عدو لها. وكانت النتيجة غياب المؤسسات الدولتية التي يمكن ان يلجأ إليها دعاة المجتمع المدني لحمايتهم مثل البرلمان والقضاء المستقل، بجانب غياب وتغيب الجمهور المعني، جمهور المصالح، وحضور أجهزة الدولة بكثافة في الحياة العامة والخاصة. بالنسبة لتزيني فإن الخطوة الأولى تكمن في اعادة بناء الدولة بوصفها الخطوة الكبرى التي تقود إلى المجتمع المدني فالدعوة إلى المجتمع المدني "إن لم تقترن بالدعوة إلى تأسيس دولة متينة متماسكة قوية قانونية تفرض نفسها على الجميع فإنها تتحول إلى عملية مرهقة جديدة"(٣٤) .

4 -تدخل الدولة في شئون المجتمع المدني

حيث تكون الدولة قوية هذا لا يعني أنها تمحق المجتمع المدني، فالدولة القوية هي الدولة التي تقوم بمهامها وتبني المؤسسات التي تستطيع ان تقوم بواجبات الدولة وبيروقراطيتها التي تضمن سيادة القانون والحريات وهذه بدورها أساسية لازدهار المجتمع المدني وهي التي تحدد الضوابط والفواصل بين الدولة ومؤسسات المجتمع المدني. لكن الحال في الوطن العربي تختلف، فمع ضعف الدولة وتعثر مشاريعها واتجاهها نحو القمع والتنكيل بالمواطنين وفشلها في بناء دولة القانون طال هذا القمع المجتمع المدني بوصفه معبرا محتملا عن طموحات المواطنين وبوصفه مجتمع المواطنين. وعليه فالدولة لم تعاد المجتمع المدني فحسب بل إنها اتخذت خطوات تأديبية بحقه وربما سعت لالتهامه من خلال تشكيل مجتمع مدني وهمي خاص بالدولة وبيروقراطيتها. الدولة اعتبرت نفسها مسئولة عن التنمية بكافة اشكالها ورأت لتحقيق ذلك ان يخضع كل شيء لارادتها، وتمشيا مع هذه الروح احكمت قبضتها على المؤسسات الاجتماعية الخدمية والتنموية ونتيجة ذلك، كما يقول سعد الدين ابراهيم عن الحال في مصر، تحول القطاع الأهلي تدريجيا إلى صورة موازية وتابعة للتنظيم الحكومي. ورغم ان عدد منظمات المجتمع المدني زادت من ٤٠٠٠ عام ١٩٦٤ إلى ١٤٠٠٠ عام ١٩٩٦ إلا ان هذا التكاثر لم ينطو على نمو كيفي، فأكثر من ٧٠ في المائة من الجمعيات التي أنشئت في الستينات تمت بمبادرات حكومية(٣٥). والحقيقة ان مؤسسات المجتمع المدني تزدهر في غياب التدخلات الحكومية وفي المساحة التي تعطل الدولة فيها عملها وهي، أي تلك المؤسسات، تتداعى حين تحتل الدولة مكانها وتفقد انتسابها للمجتمع المدني. كان تدخل الدولة في كل شيء هو جزء من عقد اجتماعي بمقتضاه تتدخل الدولة في كل شيء وتنظم كل شيء وتوفر للمواطن كل شيء من التعليم والمسكن والعمل والخدمة الاجتماعية، لكن مع فشل الدولة في تحقيق هذا العقد وثبوت بطلانه كان لابد من فتح الباب امام المجتمع المدني ليعيد بلورة نفسه. ما حدث كان ان الدولة ورغم تعثرها عرقلت مسيرة المجتمع المدني عبر تدخلاتها المستمرة في مسيرته وعبر فرضها الحواجز ووضعها المتاريس في طريقه. ثمة شعور غير سليم في اوساط رجالات الدولة العرب بأن المجتمع المدني يعني تهدم الدولة. إن أي مصالحة بين الدولة والمجتمع المدني لابد ان تبدأ بالمصالحة بين المفهومين نظريا لكي يتم تجاوز أي لبس على صعيد تبني الأفكار. ولكن لننتبه فكما انه

ليس صحيحا تماما بأن المجتمع المدني هو عدو الدولة اللدود، ليس صحيحا أيضا بأنه الحل السحري لكل معضلات المجتمع والنظام السياسي العربي .

5- أزمات العمل الأهلي الداخلية

إن كانت الأزمات الأربع السابقة خارجة عن ارادة المجتمع المدني لكن الأزمة الخامسة تأتي من الممارسة الفعلية لمؤسسات المجتمع المدني العربي فالمجتمع المدني العربي أيضا مأزوم من الداخل. فمطالعة الكتابات العربية حول المجتمع المدني تقود إلى مجموعة من الحقائق المؤلمة بهذا الشأن، فالإحساس الأول الذي يتولد لدى المتابع ان المجتمع المدني كما ذكرنا سابقا أصبح موضة المثقفين العرب فهو لازمة كل حديث. والإحساس الآخر المرتبط بهذا الإحساس هو التشكيك بجدية "أصدقاء المجتمع المدني"، بعبارة الطيب تزيني، في طرحهم. نتيجة ذلك أن المؤسسات التي تم تأسيسها لتحمل لواء المجتمع المدني ولدت مأزومة. فهي تعاني من مشاكل إدارية وتنظيمية، مشاكل مالية، فهي تعتمد على الدعم المالي الخارجي وبالتالي فهي تفقد الكثير من المصداقية في نظر المواطنين ناهيك عن الدولة التي ترى فيها سلاحا بيد القوى الخارجية. نتج عن هذا الدعم الخارجي أنه بات ينظر لهذه المؤسسات على أنها مصدر للدخل وبالتالي فقدت صفتها التطوعية. بجانب مشاكلها الداخلية مثل تعطل مسيرة الديمقراطية داخل هذه الجمعيات وعدم تجديد القيادات فيها وضخ دماء جديدة في شرايينها، فمع تأسيس جمعية تصبح المشاركة فيها حكرا على آبائها ومؤسسيها وتتحول إلى ملك عائلي(٣. 6)وكان تقرير التنمية العربي لعام ٢٠٠٢ قد لاحظ بأن المنظمات غير الحكومية العربية عموما تعاني من ممارسات غير ديمقراطية في ادارة شئونها بجانب طبيعتها غير التطوعية ونقص الدعم الذي تلقاه في الشارع(٣٧).

نحو تعريف عربي

هناك من نادى بضرورة عدم الانشغال كثيرا بوجود ام عدم وجود مجتمع مدني عربي والعمل على احياء تقاليد المجتمع الأهلي(٣٨). الفالح ألمح إلى أن فكرة المجتمع الاهلي تتجاوز الإنقسام بين المدينة والريف وتبعات ذلك، وفي ذات الوقت تسمح بدخول القوى والفاعليات التقليدية. إنها فكرة يمكن لها ان تتمثل المدينة العربية المتريفة وكذلك الريف العربي بكافة تجلياتهما من حيث القوى والمنظومات الثقافية وتنوعاتها. وهو بالطبع، أي

المجتمع الأهلي، لا يستبعد منظمات المجتمع المدني بمفهومها المعاصر. ومن الباحثين من نادى بتبني فكرة بديلة ترتبط بما اسماه سيف الدين عبد الفتاح اسماعيل" مؤسسات الامة"(٣٩). والبعض نادى بالتركيز على المجتمع أو الجماعة السياسية(٤٠). والبعض الآخر اعترض على فكرة وجود تناقض بين المجتمع المدني والمجتمع الديني وحاول التوفيق بينهما بل واستنباط أحدهما من الآخر(٤١) .

بيد ان أيا من هذه الاقتراحات لا يخلو من عيوب، فافتراض افضلية العودة للمجتمع الأهلي تفتقد صوابية تشخيص المجتمع الأهلي وتركيبته وبنيته الإجتماعية. يتسم المجتمع الاهلي بسمتين مركزيتين: وجود المرجعية المجتمعية قبل الوطنية والقومية وإلى حد ما الطبقية، وغياب المؤسسة الدولتية والوطنية الناظمة دستوريا وقانونيا وسياسيا لهذه التجمعات. وبالتالي فالمجتمع متذرر أفقيا والصراع يدور لا بين مؤسسات وجمعيات فاعلة في الشارع بل بين مرجعيات متذررة(٤٢) وبالتالي إن كان لهذا المجتمع ان ينتعش عليه ان يحل مثل هذه الاشكاليات ويعيد ترسيم حدود علاقاته. لسنا ضد الاستفادة من خبرات المجتمع الاهلي ومن تقاليده العربية ونحن نطالب بإحيائها لتفعيلها في الحياة العامة العربية لكننا ضد تحجيم الحيز العام بين الفرد والدولة بالمجتمع الأهلي بمعناه التاريخي. هناك حاجة لتطوير الخبرة التاريخية العربية وتطعيمها بخبرة المجتمع المدني الغربي كما لا نشك ان في التجربة العربية ما يمكن ان تستفيد منه المجتمعات الاخرى فيما يتعلق بالحيز العام. إننا ضد انغلاق من يهاجم المجتمع المدني ويعتبره خارجا عن طور تطور التجربة العربية أو مفهوما بلا تاريخ في السياق العربي كما يفعل الطاهر لبيب(٤٣).

لكننا من انصار الرأي القائل بضرورة تطوير فهم واضح للمجتمع المدني في سياقه العربي المعاصر يستند إلى الخبرات الثقافية والسياسية العربية والإسلامية وإلى الواقع العربي المعاصر مستلهما تاريخ المفهوم كما تطور في أوروبا والغرب عموما دون ان ينفصل عن السياق العام للعلاقات الدولية الراهنة.

لا يجب أن يبدو الحديث عن تعريف عربي للمجتمع المدني أكثر من محاولة لمقاربة الآلية التي رأى فيها المثقفون العرب والعاملون في الحقل ملامح المجتمع المدني في سياقه العربي، وهذه الخطوة، أي محاولة المثقفين العرب، ليست بأكثر من مساهمة داخل الاختصاص العربي. غير ان خصوصية المجتمع المدني العربي طرحت على النقاش

الفكري الموسع الدائر في الصناعة الأكاديمية الكثير سن المحاور التي أثرت بدورها النقاش حول المجتمع المدني. من ذلك مثلا دور الدين في المجتمع المدني والمؤسسات غير الرسمية التي تشكلت باسم الدين او للعمل لصالحه. بالطبع ليس من الحكمة البحث عن تعريف خاص لمفهوم يدور في عالم الأفكار منذ اربعة قرون، غير ان هناك ضرورة وحاجة ماسة لتأصيل المفهوم في سياقه العربي، أي النظر إلى واقع المجتمع المدني العربي وخصوصيته وميكانزمات نموه وآليات عمله في سبيل البحث عن سبل تفعيله وتحديد علاقة اسلم بينه وبين الدولة وبينه وبين الجماعة .

في مخططه للندوة الكبرى التي نظمها مركز دراسات الوحدة العربية تبنى القائمون على الندوة تعريفا اجرائيا لمفهوم المجتمع المدني. فالمفهوم بناء على هذا التعريف الإجرائي يشير إلى كل "المؤسسات السياسية والاقتصادية والاجتماعية والثقافية التي تعمل في ميادينها المختلفة في استقلال عن سلطة الدولة لتحقيق أغراض متعددة منها: أغراض سياسية كالمشاركة في صنع القرار على المستوى القومي، ومثال ذلك الاحزاب السياسية، ومنها أغراض نقابية كالدفاع عن المصالح الاقتصادية لأعضاء النقابة، ومنها أغراض مهنية كما هو الحال في النقابات للارتفاع بمستوى المهنة والدفاع عن مصالح أعضائها، ومنها اغراض ثقافية كما في اتحادات الكتاب والمثقفين التي تهدف إلى نشر الوعي الثقافي وفقا لاتجاهات اعضاء كل جمعية، ومنها اغراض اجتماعية للإسهام في العمل الاجتماعي لتحقيق التنمية(٤٤)".

من التعريف السابق يمكن تحديد المجتمع المدني في:

-الاحزاب السياسية

-النقابات المهنية والنقابات العمالية

-الجمعيات الاجتماعية والثقافية

مصطفى كامل السيد من جهة ثانية يوسع المجتمع المدني ليشمل المؤسسات الانتاجية والطبقات الاجتماعية والمؤسسات الدينية والتعليمية والاتحادات المهنية والنقابات والاحزاب السياسية بجانب العقائد السياسية المختلفة(٤٥). يعرف سعد الدين ابراهيم المجتمع المدني بأنه مجموعة المنظمات والممارسات التي تنشأ بالإرادة الحرة في استقلال نسبي عن المؤسسات الأرثية من ناحية وعن الدولة من ناحية ثانية. ويدخل

ضمن هذا التعريف التنظيمات التطوعية الوسيطة والجمعيات الأهلية، والنقابات العمالية والمهنية، والأحزاب السياسية، والصحافة ووسائل الاتصال الحرة (اي التي لا تملـكها أو تهيمن عليهـا الدولة)(٤٦). هناك ثلاثة اركان يجب ان تتوافر في كل جمعية لكي يمكن اعتبارها جمعية مجتمع مدني، اولها: ان تكون تعبيرا عن فعل إرادي حر، ثانيها: ان تكون تنظيما جماعيا، وثالثها: ان تنطوي على مبدأ الاختلاف والتنوع. بالطبع فالركن الاول يستثني اول ما يستثني العائلة والقبيلة لأن الانتماء لهما ليس طوعيا بل بالولادة. والركن الثاني يفيد في تمييز المجتمع المدني كونه منظما عن المجتمع عامة، والركن الثالث يؤكد الطبيعة الخاصة بالمجتمع المدني بوصفه يتشكل من جماعات مصالح في الأساس تدافع عن مصالحها في وجه مصالح جمعيات المجتمع المدني الاخرى وفي وجه الدولة(٤٧) .

من جانبه لا يرى عزمي بشارة في شمل الانتماءات الجمعية والجهوية (الحمولة والقبيلة والعائلة) في تعريف المجتمع المدني اي ضرورة إذ ان انتماء الفرد لها ليس طوعيا وهو بالتالي ليس حر الإرادة في ذلك. يشاركه الرأي عدنان عويد الذي يرى أن المجتمع المدني هو مجتمع لاحق من حيث طبيعته، في الشكل والمضمون، لمجتمع العشيرة والطائفة والقبيلة. وبكلمة ثانية انه مجتمع مابعد القبيلة أي أنه مجتمع بماهيته يقف ضد القبلية والعشائرية ولا يمكن تعايشهما جنبا إلى جنب فهو مجتمع تفكك مع نشوئه الكتل الاجتماعية المغلقة السابقة لتكونه(٤٨). لكن فكرة استبعاد التنظيمات الجهوية ليست مسلمة من مسلمات المجتمع المدني في النقاشات الفكرية العربية، فهناك من يعيب على هؤلاء وغيرهم استبعاد المجموعات التقليدية والتكتلات القبلية والجهوية من المجتمع المدني بدعوى انها تعيق عملية التحرك نحو الديمقراطية ويحاجج حريق ان تلك التكوينات والانتماء إليها يؤسس للتنوع والتعددية ومنع هيمنة قبيلة مثلا على اخرى او أسرة على أخرى وبالتالي فهي تبذر لقيم الديمقراطية من البوابة الخلفية لما يعتقد الكثيرون انه سر عدم نجاح الديمقراطية العربية(٤٩). خلاصة ذلك كما يقول حريق وجوب الالتفات اكثر إلى الدور الذي من شأن التكوينات التقليدية ان تلعبه في عملية الدمقرطة، وإذا كانت هذه العملية هي سر وجود المجتمع المدني وسر الحاجة إليه عربيا فلا توجد حكمة من استبعادها منه بدعوى تعارضها مع الفردانية .

هناك جدل آخر في الفكر السياسي حول ضرورة ام عدم ضرورة شمل الاحزاب السياسية ضمن التعريف العربي للمجتمع المدني. كلاسيكيا كانت الاحزاب السياسية في

اوروبا احد اعمدة المجتمع المدني بوصفها الفاعل الأساس في العملية السياسية وحاسية اللعبة الديمقراطية، ولم يكن بعد نمو المجتمع المدني وتمأسس الدولة من مفر من اعتبار الاحزاب السياسية خارج نطاق المجتمع المدني لأكثر من سبب، أولها: ان العملية الديمقراطية باتت مترسخة وإمكانيات العودة للوراء (للواقع ما قبل الديمقراطي) غير محتملة، وثانيها: أن الأحزاب السياسية باتت تطمح للوصول إلى السلطة بل وتتناوب السلطة وعليه أصبحت في قلب المجتمع السياسي(٥٠). كان التمايز الصارخ في الأدبيات بين المجتمع المدني وبين المجتمع السياسي في الأساس من ساهم في تحييد الاحزاب السياسية خارج نطاق المجتمع المدني. لاري دايموند أحد دعاة وجهة النظر هذه يعتبر ان من حق منظمات المجتمع المدني تشكيل تحالفات مع الاحزاب السياسية ولكن في اللحظة التي تهيمن فيها الأحزاب على هذه المنظمات تنتفي عن الأخيرة صفة المدني وتقع في خانة المجتمع السياسي لأنها تصبح غير قادرة على لعب دور البنى الوسطية في تعزيز الديمقراطية والدفع باتجاه مصالح الجمعيات التي تمثلها(٥١).

لكن والحال كذلك تظل نظريا هناك حاجة للاحزاب السياسية للتسريع ولضمانة استمرار العملية الديمقراطية في البلدان التي لم تشهد استقرارا ديمقراطيا. في تعريفه للمجتمع المدني في سياقه الروسي يقوم م. ستيفن فيش بضم الاحزاب السياسية الروسية مستثنيا تلك التجمعات المتعصبة والمجموعات الضيقة محدودة الأفق ، هنا التلميح إلى الاحزاب الممأسسة على مصالح إثنية. وسر هذا الاستثناء ان هذه التجمعات السياسية بنظرتها المتعصبة تسعى إلى السيطرة على الدولة وقصر الحكم على نفسها(٥٢). وتأسيسا على ذلك لا يمكن اقصاء الاحزاب السياسية في الوطن العربي والدول ذات المشاريع الديمقراطية غير الناجزة إذ انها وسيلة الديمقراطية الوحيدة .

وربما كان خلاصة مثل هذا النقاش المركزية هو التأكيد على نقطة طالما اثارتها هذه الدراسة والقائلة بأن الحديث عن مجتمع مدني ما لا يمكن فصله عن السياق الاجتماعي والسياسي والثقافي لهذا المجتمع المدني. فما هو ضمن حدود المجتمع المدني في مجتمع ما ليس بالضرورة ان يكون ضمن حدود المجتمع المدني في مجتمع آخر. أيضا ما هو ضمن حدود المجتمع المدني اليوم في مجتمع ما قد ينتفي من هذه الحدود غدا. هناك سياقية عالية في تعريف المجتمع المدني مثله مثل تعريف معظم الظواهر التي تخص المجتمع البشري. لسنا بحاجة لاستعادة النقاش الدائر في الصناعة

الفكرية العربية حول ضرورة او عدم ضرورة ضم الانتماءات الجمعية والجهوية في نطاق المجتمع المدني العربي إذ ان هناك مجتمعات كثيرة في العالم لا تعرف اليوم مثل هذه الانتماءات وعليه فهي لا تقع في دائرة النقاش. وعليه ليس من المنطق ان يفرد المجتمع المدني اجنحته على كافة مناحي الحياة العربية لتعذر ذلك. من هنا رأى البعض وجوب ان تتركز مبادرات الفاعلين في المجتمع المدني العربي على فعاليات ضيقة سهلة التحقق ويمكن ان تترك اثرا ملموسا في تطوير مجتمع مدني عربي. من هذه المبادرات مثلا جماعات حقوق الانسان وجماعات الدفاع عن المرأة. ورأوا في هذه الجماعات نواة المجتمع المدني النشط والفاعل وهما المؤشر الأول لظهور مجتمع مدني. ومنطق ذلك أن جملة الحقوق والمطالب التي تطرحها مثل هذه المنظمات هي من سلة الحقوق التي تعتبرها الأنظمة السياسية العربية عادلة ولا تنظر إليها بعين الريب والشك وهي بذلك لن تمنع هذه المنظمات من العمل العلني، وهي بالتالي، أي هذه المنظمات، أقدر على التحرك في المجتمع وهي اقل عرضة للاحتواء من قبل الدولة وأقل قابلية للترويض. ويذهب مازن غرايبة لحد الاقتراح بأننا قد "نرى تجمعا قويا للمدافعين عن حقوق الانسان وقضايا المرأة يقود دفة المجتمع المدني ويفتح الباب أمام تحولات ديمقراطية حقيقية في أرجاء العالم العربي كافة."(٥٣)
الأمر ذاته ينسحب على ضم او نفي المؤسسات الدينية من حقل المجتمع المدني. هناك نزوع بين الكثير من المفكرين العرب ودارسي السياسة العربية الغربيين لنفي صفة المجتمع المدني عن هذه المؤسسات بزعم طموحها وسعيها للوصول إلى السلطة السياسية ومرات عديدة بدعوى عدائها للدولة. ولما كانت كافة الأحزاب السياسية تطمح للوصول إلى السلطة السياسية فليس هذا بالكافي لنفي المؤسسات الدينية من حقل المجتمع المدني كما أن هذه المؤسسات لعبت فعليا أدوارا هامة في عمليات الدمقرطة وانتعاش المجتمع المدني التي شهدتها بولندا مثلا، كما انه غني عن التذكير ما اثارته هذه الدراسة حول الإشارات الإيجابية في التاريخ الإسلامي التي اعتبرها الكثير من الدارسين مساهمة فاعلة في ظهور حيز عام، والحديث هنا يدور حول رجال الدين والعلماء وأصحاب الطرق. في الممارسة السياسية العربية الراهنة هناك قدر غير بسيط من عدم التسامح مع فكرة وجود مؤسسات دينية سياسية تمارس نشاطها في حقل المجتمع المدني، فالمرشحون الإسلاميون في قوائم انتخابات النقابات يتم محاربتهم وربما

اعتقالهم خوفا من سيطرتهم على هذه النقابات. مثلا لنتذكر تضييق الحكومة المصرية على المرشحين الإسلاميين في انتخابات النقابات عام ١٩٩٥ و ١٩٩٦ وزج بعضهم بالسجن وتأجيل انتخابات نقابة المحامين عام ٢٠٠٠ أكثر من مرة خشية فوز الإسلاميين. ومن المفارقات المحزنة في هذا السياق ان مخاوف الحكومة العربية قد تلتقي مع اهواء بعض الجهات التقدمية من انصار المجتمع المدني في عزل ورفض المؤسسات الدينية، وبالتالي كل بطريقته يساهم في وأد المجتمع المدني في منطقة كان يمكن ان يزدهر فيها. إن الكثير من المنظرين الامريكيين المعاصرين يندبون ما يسمونه ضياع "عادات القلب" من المجتمع الامريكي ويقصدون بها الجوانب الدينية التي كانت الباعث والمحرك لتمظهر المجتمع المدني الكلاسيكي كما افتتن به توكفيل حين قال "ليس للدين في أمريكا دور مباشر في حكم المجتمع، لكن يجب أن يتم النظر له بوصفه الأول بين مؤسساتها السياسية"(٥٤) يقول وليم فان دوسن ويشهارد إن جميع التشكيلات المدنية والمؤسساتية الأمريكية السابقة نمت بشكل او بآخر من النبض الروحي الذي عبرت عنه المسيحية. ويعزو ويشهارد فقد قوى المجتمع المدني لقوتها إلى غياب الديناميكية الروحية التي اعطتها الحياة.(٥٥) هناك حقيقة يشير إليها جون إسبوزيتو في أن المؤسسات والجمعيات الدينية أصبحت جزءا لا يتجزأ من مؤسسات وقوى المجتمع المدني في البلدان الإسلامية سواء العربية أو غير العربية(٥٦) .

نقترح أن أي تعريف عربي لا يجب ان يغفل مثل هذه الجوانب ويمكن في تدقيق المفهوم العربي العمل على تحييد المنظمات الدينية المتشحة بالسياسة وفق أهدافها العامة وقوانينها الداخلية. اي ان لا يتم اطلاق حكم عام على الجمعيات الدينية بل يتم تحديد مجموعة من الشروط لدخول الجمعيات الدينية، منها مثلا ان لا تحتوي هذه الجمعيات في اهدافها ومبادئها ولوائحها الداخلية ما يمكن أن يعتبر تمييزا بحق اصحاب الديانات الاخرى او بحق من لا يمكن اعتبارهم متدينين بمعنى ممارسة العبادات. هذا التعصب يخل بروح المجتمع المدني القائم على التعددية وحرية الاختيار والانتماء المجتمعي .

والحقيقة ان أكثر المنظمات اثارة للإشكال حين يتم تحديد وتعريف المجتمع المدني العربي هي الجمعيات غير الحكومية للدرجة التي وقع في باب الخطأ اقصار الكثيرين للمجتمع المدني ونشاطاته على هذه الجمعيات. ومثل هذا الإقصار مرده ان هذه

الجمعيات هي الوحيدة عربيا التي يمكن ان يكون كثيرها قد اسسه أفراد بملء اراداتهم (مثلا النقابات والجمعيات الضخمة والاحزاب السياسية اغلبها حكر على الدولة او النخبة السياسية الحاكمة) وشرعية انتماء المنظمات غير الحكومية إلى المجتمع المدني تأخذها من التعريف الدلالي لاسمها على الأقل فهي غير حكومية أي غير تابعة للدولة. في حقيقة الامر فإن وصف هذه المنظمات غير الحكومية بأنها المجتمع المدني ووصف تكاثرها دليل على اتساع رقعة وفاعلية المجتمع المدني في السياق العربي ليس بأكثر من تقزيم وتصغير للمجتمع المدني. لقد كان انسداد البدائل السياسية هو المحفز للدعاوي التبشيرية باعتبارها نواة المجتمع المدني العربي.(٥٧) والمنظمات غير الحكومية لكي تقترب من مفهوم المجتمع المدني لابد من ان تنسق فيما بينها عبر اقامة الشبكات والانغماس اكثر في القضايا المجتمعية والسياسية العامة وتتفاعل مع الحيز العام بكافة أقطابه .

الكثير من الكتاب العرب طرحوا مجموعة من التساؤلات التي تفيد في تبصر تعريف أكثر وضوحا واقرب إلى الحقيقة منه إلى التأمل الذهني. مثلا تطرح فهمية شرف الدين مجموعة من الأسئلة التي تساعد في قراءة وضعية المجتمع العربي، هل أصبح بناء الفرد مطلبا اجتماعيا في الوطن العربي؟ هل أصبح الخضوع للقانون مبدأ يسري على جميع الناس. هل أصبحت الحرية قيمة بحد ذاتها؟ هل أصبحت المرأة كيانا حقوقيا خارج المجال الخاص؟(٥٨) هذا وإذا كان لابد لأسئلة شرف الدين ان تفيد بشيء فهي تلمح إلى ضرورة شمل الفرد وسيادة القانون وقيم الحرية وحقوق المرأة كشروط تتوافر في المجتمع الذي من شأنه ان يفرز مجتمعا مدنيا. بكلمة اخرى من غير المعقول،ونحن نؤول حديث شرف الدين، الحديث عن مجتمع مدني عربي يخلو من هذه المبادئ.

لسنا من دعاة تعريف فضفاض للمجتمع المدني العربي لأن هذه الرحابة تضر بالدور الذي يمكن أن يناط بالمجتمع المدني لكن يجب ان نكون متسامحين في النظر للمجتمع المدني إذ ان الحدود لماتزل غير واضحة المعالم والتفاصيل بين تنوعات المجتمع المختلفة بما في ذلك الدولة، وهذه الدول هشة وغير متماسكة وهي ما تزال في طور الإعلان عن نفسها وإعادة هيكلة مبناها. ما نقوله هنا ان هذا التسامح يجب ان يكون كافيا للنظر إلى المجتمع المدني:

- من جهة الوظيفة المناطة به، ونقصد بذلك ما هي نظرة العرب للمجتمع المدني. بالطبع ليس بالضرورة ان يمر المجتمع المدني العربي بذات المسيرة والتاريخ الذي مر به المجتمع المدني في أوروبا أو في أمريكا، وليس من منطق تكونه ان يمر بذات المشاكل والأزمات ويجتاز ذات المفاصل والمحاور التي مر بها المجتمع المدني في دول آخرى، فكون المجتمع المدني مرتبطا بعملية الحراك الاجتماعي والسياسي فهو رهن بالسياق الذي ينمو فيه، وعليه فلكل مجتمع مدني خصوصيته وشروط ترعرعه. نعتقد بأن المجتمع المدني العربي عليه اعادة التفكير بجدية في نفسه للتعرف على ماهية وجوده مشروطا بمرحلة النمو التي وصل إليها، وخصوصية علاقته بالدولة القطرية وبالتشكلات الاجتماعية السابقة على ظهوره .

- من جهة علاقاته مع الدولة ومع المجتمع، فالمجتمع المدني كما هو باب الاتفاق رهن بطرفي المعادلة: المجتمع والدولة. لا يمكن لأي تعريف للمجتمع المدني العربي ان يتجاهل خصوصية المجتمع العربي وطبيعته والتشكيلات والتفاعلات التي تعتمل في داخله ومرحلة التمايز التي حققها المجتمع المدني عن كل من المجتمع وعن الدولة. وفي هذا لابد لأي تعريف ان يجيب على مجموعة من الأسئلة في هذا السياق مثل هل هناك ضرورة عربية للفصل بين المجتمع المدني وبين المجتمع السياسي! وإذا كانت الإجابة نعم فما هو باب التمايز بين المجتمعين. ما هو موقع الجمعيات والمؤسسات ذات الارتباط الديني! اسئلة من هذا القبيل لابد ان تكون الاجابة عليها واضحة لتحديد معالم المجتمع المدني العربي وتمايزه عن الدولة وعن المجتمع.

- من جهة الواقع العربي المعاصر في سياق الوضع العالمي وطبيعة العلاقات الدولية الراهنة، إذ انه من باب الجهل النظر إلى المجتمع المدني العربي دون الأخذ بالحسبان ما يعرف بسياسات تعزيز الديمقراطية والمجتمع المدني الموضوعة في سلم اولويات التصريحات الصادرة عن الدول المانحة والمؤسسات الدولية، ومطالب هذه الدول والمؤسسات بإصلاح النظم السياسية العربية تحت دعاوي مختلفة. ليس من شك ان البعد الخارجي لتمظهر المجتمع المدني بات من الاهمية بحيث ان الكثير من حالة القوة النسبية التي قد يتمتع

بها بعض اطراف المجتمع المدني في بعض الدول العربية مرده الحماية المعنوية المدعومة بالتهديد بوقف الدعم عن الدولة إن هي قاومت انتشار المجتمع المدني .

خلاصة القول، إذا كان المفهوم ارتبط بخبرات التطور السياسي في الغرب فإن هذا لا يعفي المجتمع المدني العربي في البحث عن نفسه ضمن تطور المجتمع العربي المعاصر وتشكل الدولة العربية القطرية وطبيعتها في الحكم وسياساتها المحلية وارتباطاتها بالخارج. وإذا كان الفصل الحالي قد قام بدراسة السياق العربي الداخلي لتمظهر المجتمع المدني العربي والسياق التاريخي الفكري فإن الفصل التالي سيقوم وبإيجاز بالتركيز على العنصر الخارجي لتمظهر المجتمع المدني العربي عبر التركيز على دوره في عمليات الدمقرطة والتحول في الدول العربية .

الهوامش:

1 -سيف الدين عبد الفتاح اسماعيل، المجتمع المدني والدولة في الفكر والممارسة الاسلامية المعاصرة (مراجعة منهجية) في: المجتمع المدني في الوطن العربي ودوره في تحقيق الديمقراطية، ٣١١-٢٧٩.

2 -حسنين توفيق ابراهيم، بناء المجتمع المدني: المؤشرات الكمية والكيفية في المجتمع المدني في الوطن العربي ودوره في تحقيق الديمقراطية، ٧١٦-٦٨٣.

3 -عزمي بشارة، ٢٠٠٠ : ١٤. من جانبه يقول السيد محمد خاتمي بأن المجتمع المدني ظاهرة تشكلت في الغرب مثله مثل النظام الدستوري والفكرة الجمهورية اللتين تم اقتباسهما في المجتمعات الإسلامية المعاصرة. ما يرمي إليه السيد خاتمي هو أن يتم اخضاع هذه المفاهيم للاختبار في ضوء المعايير والضوابط الإسلامية. محمد خاتمي الديمقراطية وحاكمية الامة، ترجمة سرمد الطائي، دار الفكر، دمشق ٢٠٠٣ .٩٣:

4 -غازي الصوراني، مفهوم المجتمع المدني وأزمة المجتمع العربي، مركز الدراسات الجماهيرية، غزة(لا يوجد تاريخ للإصدار، لكن تاريخ الانتهاء من الكتابة اغسطس ٢٠٠٢) : ٦٨

5 -طيب تزيني، من ثلاثية الفساد إلى قضايا المجتمع المدني، دمشق، دار جفرا للدراسات والنشر، ٢٠٠١ ١٩٢ :.

6 -الصوراني، ٢٠٠٢ ١١:.

7 -مقتبس في تزيني ١٩٢.

8 -الصوراني، ٢٠٠٢ .٦:

9 -للبحث الموسع في وجهة النظر هذه انظر:

عبد العزيز بلقزيز، الدولة في الفكر الإسلامي المعاصر، مركز دراسات الوحدة العربية، بيروت ٢٠٠٢.

10 -عبد الحميد الأنصاري، نحو مفهوم عربي إسلامي للمجتمع المدني، المستقبل العربي، العدد ٢٧٢ (تشرين اول ٢٠٠١) ص١١٤:١١٣ - ٩٥.

11 -فهمي هويدي، " الإسلام والديمقراطية،" المستقبل العربي، السنة ١٥ العدد ١٦٦ (كانون الاول/ديسمبر ١٩٩٢) ص ١٠ .

12 -محمد خاتمي، الديمقراطية وحاكمية الامة، ترجمة سرمد الطائي، دار الفكر، دمشق ٢٠٠٣.

13 -مناقشتي لأفكار أيزنشتات مبنية على سلسلة المحاضرات التي ألقاها في مركز الأبحاث الإجتماعية في برلين

Social Science Research Center , WZB

بعنوان:

Breakdowns of Civil Society in Comparative Perspectives. The Role of the Public Sphere

في الفترة ٢١-١٧ مايو ٢٠٠٤، وكنت قد شاركت فيها. ويمكن أيضا الإطلاع على آراء أيزنشتات بهذا الموضوع في الكتاب الذي حرره مع آخرين حول الحيز الخاص في المجتمعات الأسلامية.

Miriam Hoexter, Shmuel N. Eisenstadt, Nehemia Levtzion, editors, The public sphere in Muslim societies, Albany : State University of New York Press, 2002

14 -محمد م. الأرناؤوط، دور الوقف في المجتمعات الإسلامية، دار الفكر، دمشق ٢٠٠٠ . ص ٤٧. مازالت المؤسسات الوقفية ومبانيها من معالم بعض المدن العربية البارزة مثل بيمارستان نور الدين والمدرسة النورية الكبرى في دمشق والتكية في الخليل .

15 -خالد زيادة في معرض تعقيبه على ورقة وجيه كوثراني. في: المجتمع المدني في الوطن العربي ودوره في تحقيق الديمقراطية، ١٣٧-١٣٢.

16 -وجيه كوثراني المجتمع المدني والدولة في التاريخ العربي، في: المجتمع المدني في الوطن العربي ودوره في تحقيق الديمقراطية، ١٣١-١١٩.
17 -عبد اللـه حنا، المجتمعان الأهلي والمدني في الدولة العربية الحديثة، المدى، دمشق، ٢٠٠٢ :.٤١
18 -عزمي بشارة، ٢٠٠٠ ٣٠١:.
19 -انظر مثلا :
Bryan Tuner, "Orientalism and the problem of Civil society in Islam" in: A. Hussain, R. Oslon and J. Qurishi., eds., Orientalism, Islam and Islamists Brattleboro: Amana books, 1984.
20 -يلاحظ الأرناؤوط ازدياد الاهتمام بالوقف من قبل الأفراد والمؤسسات على مستوى الابحاث والندوات مما يساعد حسب رأيه في تفعيل دوره في الحياة في المجتمعات الإسلامية، وباب الإهتمام بالوقف يتعدى دوره في الحياة الاجتماعية والسياسية في خضم موضة الاهتمام بالمجتمع المدني إلا أن هذا الاهتمام يتعدى هذا الدور إذ ان الوثائق الوقفية مادة غنية لدراسة التاريخ المحلي للمدن العربية والإسلامية. الأرناؤوط، ٨ ، ٨٥، .155
21 -خاتمي، ٢٠٠٣ ٣٩-٣٨:.
22 -جورج طرابيشي رأى بأن الدعاوي لتجاوز الدولة القطرية لن تنجح وأن ما سيحدث هو تثبيت وترسيخ الدولة القطرية وتحويلها إلى دولة قومية. فالدولة القطرية أصبحت حقيقة واقعة وحتى نهائية وذات شرعية. جورج طرابيشي "إشكالية الديمقراطية في الوطن العربي" مؤسسة عبد الحميد شومان، عمان ١٩٩٨.
23 -عبد اللـه حنا، ٢٠٠٢ : ٦.
24 -علي الكنز، من الاعجاب بالدولة إلى اكتشاف الممارسة الاجتماعية. في: المجتمع المدني في الوطن العربي ودوره في تحقيق الديمقراطية. ٢٠٣-٢١٥ .
25 -سعيد بنسعيد العلوي، "نشأة وتطور مفهوم المجتمع المدني في الفكر الغربي الحديث" في: المجتمع المدني في الوطن العربي ودوره في تحقيق الديمقراطية. بحوث ومناقشات الندوة الفكرية التي نظمها مركز دراسات الوحدة العربية. بيروت. طبعة ثانية ٢٠٠١.
26 -حسنين توفيق ابراهيم، ٢٠٠١.
27 -غسان سلامة، "نحو عقد جديد بين الدولة والمجتمع"، المستقبل العربي، العدد ٢٧، (يونيو/ حزيران ٢٠٠٤) ص ٢٧.
28 -غير ان مثل هذا الطرح لا يخلو من تعميم غير منهجي. فوصول الدول المتجاورة إلى تكامل ذاتي لا يدفع بالضرورة نحو التكامل فيما بينها إذ ان هذا كان يقتضي مثلا دخول كافة الدول الديمقراطية في العالم إلى تكامل على شاكلة التكامل الأوروبي. بماذا يمكن مثلا تفسير حيادية سويسرا والنرويج ورفضهما الدخول في الاتحاد الأوروبي؟ .
مازن خليل غرايبة، المجتمع المدني والتكامل: دراسة في التجربة العربية، مركز الإمارات للدراسات والبحوث الاستراتيجية، أبو ظبي.
29 -نبيل عبد الفتاح، "المجتمع المدني كمدخل لتطوير العلاقات المصرية-السودانية" السياسة الدولية، العدد ١٥٧ يوليو ٢٠٠٤، ٢٢٤-٢٢٢.
30 -مازن خليل غرايبة. مثلا جورج طرابيشي يقول بفشل أي وحدة عربية لا تقوم على أساس ديمقراطي، ويتحقق ذلك أولا عبر دمقرطة الدولة العربية القطرية مثل ان يحدث عملية دمقرطة في دولتين ثم تتم الوحدة

بينهما. طرابيشي ٢٣ -٢٤.

31- Ghassan Salame, Democracy without Democrats?: the renewal of politics in the Muslim world, London; New York: I.B. Tauris

32 -كوثراني، ٢٠٠١.

33- انظر:

John L. Esposito, Islam and Civil Society, European University Institute Working Papers, No. 2000/57, .

ويكمن سر توجه الجماهير العربية للاحزاب الدينية المسيسة بوجهة نظر جورج طرابيشي في أن هذه الجماهير امية فهي تعيش على الثقافة الشفوية وهذه الثقافة الشفوية يتقنها اتباع الحركات الدينية المسيسة ويخاطبون الجمهور بها من خلال البيت أو المسجد. وعليه والحديث لطرابيشي فالشعوب الامية غالبيتها تقدس الأحزاب التسلطية أو احزاب الدين. طرابيشي ٣٢.

34 -تزيني، ١٦٠و ١٩٤.

35 -يندب سعد الدين ابراهيم تراجع دور المجتمع المدني المصري من الحياة العامة بعد ان كان بنى فاعلة في الحياة العامة في مطالع الدولة الوطنية وكان قد ساهم في بناء الجامعات مثل جامعة القاهرة عام ١٩٠٨ (باسم الجامعة المصرية، مستشفيات مثل مستشفى المواساة بالاسكندرية . وحين يشخص سعد الدين ابراهيم علاقة هذه المنظمات بالحكومة يلاحظ بأنه "عند انتخاب رئيس (لـ)أي من هذه التنظيمات كان عليه ان يحصل على موافقة جهاز أمن الدولة أولا، وفي معظم الأحوال كان يتم ضم هؤلاء الأشخاص إلى الحزب الحاكم، وكان يتم تعيين رؤساء هذه التنظيمات والهيئات كأعضاء في البرلمان أو حتى مجلس الوزراء. ص ٥٥

36 -مصدر سابق، ٢٩-٢٧.

37 -تقرير التنمية العربي، UNDP، 2002.

38 -انظر وجيه كوثراني، ومتروك الفالح.

39 -سيف الدين عبد الفتاح اسماعيل.

40 -حيدر عبد المجيد "المجتمع المدني: مفهوم فقير واستخدام أفقر"، مشار إليه في متروك الفالح ص ٣١-٣٠.

41 -عبد الحميد الأنصاري، ٢٠٠١.

42 -طيب تزيني، من ثلاثية الفساد إلى قضايا المجتمع المدني، دمشق، دار جفرا للدراسات والنشر، ٢٠٠١، ص ١٥٥.

43 -الطاهر لبيب،"هل الديمقراطية مطلب اجتماعي؟ علاقة المشروع الديمقراطي بالمجتمع المدني العربي"، المجتمع المدني في الوطن العربي ودوره في تحقيق الديمقراطية ص٣٦٧-٣٣٩.

44 -مركز دراسات الوحدة العربية، المجتمع المدني في الوطن العربي ودوره في تحقيق الديمقراطية. ملحق رقم (١) مخطط الندوة: ٨٥٤.

45 -مصطفى كامل السيد، مؤسسات المجتمع المدني على المستوى القومي، في: المجتمع المدني في الوطن العربي ودوره في تحقيق الديمقراطية،٦٦٤-٦٤٣.

46 -سعد الدين ابراهيم، المجتمع المدني والتحول الديمقراطي في مصر، القاهرة، دار قباء للطباعة والنـــشر والتوزيع، ٢٠٠٠ :١٩٨ .

وفي موضع آخر يعرف سعد الدين ابراهيم المجتمع المدني على انه "مجموعة التنظيمات التطوعية الحرة التي تملأ المجال العام بين الأسرة والدولة لتحقيق مصالح أفرادها، ملتزمة في ذلك بقيم ومعايير الاحترام والتراضي والتسامح والإدارة السلمية للتنوع والخلاف". سعد الدين ابراهيم، "المجتمع المدني والتحول الديمقراطي في الوطن

العربي" مصطفى حمارنة، مشروع المجتمع المدني والتحول الديمقراطي في الوطن العربي (القاهرة: مركز ابن خلدون للدراسات الانمائية، ١٩٩٢: ٥.

47 -مصدر سابق ص١٥-١٣.

48 -عدنان عويد، "المجتمع المدني ودول ما قبل الدولة" النهج، العدد ٢٦ (ربيع ٢٠٠٠) ٢٤٣-٢٣٦.

49 -انظر مقالتي إيليا حريق

إيليا حريق، "التراث العربي والديمقراطية: الذهنيات والمسالك" المستقبل العربي، السنة ٢٢، العدد ٢٥١ (كانون الثاني/ يناير ٢٠٠٠) ص ٢٩-٤.

Iliya Harik, "Rethinking Civil society: Pluralism in the Arab World," Journal of Democracy, vol.5, no.3 July 1994, pp. 43-56

50 -ولما كانت مسيرة الديمقراطيات الغربية قد قطعت كل هذا الشوط الكبير وخرجت إلى السطح ظواهر سياسية ومجتمعية جديدة قال الكثيرون بأنه لا يوجد حاجة للأحزاب السياسية في الحياة العامة واننا نعيش ديمقراطية مابعد الأحزاب. لمناقشة الاحزاب السياسية في الوقت الراهن انظر الكتاب الذي حرره لاري ديموند وريتشارد جانثر بعنوان "الأحزاب السياسية والديمقراطية". في مشاركته في الكتاب بعنوان " الأحزاب السياسية لم تعد ما كانت عليه من قبل Parties Are Not What They Once Were "يقول فيليب شميتر بأننا لم نعد بحاجة للاحزاب بعد ان أصبحت الحركات الاجتماعية والمنظمات القاعدية قادرة على بلورة خيارات الجماهير وتمثيل مصالحهم.

Larry Diamond and Richard Gunther, Political Parties and Democracy, A Journal of Democracy Book, The John Hopkins University Press, 2001

51- Larry Diamond, 1994

52- M. Steven Fish, "Russia's Fourth Transition," Journal of Democracy, vol.5, no. 3 (July 1994) pp31-42.

53 -مازن غرايبة ، ص ٥٧.

54- Alexis de Tocqueville,1990.

55 -وليم فان دوسن ويشهارد "التوجهات العالمية تعيد تشكيل المجتمع المدني" في: بناء مجتمع المواطنين: المجتمع المدني في القرن الحادي والعشرين، تحرير دون إي إيبرلي، ترجمة هشام عبد الـلـه، عمان الأهلية:٢٠٠٣.

56- John L. Esposito, 2000: 8.

57 -عزمي بشارة، ٢٠٠٠ ٢٧١:.

-58فهمية شرف الدين، الواقع العربي وعوائق تكوين المجتمع المدني، المستقبل العربي، العدد ٢٧٨ (إبريل/ نيسان ٢٠٠٢) ص ٤٨-٣٦.

4

الفصل الرابع

المجتمع المدني والديمقراطية
في الوطن العربي: الحصاد المر

ثمة سؤال تستوجبه المهمة النظرية والتأصيلية التي تحاول هذه الدراسة البحث فيها حول علاقة الدولة بالمجتمع المدني، والسؤال يتعلق بحقيقة مساهمة المجتمع المدني العربي في عملية التحول الديمقراطي. في الفصل الثاني تعرضت الدراسة بشيء من التحليل إلى فكرة المجتمع المدني من الخارج وكان الهدف من هذا التعرض بجانب قولنا في ذلك الحين بأن هذه الصيغة، أي صيغة انتقال المجتمع المدني من تربته الغربية التي نشأ فيها إلى تربة خارجية بدعم وتمويل خارجيين، تشكل استمرارا لتاريخ تطور ونشوء مفهوم المجتمع المدني. لكن ما لم نقله في حينه أن الدعم الخارجي للمجتمع المدني يشكل حلقة هامة في نشوء وتطور المجتمع المدني العربي وفي علاقة هذا المجتمع بالدولة العربية وبمحاولات الدمقرطة التي لم تؤت ثمارها بعد، والتي سرت في شريان السياسة العربية المعاصرة ببطء لم يكن كافيا لتغيير دم الأنظمة الديكتاتورية. وإذا كان الفصل السابق قد تعرض لأزمات المجتمع المدني العربي بعد تعرضه لنشوئه فإن حاجة بحثية تظل قائمة للتعرض لحقيقة المجتمع المدني وعلاقته بالتحول الديمقراطي في الدول العربية وحقيقة وجهة نظر الكتاب العرب لفكرة المجتمع المدني من الخارج .
في الحالة العربية هناك من قال بعدم وجود ربط بين المجتمع المدني والتحول نحو الديمقراطية في البلاد العربية. فمثلا، على الرغم من وجود حياة حزبية في المدن اليمنية وتمظهر لبعض مجموعات المجتمع المدني كما يعترف الفالح إلا أن القبيلة وتحالفها مع الدولة مازالت تسيطر على الكثير من الفعاليات السياسية، والتحول الديمقراطي في اليمن لم يكن نتيجة ديناميكية وفاعلية قوى المجتمع المدني بل جاء هذا التحول من فوق: من السلطة، استجابة لظرف موضوعي تمثل في الوحدة اليمنية عام ١٩٩٠، وفي الأزمة التالية للوحدة اليمنية (١٩٩٤-١٩٩٣) لم يكن لقوى المجتمع المدني اي دور لحل الأزمة وكانت التكوينات القبلية هي من كان حاضرا في الأزمة. الامر ذاته ينسحب على عدم فاعلية المجتمع المدني في الجزائر فاحداث الجزائر طوال عقد

التسعينات تفصح عن الدور المتنامي للمؤسسات والقوى ذات الأصول والإمتدادات الريفية والدينية والقبائلية ولم تستطع قوى المجتمع المدني (بلغت أكثر من ٧٠ حزبا بعد عام ١٩٩٠، بجانب ظهور نقابات وجمعيات متنامية في العدد) أن تؤثر في مجريات الأمور. والحال في موريتانيا ليس أصلح من مثيله في اليمن والجزائر. خلاصة القول كما يذهب الفالح ان وجود قوى المجتمع المدني لا أهمية لها في إطار إحداث التحولات باتجاه الديمقراطية(١) .

البعض عزا الشلل الذي يصيب المجتمع المدني العربي وقلة أو ضعف مساهمته وربما فشله في إحداث تحول ديمقراطي إلى تركيز النخب والأحزاب السياسية على السياسي والإيديولوجي وإهمالها الاجتماعي والقيمي واضاعت وقتها وجهدها في الصراع على السلطة ودارت في فلكها وأهملت تنظيمات المجتمع المدني وتعزيز قيمها على مستوى القاعدة الاجتماعية(٢). كما أن الأحزاب العربية في معظمها أحزاب أيدلوجيا عقائدية يطغى عليها الخطاب العقائدي على مصالح الجماهير. فيما المطلوب احزاب تجمعية برنامجية تعرف كيف تستجيب لتطلعات المواطن(٣) .

غياب مجتمع مدني سليم مع وجود نزوع لدى النخبة نحو التسلط دون مقاومة من قبل الجماهير أو النخب المضادة خلق حالة اتسمت بالديكتاتورية والشمولية والسلطوية. هناك الكثير من النظريات والتفسيرات التي تصدت بالتحليل والتبرير إلى مثل هذا الوضع بدءا بجنوح بعض المستشرقين ومغالاتهم وزعمهم أن السياسة العربية والثقافة الإسلامية تؤكد فعالية السلطة ولا تهتم كثيرا بكيفية الوصول إليها، فبالقدر الذي تنجح السلطة في اداء بعض الوظائف والتي صلبها احترام الشعائر الدينية وتوفير احتياجات المواطنين الأساسية فإن ذلك يكفي لاضفاء الشرعية عليها بغض النظر عن الآلية التي جاءت فيها هذه السلطة للحكم، انتهاء بالمواقف التبريرية الناعمة المرتكزة على شماعة الصراع الأبدي مع القوى الخارجية وإسرائيل تحديدا، وبين التبريرية تضيع الحقيقة.(٤) يبقى السؤال ما هي حقيقة علاقة المجتمع المدني (حضورا ام غيابا) في ذلك؟. لتبسيط الأمور لنتذكر جيدا الفرضيات النظرية التي قال عنها اصحاب نظريات التحول الديمقراطي: المجتمع المدني شرط ضروري لضمان التحول نحو الديمقراطية، غير ان هذا المجتمع المدني ذاته ايضا ليس أكثر من نتيجة حتمية لتسارع التحولات الديمقراطية في الدول

ذات الحكم الديكتاتوري. انها علاقة جدلية ليس بالضرورة من اين تبدأ الحكاية. هناك دائما قصة صغيرة تصبح رواية ضخمة.

وفي العموم فإن حالات الانفتاح والإصلاح السياسي التي شهدتها بعض الدول العربية مصدرها السلطة ورغباتها وتشابك علاقاتها مع القوى الخارجية أكثر منها استجابة لمطالب خارجية وإن كانت السلطة تسوق هذه الإصلاحات المشلولة في أغلبها على انها استجابة لنبض الشارع وتماش مع رغبات الجماهير. إنها تحولات ذات جرعات ديمقراطية محدودة او مقيدة آتية من فوق، من السلطة السياسية، وليست انجازا من انجازات قوى المجتمع المدني بل في حالات عدة كانت من انجازات ،وتحت تأثير ضغط، القوى والتكوينات القبلية والعشائرية(٥) .

ولما لسنا في صدد نكران تشخيص الفالح الدقيق للوضع العربي ولا بصدد إعفاء المجتمع العربي من إخفاقاته فإننا لا نرى في تأصيل الفالح النظري صوابية تستطيع ان تنفي مساهمة المجتمع العربي في عمليات التحول الديمقراطي بطيئة الوتيرة التي حدثت في بعض الاحيان ولفترات محدودة في بعض البلدان العربية. إن شد الأفكار إلى نهاياتها ضرب من الأصولية الفكرية التي من شأنها أن تجعل كل شيء مستحيلا في حياتنا. هناك حاجة لمجتمع مدني عربي قوي وفاعل قادر على القيام بمهامه الوسطية بين الفرد والدولة وقادر على صياغة مجموعة من المواقف التي تنسجم بالضرورة مع فكرة انفتاح المجتمع ومبدأ التنافس فيه بالتوافق مع تطلعات الأفراد الذي تمثل جماعات المجتمع المدني اتحاد مصالحهم بالمعنى البريء للعبارة. وهذا لا يعفينا من التأكيد على وجوب تفعيل البنى التقليدية وموافقة إيليا حريق والفالح على ضرورة استثمارها في تعزيز الديمقراطية كما لا بد من التشديد على ضرورة توطين الدين في الممارسة السياسية العربية المشروعة بدل تركه خارج الحلبة وبالتالي استعدائه. السيد محمد خاتمي في محاولة لتوطين المجتمع المدني في الجمهورية الإسلامية الإيرانية يقول بأن هناك مما يطرحه منظرو المجتمع المدني الغربي ما يتوافق مع تعاليم الإسلام مثل ضرورة أن يكون للشعب حضور في سائر المجالات، وجود حدود تقيد صلاحيات السلطة، و كون المجتمع المدني مؤسسات تمثل حلقة وصل بين الشعب والحكومة، وهذه النقاط الثلاث تتفق وروح التعاليم الإسلامية، ليخلص للقول بأن "الإسلام ينسجم مع المجتمع المدني بطبيعة الحال"(٦).

هناك مفارقة مؤلمة تكمن في تفسير الكثيرين لفشل المشروع الديمقراطي العربي إلى الدين الإسلامي واعتقاد الكثير من الغربيين، نظرا لجهلهم بالتاريخ، ان الدين المسيحي والدين اليهودي ليسا فقط متوافقين ومتماشيين مع الديمقراطية بل هما مصدر التقاليد الديمقراطية الغربية المعاصرة. والحقيقة كما يحاجج إسبوزيتو بأن الأديان في الأساس تتساوى وما يمكن ان يقال عن الإسلام ينسحب على المسيحية واليهودية(٧). القصد إذا هو كيف يتم توطين الدين بل واستغلاله للترويج للأفكار الديمقراطية. هنا فقط يمكن ايضا التركيز على ضرورة توطين الدين والمؤسسات الدينية، ما لم تتبن أفكارا تعصبية تحرم الآخرين حقهم في العمل من أجل مصالحهم، في حقل المجتمع المدني. إننا هنا نعيد التأكيد مرة أخرى على مبدأ وحق التنافس في عمل جمعيات المجتمع المدني ومن يخل بها سواء كان تبريره عرقيا، قوميا، جنسيا او دينيا يخرج نفسه من دائرة العمل المجتمعي.

لكن لنلاحظ أن هذا لا يجب ان يدفعنا للمغالاة في منح المجتمع المدني كامل المهمات في إحداث التحولات الديمقراطية في المجتمع العربي فهذه تفاؤلية مفرطة تتجاهل الفاعلين الآخرين في حلبة السياسة والإجتماع العربي. لنتأمل مثلا تبشير سعد الدين إبراهيم بان المجتمع المدني هو الأب الشرعي والأم الحاضنة للديمقراطية وبدونه لا يمكن للديمقراطية النمو والاستمرار او الازدهار. بالنسبة لإبراهيم فإن احد الاسباب التي تجعل العلاقة عضوية بينهما ان تنظيمات المجتمع المدني هي التي تقوم بالتنشئة المدنية السياسية المبكرة للمواطنين.(٨) فـ"منظمات المجتمع المدني هي مدارس للتنشئة السياسية على الديمقراطية، سواء كانت جمعية خيرية، او ناديا رياضيا او رابطة ثقافية، أو حزبا سياسيا، أو نقابة عمالية فإنها تدرب أعضاءها على الفنون والمهارات اللازمة للديمقراطية في المجتمع الاكبر: الالتزام بشروط العضوية، وحقوقها وواجباتها، والمشاركة في النشاط العام، والتعبير عن الرأي، والاستماع إلى الرأي الآخر، وعضوية اللجان والتصويت على القرارات والمشاركة في الانتخابات"(٩) .

لكن مثل هذا القول يقع في باب التعميم إذ انه لكي يقوم المجتمع المدني بالعمل بكامل حريته لنشر بذور الديمقراطية عبر التنشئة وعبر الممارسة لابد من وجود عقد اجتماعي بين المجتمع المدني والدولة قائم على الاحترام والتنافس الشريف والتعاون بحيث لا تنقض الدولة على المجتمع بذريعة حماية مؤسساتها. نعتقد ان هذا العقد

الاجتماعي او وثيقة الشرف او ميثاق العمل ، سمها ما شئت، هام ومركزي لضمان فاعلية المجتمع المدني. وهذا العقد غائب في حال الدولة العربية، فالمجتمع العربي لا يعرف المواطنة والسكان إما جماهير او لا رعايا. هناك ضرورة ملحة في الحالة العربية للانتقال للمواطنة وانشاء عقد بين الدولة والمواطن. واذا سلمنا فكريا بعدم جدوى بناء مجتمع مدني في وضع تتهاوي فيه دولة القانون مثلما هو الحال في الواقع العربي فإن بناء المجتمع المدني في الدول العربية يجب ان يكون في إطار اعادة بناء الدول نفسها(١٠). وهذه نقطة بحاجة لكثير من الإفاضة والتحليل. فقط ضمن هذه الرؤية يمكن تفهم اصرار عزمي بشارة على ان "المجتمع المدني يقود إلى الديمقراطية لأنه هو عملية تطور الديمقراطية ذاتها"(١١)، حين نتقبل ان يكون نمو المجتمع المدني مترافقا مع مرحلة نمو الدولة وبنائها.

الكثير من الكتاب العرب وجدوا في المجتمع المدني حلا سحريا لكل الأزمات التي يمر فيها المجتمع العربي. فالمجتمع المدني بوصفه يمثل نبض المجتمع فإنه على صعيد الممارسة يقدم نموذجا يحتذى به للممارسة الديمقراطية .

غير أن هذه الرؤية لا تخلو من تجريد واضح لكل من المجتمع العربي ولفكرة المجتمع المدني. فالافتراض بأن دخول الفرد العربي في تنظيمات المجتمع المدني المختلفة يعني بالضرورة انتماءه الاساس لهذه التنظيمات يفترض براءة اجتماعية لا يمكن للواقع العربي ان يتسامح معها. فالعشائرية والقبلية والجهوية تحاصر المواطن العربي وهو حين يدخل ناديا رياضيا أو حتى حزبا سياسيا فهو لا يترك على عتبة باب النادي أو مقر الحزب انتماءه القبلي أو العائلي بل يرى نفسه ممثلا قبل كل شيء للعائلة ونفوذها وموقعها الاجتماعي داخل النادي أو الجمعية أو الحزب. وواقع الحال ان الكثير من العائلات والعشائر نظرت إلى النوادي والجمعيات والاحزاب كإمتداد للبرهنة على وجاهتها العائلية وسمو موقعها في المجتمع وعليه فإنها جردتها من مهمتها المجتمعية وفاعليتها السياسية .

والحقيقة، يبدو من السذاجة ايضا افتراض وجوب تخلي المواطن العربي لانتمائه العائلي والقبلي قبل دخوله في تنظيمات المجتمع المدني، لكن المطلوب هو استخدام مثل هذه الولاءات القبلية والجهوية لصالح تبلور مجتمع المصالح، وعليه فإن توازي الانتماءات للمجتمع القبلي وللمجتمع المدني لا يعني بالضرورة عملية وجود أحدهما على حساب

الآخر، وإن كنا من أصحاب الرأي القائل بأن تطور المجتمع المدني لا يتم على انقاض المجتمع القبلي، لكن ايضا لا يمكن افتراض تزاوجهما الدائم .

والتسليم بأن الدخول في تنظيمات المجتمع المدني يقود بالضرورة إلى ترسخ قيم الديمقراطية يفترض تبني صورة نموذجية لتنظيمات تعمل وفق اسس ديمقراطية وانتخابات دورية وشفافية رقيقة. وواقع الحال بأن الكثير من النقد الموجه للمجتمع المدني العربي أن تنظيماته نفسها لا تمارس الديمقراطية ولا تجري فيها انتخابات إلا فيما ندر وان مبدأ التطوعية ذاته غائب عنها إذ ان مؤسسيها والقائمين عليها ينظرون إلى المجتمع المدني بوصفه مصدرا للرزق وليس مكانا للعطاء. وهي، أي تلك المنظمات، منابر سياسية تخدم اهدافا ضيقة ولا تسعى لإصلاح المجتمع، وتسييسها قلص من مقدرتها على التأثير على القطاعات الجماهيرية التي لا تقع ضمن عباءتها السياسية.

لكن مرة اخرى لا يجب ان نفرط في تحميل المجتمع المدني مهمة حل جميع مشاكلنا كي لا نصاب بنكسة وارتداد على المجتمع المدني حين نكتشف عجزه عن القيام بالمهام النبيلة التي ظننا انه يستطيع القيام بها، مثلما ارتد المثقفون العرب على الدولة بعد ان فشلت في تحقيق المشاريع الكبرى التي وعدت بتحقيقها.

وبوجهة نظر برهان غليون فإن الدعاوي الحالية المطالبة بالدمقرطة في الوطن العربي تعكس ضعف الدولة المعنوي والسياسي الناجم عن تناقض هامش مبادرتها التاريخية وغياب الخيارات المطروحة أمامها في الظروف العالمية والمحلية الجديدة، أكبر مما يعبر عن نضج الوضع الاجتماعي والسياسي أو إحياء المجتمع المدني وتعاظم اتساقه وبروز قوته" وبقراءة غليون هذا يفسر لماذا لم تتجاوز الديمقراطية العربية فكرة التعددية الحزبية والانتخابات الشكلية(١٢).

مع بداية هبوب ريح الدعم الخارجي للمجتمع المدني ولعمليات التحول الديمقراطي في الوطن العربي كان هناك من بشر بهشاشة الانظمة العربية التي سرعان ما ستتهاوى مثل احجار الدومينو أمام رياح وعواصف الديمقراطية الوافدة من الخارج.

ولكن بعد أكثر من عشر سنوات من الضغط والثقل الغربي والأمريكي ألمح الكثيرون أن التحول الديمقراطي وبناء المؤسسات والتعددية والمشاركة السياسية بقيت دون المطلوب(١٣). والمثير أن بعض الحالات التي شهدت بوادر دمقرطة تراجعت مشاريع الدمقرطة فيها بعد

التدخل الخارجي لصالح الديمقراطية. ويحاجج آخرون بأن القوى الخارجية غير معنية حقيقة بإحداث تحول ديمقراطي في الدول العربية خشية ان تقود عمليات التحول هذه إلى تغيير جذري في النخبة العربية الحاكمة وتأتي سلطة معادية للتوجهات الأمريكية ومصالحها في المنطقة. فالإدارة الأمريكية غير جادة في دفع الديمقراطية للأمام في الوطن العربي(١٤) .

الكثير من النقاشات الفكرية التي تصدت لمعضلة تعثر الديمقراطية في الوطن العربي دارت حول معضلة اللبرلة وعواقبها على المجتمع العربي وقالت إن الأزمة ليست بالديمقراطية نفسها بل بالقيم والمفاهيم الليبرالية المصاحبة والتي تتعارض مع الكثير من القيم والمفاهيم الناظمة للحياة الاجتماعية العربية. لذلك ولحل معضلة توافق أم عدم توافق المجتمع المدني في سياقه العربي والليبرالية والديمقراطية يلمح البعض إلى وجوب فك الارتباط بين المسألة الديمقراطية من جهة وبين الليبرالية والتكوينات ذات الصلة بالمجتمع المدني المرتبطة بها من جهة أخرى. يقول متروك الفالح بأن المطالبة العربية بالديمقراطية بما هي تركيز على المسألة السياسية من صناعة القرار وتداول السلطة والحكم السليم لا تحتاج إلى حتمية التلازم مع الحدود القصوى للمسألة الليبرالية بمضامينها الإجتماعية والثقافية ذات الصلة بالحريات المطلقة في إطار سقفها وفضائها المفتوح في المجتمع الغربي(١٥).

وبالتالي يصبح ليس من الضرورة لبرلة المجتمع العربي بالكامل بل يكفي العمل على دمقرطته. والحقيقة أن الكثير من دعاة الديمقراطية المعاصرة يقولون بأن الكثير من المجتمعات غير الغربية لا تحتمل ثقافتها جرعات الليبرالية بشكلها الغربي وعليه يجوز الحديث عن الديمقراطية غير الليبرالية أو الديمقراطية الإجرائية أو الديمقراطية الشكلانية دون ان يعني هذا تنازلا عن جوهر الديمقراطية، ففي نهاية المطاف هناك ديمقراطيات متعددة وديمقراطية أثينا ليست هي ذاتها ديمقراطية فلورنسا في إيطاليا في القرون الوسطى وديمقراطية هاتين ليست ذاتها ديمقراطية الثورة الفرنسية وجميعهم ليسوا ديمقراطية أوروبا بين الحربين ولا الديمقراطية الليبرالية المعاصرة. حتى ان الديمقراطية الليبرالية ليست بأكثر من عملية Process تطور الديمقراطية على مدار ٣٠٠٠ آلاف عام.

ولكن هذا لا يجب ان يعني توقف عمليات اللبرلة في الثقافة العربية فالمطلوب هو عملية حراك مجتمعي جادة وقادرة على إحداث انزياح في الثقافة العربية. ولتحقيق ذلك

يرى إيليا حريق ضرورة ان تقوم الدولة العربية بخصخصة الثقافة وان تبذل جهودا في هذا المضمار مثل الجهود المعلنة حول خصخصة الاقتصاد(١٦). والثقافة في هذا السياق تشير إلى المؤسسات التي تنتج الخطاب والوعي العاميين مثل الجامعات والصحف والراديو والتلفاز والانتاج السينمائي والمسرحي وغيرها. والمقصود بذلك تحرير الثقافة بمؤسساتها من هيمنة الدولة وأجهزتها. ومربط الفرس في هذا هو ان يقوم المجتمع عند تملكه لمثل هذه المؤسسات بانتاج خطابه الخاص بعيدا عن ديكتاتورية الدولة. وبالطبع لابد ان تخضع مثل هذه المؤسسات لشروط التنافس والمشاركة الجماعية. عند الشروع بخصخصة الثقافة يمكن فقط النظر إلى المستقبل بعيون ملؤها الأمل.

وأيا يكون الحل للخروج من أزمة غياب الديمقراطية العربية فما من شك بأن هناك دورا هاما يقع على كاهل المجتمع المدني العربي انجازه، وكون المجتمع المدني العربي عاجزا او غير قادر على تحقيق هذا الدور لا يعفيه من الملامة ومن المطالبة باعادة التفكير بجدية بضرورة الخروج من أزمته واعادة الاعتبار لمهامه الجسام في النهضة العربية المعاصرة.

في الفصول الثلاثة اللاحقة سأنظر بتفصيل إلى واقع المجتمع المدني الفلسطيني بانيا على التحليل والتأصيل الذي قدمته في الفصول السابقة لتاريخ نشوء المجتمع المدني في الغرب وفي الكتابات السياسية وفي السياق العربي. لقد كان البحث في هذه الجوانب هاما وضروريا لفهم المجتمع المدني العربي لأكثر من سبب:

-حقيقة ان المجتمع المدني بمعناه المعاصر نتاج للتجربة السياسية والمجتمعية الغربية.

-حقيقة أن جل الكتابات المؤسسة لمفهوم المجتمع المدني كانت مبنية على الخبرات السياسية الغربية وهي كانت نتاج ماكنة الأفكار الغربية.

-لا يمكن استيعاب تمظهر المجتمع المدني الفلسطيني بعد نشوء السلطة الوطنية بمعزل عن فهم سياق دعم المجتمع المدني من الخارج كما شهدته دول العالم الثالث عموما والوطن العربي خصوصا.

-إن المجتمع المدني في فلسطين ليس استثناء في السياق العربي رغم بعض الخصوصيات التي سنأتي عليها، لكنه يكتسب ابعاده الثقافية وممارساته التاريخية من بعده العربي ومن الفكر والتاريخ السياسي الإسلامي .

الهوامش:

1 -الفالح، عن اليمن ص ٧٥-٧١ وعن الجزائر ٨ 78-1وعن موريتانيا ص٨٩-٨٥. أيمن الدسوقي ايضا يذهب للقول بأن تعاطي المجتمع المدني في الأزمات العربية لم يكن على قدر الحدث ويستشهد بتعاطي منظمات المجتمع المدني مع الازمة الإقتصادية والثقافية السلبي والضعيف.
متروك الفالح، المجتمع والديمقراطية والدولة في البلدان العربية: دراسة مقارنة لإشكالية المجتمع المدني في ضوء تريف المدن، مركز دراسات الوحدة العربية، بيروت ٢٠٠٢.
انظر: أيمن ابراهيم الدسوقي، المجتمع المدني في الجزائر (الحجرة، الحصار، الفتنة)، المستقبل العربي، العدد ٢٥٩ (سبتمبر/أيلول ٢٠٠٠) ص ٧٩-٦٢.

2 -عبد الحميد الأنصاري، نحو مفهوم عربي إسلامي للمجتمع المدني، المستقبل العربي، العدد ٢٧٢ (تشرين اول ٢٠٠١) ص ١١٤-٩٥.

3 -جورج طرابيشي، ٢٥ ويسجل طرابيشي أن النخب نفسها ديكتاتورية إذ أن الأنظمة العربية تتغير وتأتي أنظمة جديدة وتبقى الديكتاتورية فجميع البرامج التي تمت في البلاد العربية تحت شعار اسقاط الانظمة جاءت بأنظمة أكثر سوءا من الانظمة التي أسقطتها. ص ٢٧.

4 -من هذه التفسيرات ما يرتكز على المبنى الإقتصادي للدول العربية. يجادل جاكومو لوتشياني بأن الدول العربية في معظمها هي دول ريعية rentier statesأي ان اقتصادها قائم على الريع وهي بالتالي لا تعتمد على جمع الضرائب من مواطنيها الامر الذي يعفيها من الاستجابة لمطالبه او في إحداث انفتاح سياسي من باب ان من يدفع الضرائب يحق له ان يقرر مصيرها عبر انتخاب الحكومة. والدولة توزع هذا الريع على جماهيرها بدلا من ان تأخذ منهم. بكلمة اخرى هي تصبح اكبر منهم. إن ما يحدث في الدول العربية ان ريع الدول يأتي من خارج المواطن (البترول، مكوس قناة السويس) أو من خارج الدولة ذاتها (العمالة في البلاد الغنية، مساعدات الدول المانحة). وبدون استثناء فمعظم الاقتصاديات العربية تقع ضمن هاتين الفئتين للدولة الريعية. حول الدولة الريعية في الوطن العربي انظر

Beblawi, Hazim and Giacomo Luciani, 1987,The Rentier State, Instituto Affari Internazionali.

Giacomo Luciani, 1988, Economic Foundations of Democracy and Authoritarianism: The Arab World in Comparative Perspective, Arab Studies Quarterly, Vo. 10, No 4, Fall

5 -الفالح ص ١٦٦-١٦٥ يقول الفالح "لسنا بحاجة أن نوقف حركة التاريخ في المسار الديمقراطي في الوطن العربي انطلاقا من شروط وقيود تتطلب تصفية تلك القوى التقليدية، بحجة انه لن يكون لدينا ديمقراطية ما لم يكن المجتمع العربي في أقطاره مجتمعا مدنيا صافيا خالصا من تلك التكوينات والقوى التقليدية ومنظوماتها الثقافية العامة. إن المدن العربية بما هي عليه من تريف وبما هي عليه من حركة متواصلة ممتدة عبر الزمن، لن تتغير، وربما لا حاجة حتمية لذلك". ١٧٠.

6 -خاتمي.93-95

7- John L. Esposito, Islam and Civil Society, European University Institute Working Paper, RSC No. 57-2000.

8 -سعد الدين إبراهيم، ١٩٩-٢٠٠٠:١٩٨.

9 -سعد الدين ابراهيم، ١٩٩٢:٦.

10 -حسنين توفيق ابراهيم، ٢٠٠١.

11 -عزمي بشارة، ٢٠٠٠:٢٤.

12 -برهان غليون، المحنة العربية: الدولة ضد الأمة، مركز دراسات الوحدة العربية ، بيروت ١٩٩٣:٢٦٨.

13 -الفالح، ٢٠٠٢.

14- Guilian P. Denoeux, The United States and the Challenge of Democratization in the Arab World, Occasional Papers) Washington, DC: Georgetown University, Centre for Contemporary Arab studies, 1996).

15 -الفالح، : ٢٠٠٢. ١٧١

16- Iliya Harik, "Rethinking Civil Society: Pluralism in the Arab World" Journal of Democracy, vol. 5, no.3, July, 1994.

5

الفصل الخامس

العمل المجتمعي الفلسطيني:
من المبادرات الفردية إلى الافتتان

نواة المجتمع المدني الفلسطيني: نظرة تاريخية

يواجه الباحث في موضوعة المجتمع المدني في سياقه الفلسطيني صعوبات منبع الكثير منها ان الواقع السياسي الثقيل الذي مر به الشعب الفلسطيني ترك بصمته على كافة نواحي الحياة في فلسطين للدرجة التي بات معها من المستحيل بمكان فصل اي ظاهرة في المجتمع الفلسطيني عن هذا الواقع. وإذا كان الحديث عن المجتمع المدني الفلسطيني هو جزء من الحديث عن المجتمع الفلسطيني برمته فلابد من استشراف حالة المجتمع الفلسطيني قبل الخوض في تمظهرات هذا المجتمع وتشكيلاته المجتمعية.

بجانب ان المجتمع الفلسطيني وبعد نكبة ١٩٤٨ تشتت وبات من المتعذر الحديث عن مجتمع واحد، إذ ان المجتمع الذي عاش في بقعة جغرافية واحدة وتحت سيادة سياسية واحدة بات موزعا بين خمسة بلدان. فالشريط الساحلي الجنوبي، المعروف بقطاع غزة، خضع للحكم العسكري المصري من ١٩٤٨ إلى ١٩٦٧ ومن ثم للحكم العسكري الإسرائيلي، والضفة الغربية لنهر الأردن خضعت للسيطرة الأردنية عام ١٩٤٨ قبل ان يتم ضمها لتصبح جزءا من المملكة الهاشمية، قبل أن تخضع هي الأخرى للحكم العسكري الإسرائيلي عام ١٩٦٧ أيضا، هذا إضافة إلى الفلسطينيين الذين يعيشون في لبنان وفي سوريا وفي الأردن وبالطبع الفلسطينيين الذين مازالوا يعيشون في داخل فلسطين كمواطنين في دولة إسرائيل. في مناقشته الهامة حول المجتمع المدني يتساءل عزمي بشارة إلى أي مدى يمكن ان يشكل هؤلاء الفلسطينيون بما هم عليه من شتات وتوزع، وبما هم يخضعون لسياقات اجتماعية وسياسية مختلفة، إلى اي مدى يمكن ان يشكلوا مجتمعا واحدا؟(١) إذ ان المنطق يفترض أن الفلسطينيين في كل بقعة من شتاتهم اخذوا واكتسبوا

من واقع الدولة التي عاشوا فيها مما خلق خصوصيات اجتماعية وسياسية واقتصادية متباينة بين الفلسطينيين في غزة واخوانهم في لبنان وبين هؤلاء والفلسطينيين في سوريا. ورغم كون المشترك بين تجمعات الفلسطينيين اكبر من مناحي الخصوصيات السياقية التي يعيشون فيها إلا انه من المتعذر على صعيد الاجتماع السياسي التغاضي عن هذه الفروقات والنظر إليهم بوصفهم مجتمعا كليا. ودون القول بوجود مجتمعات فلسطينية وليس مجتمعا واحدا فإن الفهم الاجتماعي يجعل من العسير الحديث عن مجتمع فلسطيني بتجرد إذ ان الحديث يجب ان يكون عن مجتمع فلسطيني ما في وقت ما، بمعنى أن يكون السؤال الاهم في ذلك هو عن أي مجتمع فلسطيني نتحدث، وللاجابة على هذا السؤال يجب ان نجيب عن شقيه: أين ومتى .

هذه الدراسة تزعم انه يمكن الحديث عن مجتمع مدني فلسطيني فقط في غزة والضفة الغربية في الفترة التي تلت قدوم السلطة الوطنية الفلسطينية عقب التوقيع على اتفاقية اوسلو عام ١٩٩٣.

ولما كان من مسلمات هذه الدراسة انه يتعذر الحديث عن مجتمع مدني بعيدا عن دائرة الإقصاء المتبادل مع الدولة، فإنه من المتعذر الحديث عن مجتمع مدني فلسطيني في غزة والضفة في فضاء الإقصاء مع دولة الإحتلال. ويبدو اطلاق تسمية مجتمع مدني على واقع المنظمات والجمعيات والنقابات التي كانت تتفاعل خلال فترة الاحتلال في غزة والضفة الغربية من باب الترف الفكري الزائد أو من باب سوء فهم لجوهر المفهوم. ومرد اصرارنا على نفي صفة المجتمع المدني عن هذه التكتلات النقابية والمهنية والاهلية هو غياب الدولة الوطنية التي يتجادل ويختلف ويتكامل ويتنافس معها المجتمع المدني لصالح الأفراد بوصفهم مواطنين في هذه الدولة، ويقع القول باعتبار هذه التكتلات مجتمعا مدنيا في باب اعتبار الوظيفة السياسية التي أنيطت بهذه التكتلات في جوهر المجتمع السياسي الذي هو القاعدة الأكبر لظهور المجتمع المدني، لكن ما يغيب عن هذا الفهم هو عدم تمايز المدني عن السياسي. وبكلمة أخرى فإن المجتمع المدني وإن كان جنينيا قد نشأ في رحم المجتمع السياسي إلا أن غياب الدولة الوطنية في فلسطين جعل من مجرد فكرة وجوده غير منطقية. فصراع هذه التكتلات النقابية والمهنية والأهلية لم يكن في جوهره إلا تجسيدا للصراع الوطني ضد الاحتلال، فحين تعلن إحدى النقابات اضرابا فإنها لا

تقوم بذلك لتحسين شروط العمل مثلا او لتحسين مطلب لمنتسبيها بل كان ينظر لهذا الاضراب على انه تحد لإرادة الاحتلال واعلاء للكرامة الوطنية. وجملة القول إن الإقصاء والتنافس كان مع دولة الاحتلال وبالتالي لم يكن ينظر للفرد بوصفه مواطنا إذ ان فكرة المواطنة غائبة بل ومسلوبة بحكم وجود الاحتلال حيث ينظر للفرد بوصفه أداة ومادة للتحرر الوطني. ولا يوجد ما يعيب في تغليب السياسي على المدني في فترة الاحتلال وفي ظل غياب السلطة التي تجسد روح الدولة الوطنية غير ان مثل هذا الاصرار على طبع المجتمع السياسي الفلسطيني في فترة الاحتلال بالمجتمع المدني لا يساعد كثيرا في فهم التحول والحراك والزحزحة التي حدثت بعد توقيع اتفاقية اوسلو عام ١٩٩٣ وانشاء السلطة الوطنية الفلسطينية عام ١٩٩٤ بوصفها أول تجسيد فيزيائي للكيانية الفلسطينية .

وأقترح بدلا من ذلك النظر للمجتمع السياسي الذي ترعرع في فترة الاحتلال الاسرائيلي للضفة الغربية وقطاع غزة في الفترة بين ١٩٦٧ - ١٩٩٤ بوصفه القاعدة والتربة الخصبة التي من شأنها ان تساهم في ظهور المجتمع المدني الفلسطيني بعد ذلك، وكان شرط تحقق ذلك:

-ظهور كيانية سياسية يمكن التعامل معها بروح الدولة الوطنية.

-تمايز المجتمع المدني عن حاضنته الاوسع المجتمع السياسي.

نظريا لابد من التسليم بأن الشرط الأول قد تحقق دون ان يعني هذا الاتفاق المنهجي بأن السلطة الوطنية التي تولت الحكم بعد عام ١٩٩٤ هي بالفعل دولة فلسطينية. وكونها ليست دولة بالمعنى السيادي للكلمة لا ينفي عنها هذه الصفة بالمعنى الجوهري من حيث انها سلطة نابعة من ارداة السكان السياسية وإن كانت الكثير من قراراتها نابعة من اتفاقيات تكبل ارادتها وتعيق مقدرتها على التصرف بناء على رغبة ذاتية وبالتالي فهي بالمعنى السياسي غير قادرة فعليا على الحركة بناء على علاقة تظافرية مع مواطنيها. بيد ان مثل هذا الفهم يجهل تاريخ تطور الدولة في الفكر السياسي وتاريخ تمايز المجتمع المدني كظاهرة سياسية ارتبطت في الأساس بفكرة ظهور الدولة. فتطور مفهوم المجتمع المدني لم ينشأ يوما في تاريخ أوروبا بوصفه مفهوما ناجزا بعد تحقق مشروع الدولة إذ

انه صار جنبا إلى جنب مع تشكلها وتحققها. والدولة كما قرأ تاريخها الكثير من المؤرخين ومفكري السياسة وعلماء الإجتماع لم تكتمل بما هي عليه كما نعرفها اليوم (شعب وأرض وجهاز بيروقراطي وسيادة خارجية وداخلية واحتكار للعنف المشروع واعتراف خارجي) إلا في أواسط القرن التاسع عشر وفي حفنة قليلة من الدول(٢ .(

وعليه فهناك في الخصوصية الفلسطينية ما يغري للقول بأن تطور المجتمع المدني الفلسطيني يقترب ويتشابه في التجربة كثيرا مع خبرة تطور المجتمع المدني في المجتمعات الاوروبية في القرنين الثامن عشر والتاسع عشر من حيث ترافق نمو المجتمع المدني مع نمو الدولة. ففي الواقع الفلسطيني لا الدولة ناجزة ولا المجتمع المدني ناجز، وكلاهما مرشح للتطور والنمو، وتأسيسا فعلاقتهما قائمة على التنافس والتكامل والإعتراف والإقصاء. فتجربة ظهور المجتمع المدني في الدول غير الغربية خصوصا في الدول التي تشكلت بعد انتهاء الحقبة الكولونية تميزت بظهور الدولة كمشروع ناجز ومتحقق من أعلى بحيث لم تتشكل الدولة في علاقة مع المجتمع وإن كانت الدولة جاءت تحقيقا لرغبة المجتمع ونزوعه وتوقه للحرية والتخلص من الاستعمار الخارجي.

ونتيجة هذه ان الدولة قدمت نفسها بانها" الرب الأعلى" فهي صاحبة كل المشاريع ومقدمة كل الحلول وهي التي تصوغ الإيديولوجيا وتوفر الخدمة وهي التي تعبر عن المجتمع. ولم يعتن المجتمع المدني بنفسه إلا بعد تسلط الدولة وفشلها للدرجة التي انهارت فيه الدولة ولم يعد لها وجود فعلي أبعد من ضواحي العواصم في الكثير من بلدان أفريقيا السوداء، وكما يقول البعض فإن هذه الدول دول بفضل عضويتها في الجمعية العمومية في الامم المتحدة فقط فهي لم تعد تمتلك من مؤهلات الدول شيئا. عندها فقط ظهر المجتمع المدني كبديل وكحل. لكن من المؤسف ان هذا الحل كان يراد له ان ينشأ في وضع دولة غير قائمة أو هشة في أحسن الأحوال مما أفقده مبرر وجوده وسر تمايزه، لذلك امكننا بعد سنوات قليلة الاستنتاج بأن المجتمع المدني في هذه الدول عقيم وغير فاعل وهو غير موجود فعليا مثله مثل الدولة. اما في الدول التي بقيت فيها الدولة قوية وثابتة ومتسلطة على المجتمع مثل الدول العربية فكان المجتمع المدني غير قادر على إحداث تغيير وفي تحقيق اي من طموحاته فكان جنينا مشلولا في أغلب الأحيان. لكن لنلاحظ أن ضعف بنى المجتمع المدني في الدول العربية لم يكن احد افرازات قوة الدولة بل هو دلالة واضحة

على ضعف هذه الدول. في كتابه الهام جدا "تضخم الدولة العربية: الدولة والمجتمع في الشرق الأوسط" يفرق نزيه أيوبي بين "الدولة القوية" و "دولة القوة". فالدولة القوية ليست تلك التي تقف ضد المجتمع وتقمع التنظيمات المجتمعية وتعمل على شل عملية الحراك المجتمعي بل هي الدولة المتكاملة مع المجتمع. وبالقدر الذي تبدي الدولة تعاونا مع المجتمع بالقدر الذي تكتسب فيه قوتها. وعليه وفي قراءة أيوبي فالدولة في الوطن العربي ليست دولة قوية بل هي دولة تستخدم القوة لقمع المجتمع، إنها دولة القوة(٣). وبهذا المعنى فالدولة العربية دولة هشة آيلة للسقوط تفتقر إلى المقومات التي من شأنها ان تجعل منها دولة فعلية تمارس سيادتها على مواطنيها إذ أن هؤلاء المواطنين مغيبون وغير موجودين في قاموس النظام السياسي الذي يتولى مقاليد الحكم في هذه الدول.

من هنا كانت خصوصية الواقع الفلسطيني وخصوصية نمو المجتمع المدني في سياقه الفلسطيني. ومكمن هذه الخصوصية هو كون الدولة الفلسطينية غير ناجزة والمجتمع المدني ذاته ايضا مشروع في طور النشوء. ما اقترحه هو ان امام الفلسطينيين فرصة ذهبية فريدة في اكمال مشروع الدولة الناقصة (السلطة الوطنية) بجانب اكمال نهوض المجتمع المدني غير المكتمل. وفي هذا تحد كبير للوصول إليه لابد من فهم تجربة تحول المجتمع السياسي الفلسطيني إلى مجتمع مدني .

لكن قبل الخوض في هذا لابد من استقراء حالة المجتمع الفلسطيني وتشكيلاته المدنية وتنظيماته الاهلية والتعاونية منذ بدايات التفاعل والحراك المجتمعي الذي بدأ في منتصف القرن التاسع عشر. إن من شأن هذه القراءة ان تكشف لنا الكثير عن خواص الحراك المجتمعي الفلسطيني وعن البنى المختلفة فيه وتفاعلاته المتتابعة، الامر الذي يعيننا على فهم آليات تشكل المجتمع المدني الفلسطيني الحقيقي لأول مرة في تاريخ فلسطين المعاصر بعد عام ١٩٩٣. في سبيل ذلك سينظر هذا الفصل بايجاز إلى التنظيمات المجتمعية والاهلية التي تشكلت في فلسطين قبل النكبة ١٩٤٨ والتي يمكن النظر إليها عبر حقبتين تكون اولها قبل الانتداب البريطاني على فلسطين عام ١٩١٧ والثانية تغطي فترة الانتداب. ثم الفترة الممتدة من منتصف الستينات إلى توقيع اتفاقيات اوسلو بين منظمة التحرير الفلسطينية وإسرائيل وتأسيس السلطة الوطنية الفلسطينية عام ١٩٩٤. والدراسة اغفلت الفترة بين النكبة وبين منتصف الستينات لأنه خلال تلك

الفترة كان المجتمع الفلسطيني لم يفق بعد من هول الصدمة التي اصابته بعد النكبة، فكان مسلوب الإرادة، مشلول الحركة، تقرر له الدول العربية الوصية عليه مصيره، إلى أن انطلقت الثورة الفلسطينية المسلحة وتم التركيز على فلسطنة القضية دون نفي بعدها العربي ولا امتدادها الإسلامي والكوني الحضاري. لذا شكلت انطلاقة الثورة نقطة تحول هامة في تاريخ تكون المجتمع الفلسطيني كما سنرى لاحقا. غير ان هذه الفترة الممتدة حتى انشاء السلطة الوطنية الفلسطينية لا يمكن النظر إليها بمنظار واحد، بل من زاويتين. الزاوية الأولى تعنى بالاتحادات التي ظهرت مع ظهور منظمة التحرير الفلسطينية في الستينات، أما الزاوية الثانية فتنظر إلى المجتمع الفلسطيني في الضفة الغربية وقطاع غزة والذي خضع لحكم الجنرالات الإسرائيلي. إن فهم تطور التشكيلات والتنظيمات والمؤسسات المجتمعية داخل المجتمع الفلسطيني عبر هذه الفترات وفي تلك السياقات هام ومفيد في فهم طبيعة المجتمع المدني الفلسطيني الذي تشكل وتفاعل بعد تأسيس السلطة الوطنية الفلسطينية عام ١٩٩٤ .

البدايات

يعود تاريخ العمل الاهلي والمجتمعي الفلسطيني إلى منتصف القرن التاسع عشر حيث يمكن التأريخ لها مع ظهور مجموعة من الفعاليات المجتمعية التي حاولت العمل لصالح المجتمع المحلي. مثل مطبعة الآباء الفرنسيسكان في القدس ١٨٤٨. والمطبعة المأمونية في النصف الثاني من القرن التاسع عشر وجمعية الآداب الزاهرة في القدس عام ١٨٩٨ التي أسسها داود الصيداوي. وفي الفترة قبل عهد الانتداب البريطاني على فلسطين عام ١٩١٧ تم تأسيس ما لا يقل عن ١٥ جمعية فلسطينية وطنية أكثرها خيرية وأدبية. وتم تأسيس ناديين في تلك الفترة واحد في بيت دجن وواحد في غزة ولا يوجد ذكر للروابط والاتحادات، وقام التربوي الفلسطيني المعروف خليل السكاكيني بتأسيس جمعية للمعلمين عام ١٩١٢. وكان للامتيازات التي منحتها السلطات العثمانية للمسيحيين العرب دور في تحفيز الطوائف المسيحية العربية في فلسطين وفي بلاد الشام عموما على تشكيل هذه الجمعيات .

في عهد الانتداب اختلف الامر حيث شهدت فلسطين انتشارا واضحا للجمعيات

والنوادي والروابط الخيرية. فقد شهدت فلسطين تشكيل جمعيات القرى العربية مثل جمعية تعاون القرى التي تشكلت في قرية إجزم من قضاء حيفا عام ١٩٢٤ وطالبت الجمعية بفتح بنك زراعي وتعديل قانون الغابات وإلغاء الضريبة العشرية. وكان قد حضر اجتماعها العام في آب ١٩٢٥ قرابة ١٥٠ عضوا. وفي بئر السبع تم تأسيس جمعية البدو العربية في الثلاثينات، كما تم تأسيس جمعية احياء القدس في العشرينات، وجمعية الإحسان والإصلاح لطائفة الروم الأرثوذكس حيفا ١٩٢٨ وجمعية احياء المسلم الفلسطيني حيفا في العشرينات، وجمعية الاخاء في طوباس ١٩٤٥، وجمعية الاخاء الأرثوذكسي جنين في العشرينات، وجمعيات الأمر بالمعروف والنهي عن المنكر في القدس وغزة وبئر السبع ويافا، وجمعية الاخاء الأرثوذكسي في يافا ونابلس والناصرة وخربة الكرك والقدس وجنين، وجمعية الاخاء الاسلامية في يافا عام ١٩٤٥.

كما شهدت النوادي والروابط ازدهارا ملموسا . فمن أصل ١٦٣ ناديا ترصدها الموسوعة الفلسطينية هناك ١٤٥ ناديا كانت فاعلة قبل ١٩٤٨ ففي أوائل العشرينات تم تأسيس جمعية خريجي الجامعة الأمريكية في بيروت ومقرها القدس ورابطة خريجي كلية غزة ١٩٤٧، ورابطة المثقفين العرب في بيسان ١٩٤٤ وفي يافا عام ١٩٤٤ ايضا، ونادي الاتحاد بغزة ١٩٤٥ والنادي الرياضي العربي في اوائل الثلاثينات. والنادي الوطني بيافا في الأربعينات، نتيجة هذا النشاط الواضح في قطاع الأندية والروابط شهدت فلسطين آنذاك نوعا من الوعي بضرورة تشكيل اتحادات تضم هذه الجمعيات وتنسق عملها، فقد عقد عام ١٩٢٨ مؤتمر النوادي في يافا الذي أوصى بتأسيس جمعيات مماثلة في جميع انحاء البلاد. وفي عام ١٩٢٩ تم تشكيل لجنة عليا للاندية والجمعيات الأرثوذكسية في فلسطين .

وظهر ما يمكن تسميته بنواة العمل النقابي الفلسطيني حيث تم تأسيس نقابة عمال المواصلات في حيفا عام ١٩٢٢ التي سرعان ما سيطر عليها الصهاينة فانشق العرب وأسسوا عام ١٩٢٤ النادي الخيري لعمال سكك الحديد في حيفا ومن ثم تم تحويله إلى جمعية العمال العربية الفلسطينية عام ١٩٢٥. كما عملت بعض المدارس الخاصة على تنسيق نشاطاتها فتم تأسيس جمعية اتحاد المدارس الأهلية في يافا وجمعية اتحاد معلمي المدارس الاهلية في يافا عام ١٩٣٢ و جمعية اتحاد المعلمين والمتعلمين في يافا عام ١٩٣١.

وقد عرفت الحركة النسوية الفلسطينية في تلك الفترة نهوضا مبكرا حيث تم تشكيل مجموعة من الاتحادات النسوية مثل اتحاد العاصمة النسائي عام ١٩٢٩و الاتحاد النسائي في عكا ١٩٢٩، وجمعية الاتحاد النسائي العربي بنابلس ١٩٢١ وجمعية الاتحاد النسائي العربي في بيت ساحور ١٩٥٦، وفي بيت لحم ١٩٤٧ وفي رام الـلـه ١٩٣٩ وفي طولكرم في الثلاثينات، وجمعية السيدات العربيات في يافا اوائل الثلاثينات.

كما عرفت الجمعيات الشبابية مثل جمعية اتحاد شباب الطيبة في الاربعينات. وجمعية اتحاد الشبان المسيحيين في القدس ١٩٢٠، وجمعية الشبان المسلمين في فلسطين ١٩٢٨، وجمعية رابطة الشبيبة الـعربية ١٩٣٧، وجمعية الشبان المسلمين في يافا عام ١٩٢٢-١٩٢٣.

هذا بجانب بعض الجمعيات الأهلية الخدماتية المتخصصة مثل جمعية رعاية الطفل في رام الـلـه ١٩٤٤، وجمعية الرابطة الأدبية حيفا ١٩٢٨، وجمعية الشبان المسلمين القرويين في حيفا عام ١٩٣٢ وهدفها لم شعث القرويين في حيفا. وجمعية مكافحة الأمية حيفا ١٩٣١، وجمعية الهلال الأحمر في القدس ١٩١٢. كما ترصد الموسوعة الفلسطينية ٩٨ مطبعة عملت في فلسطين قبل عام ١٩٤٨ .

غير ان الموسوعة الفلسطينية تلاحظ بأنه رغم ان هذه المؤسسات كانت تعمل في الحقل الثقافي والاجتماعي إلا أنها "مارست نشاطا سياسيا على نحو أو آخر .. وساهمت بشكل او بآخر في تعزيز الوعي الوطني ومقاومة سياسة الانتداب والاحتجاج عليها وجمع الاموال لمساعدة المنكوبين وتشجيع المصنوعات الوطنية ومحاربة بيع الأراضي والدفاع عن المعتقلين والمساجين السياسيين".(٤) كما يرى البعض باننا كنا امام نويات مجتمعية مدنية متداخلة مع البنية العشائرية والدينية لذا من الصعب القول بأنها كانت تشكل منظمات مجتمع مدني(٥).

في عام ١٩٤٨ وبعد ان تم تشتيت الشعب الفلسطيني في اتجاهات الأرض الأربعة ولفترة غير بسيطة حدثت قطيعة مهولة مع الماضي وانقطعت عملية التراكم الحياتي والمجتمعي. بعد سنوات من المعاناة والألم والتشرد بدأ الشعب الفلسطيني في لملمة اوراقه، ففي منتصف الستينات تم تأسيس منظمة التحرير الفلسطينية وانطلقت شرارة

العمل المسلح وسيطرت الفصائل المقاتلة على منظمة التحرير. كما شهد عام ١٩٦٧ احتلال اسرائيل للضفة الغربية وقطاع غزة بعد هزيمة الدول العربية في حرب لم تستغرق ستة ايام. ما ترتب على ذلك هو انه ولأول مرة منذ ١٩٤٨ تخضع هاتان المنطقتان المتبقيتان من فلسطين لسلطة واحدة وإن كانت سلطة احتلال. لابد لفهم تطور العمل الاهلي الفلسطيني في تلك الفترة منذ منتصف الستينات من القرن العشرين إلى تشكل السلطة الفلسطينية عام ١٩٩٤ من الفصل بين منظومتين تطور فيهما العمل الاهلي الفلسطيني:

-العمل الأهلي في الشتات والذي ترعرع كأحد تفريخات منظمة التحرير،

-العمل الأهلي في الضفة الغربية وقطاع غزة .

منظمة التحرير والعمل الأهلي

منذ البداية أدركت منظمة التحرير قيمة المنظمات والمؤسسات المجتمعية والنقابات والاتحادات في ترسيخ علاقتها مع قطاعات الشعب الفلسطيني في البلدان المختلفة التي يتوزعون عليها. وبذلك فقد كان لتأسيس هذه الاتحادات والنقابات وظيفة تجميعية للشعب الفلسطيني قبل ان يكون لها حاجة نقابية او مجتمعية او مدنية. المنظمة نظرت لتأسيس هذه الاتحادات كنوع من بناء الهوية وحماية الشعب من الاندثار. ولفهم هذا لابد من فهم الطريقة التي نظرت فيها منظمة التحرير الفلسطينية إلى نفسها والتي بناء عليها أسست لعلاقتها مع جماهير الشعب الفلسطيني في كل بقاع الأرض. ورغم كون منظمة التحرير عبارة عن ائتلاف فصائل المقاومة بتباينات ألوان الطيف السياسي الفلسطيني والذي كان في فترات كثيرة انعكاسا لتباينات ألوان الطيف السياسي العربي، إلا هناك مجموعة من الرؤى التي من الصعب فصلها عن النسيج الداخلي لمنظمة التحرير. المنظمة نظرت إلى نفسها ليس بوصفها الدولة الفلسطينية القادمة والتي ستتجسد مع اكمال مشروع التحرر الوطني بل اعتبرت نفسها، إلى حين اتمام هذه المهمة فعليا، دولة تمارس صلاحيات دولة سيادية على مجموع السكان الفلسطينيين في دول الجوار خصوصا لبنان وسوريا ومصر. فبالنظر إلى المؤسسات والدوائر التي أنشاتها

المنظمة من الدائرة السياسية، مؤسسة صامد، دائرة الاعلام والثقافة، الهلال الاحمر الفلسطيني، جيش التحرير، إلى الصندوق القومي، وغيرها، ندرك ما اسماه يزيد صايغ بالخاصية الدولانية للمنظمة statist approach، (6)فمؤسسات المنظمة تعمل مثلما تعمل الدولة وإن كانت تفتقر إلى الحد الأدنى من مقومات الدولة: الأرض، والولاية الفعلية على السكان. من هنا يمكن فهم اصرار المنظمة على تشكيل الاتحادات والنقابات والجمعيات المهنية ومن هنا فقط يمكن فهم سر هيمنة المنظمة على هذه الجمعيات وسر تماهيها معها الامر الذي سيؤثر على طبيعة علاقة هذه الاتحادات والتجمعات مع السلطة الوطنية الفلسطينية بوصف الاخيرة امتدادا طبيعيا لمنظمة التحرير الفلسطينية.

ولما كانت منظمة التحرير ليست إلا تجليا لمجموعة الفصائل الفلسطينية الداخلة في تركيبتها خصوصا القوى الكبرى مثل فتح والجبهتين الشعبية والديمقراطية والحزب الشيوعي الفلسطيني (لاحقا حزب الشعب) فإن نظرة الفصائل لم تكن اكثر من اعادة تمظهر لنظرة المنظمة للعمل النقابي والجماهيري، الأمر الذي بدوره انعكس في علاقة هذه الفصائل مع هذه الاتحادات والجمعيات سواء داخل أسوار منظمة التحرير المؤسساتية أو في داخل الأراضي المحتلة في الضفة الغربية وغزة والذي امتد إلى ما بعد انشاء السلطة الوطنية الفلسطينية عام ١٩٩٤.

ضمت منظمة التحرير عشرة اتحادات عامة توزعت على كافة ألوان العمل الأهلي: الاتحاد العام لعمال فلسطين. الاتحاد العام للأطباء الفلسطينيين. الاتحاد العام للحقوقيين الفلسطينيين. الاتحاد العام لطلبة فلسطين. الاتحاد العام للفنانين التشكيليين الفلسطينيين. الاتحاد العام للكتاب والصحفيين الفلسطينيين. الاتحاد العام للمرأة الفلسطينية. الاتحاد العام للمعلمين الفلسطينيين. الاتحاد العام للمهندسين الفلسطينيين. الاتحاد العام للفلاحين الفلسطينيين.

من المتعذر النظر إلى هذه الاتحادات بمعزل عن تركيبة منظمة التحرير، فهي في البداية وفي النهاية ليست أكثر من واحدة من مؤسسات منظمة التحرير مثلها مثل اللجنة التنفيذية والمجلس المركزي والوطني والدوائر المختلفة. لم يوجد لهذه الاتحادات دور في تمثيل الفئات التي تنتسب إليها، فهي لم تكن أكثر من أحد تجليات المنظمة والثورة وبالتالي فمهمتها الأساسية هي خدمة النضال الوطني وعضوية الفرد فيها قائمة على

اساس دعمه للعمل الوطني وليس بحثا عن حقوق نقابية. وقادة هذه الاتحادات لهم مناصب رفيعة في أطر المنظمة فالأمناء العامون للاتحادات او من ينوب عنهم اعضاء في المجلس المركزي وهي، اي الاتحادات، ممثلة في المجلس الوطني، وبعض الامناء العامين يشغلون مناصب تنفيذية رفيعة.

لنلاحظ بان المنظمة قامت بمثل هذه الصيغة، اي تمثيل الاتحادات في المجلس الوطني، لعدم توفر امكانية تمثيل الشعب عبر الانتخابات في اطر المنظمة التي رأت انها تمثل كل الشعب الفلسطيني بكافة أطره واطيافه لذا كان ينظر لهذه الاتحادات بوصفها تمثيلا مصغرا لنبض الشريحة التي تمثلها لذا فهي كانت رافعة لتعزيز موقع المنظمة في الشارع.

لكن لا يجب ان نتطرف كثيرا ونضع كل اللوم في تركيبة الاتحادات على منظمة التحرير وعلى الفصائلية الفلسطينية، إذ إن طبيعة المجتمع الفلسطيني البطريركية ساهمت في تعزيز هذا التوجه كما يقترح سالم. في المجتمع البطريركي هناك نزوع للنظر للمراتب الأعلى على انها مرجعيات وليس المراتب الأدنى لذا كان جنوح قادة العمل النقابي الفلسطيني للنظر إلى قيادة المنظمة بوصفها المرجعية(٧). ولم يكن من المنطق في تلك الفترة نفي الصفة المرجعية لمنظمة التحرير كما لم يكن من صالح القضية الاصرار على تراجع الدور الوطني لمثل هذه النقابات والاتحادات، فالمنظمة في الخاتمة كانت الوطن المعنوي للفلسطينيين بكلمات ادوارد سعيد.

الضفة الغربية وقطاع غزة

يوجد في صفوف النخبة الفلسطينية شعور بالرضا الذي يصل حد الفخر ازاء الدور الذي لعبته منظمات المجتمع المدني في ظل غياب اي نوع من السلطة السياسية الوطنية في فترة الاحتلال الاسرائيلي للضفة الغربية وقطاع غزة. فهي قد لعبت دورا رئيسيا في مواجهة الاحتلال الإسرائيلي، وفي تأكيد الهوية الفلسطينية وشكلت مع التنظيمات السياسية اداة فاعلة لتنظيم النشاط الوطني، واضطلعت بدور مهم على صعيد تقديم بعض الخدمات للجمهور الفلسطيني خاصة تلك التي لم تقم سلطات الاحتلال باعطائها الاهتمام الكافي مثل الصحة والاغاثة والاسرة والعمل الزراعي(٨). لذلك ليس مستغربا ان

يكون جل طبيعة المنظمات الاهلية التي نشطت في تلك الفترة خدميا وتخصصيا في الإغاثة الزراعية والصحية والرعاية الاولية والأسرية. وتم تشكيل المجالس المختلفة التي تشرف على المنظمات الفاعلة في قطاع خدماتي معين مثل تشكيل مجلس التعليم العالي العام ١٩٨٠، كما تمت المبادرة إلى عقد المؤتمرات المتخصصة التي نظرت إلى مستقبل العمل الاهلي تحت الاحتلال مثل مؤتمر التنمية من اجل الصمود العام ١٩٨١ .

لكن لم يخل الأمر من مخاطر، فتحالف هذه المنظمات مع التنظيمات السياسية لتنظيم العمل الوطني ولتقديم الخدمات الاساسية للشعب في سبيل التخفيف من معاناته اوجد نوعا من التداخل في الوظائف أضر بطبيعة عمل هذه المنظمات المستقبلية بعد قدوم السلطة الوطنية بعد اوسلو .

فالمنظمات الفلسطينية في تلك الفترة كانت مسيسة بشكل ملفت للنظر فهي حملت على اكتافها المهمة الوطنية وهي قامت بمهام التنظيم السرية ودافعت عن برامج الفصائل ولم تبلور برامج اجتماعية للقطاعات التي من المفترض انها تمثلها(٩). لقد استطاعت الاحزاب ان تحول هذه المنظمات إلى مكاتب سرية تمارس من خلالها نشاطها التنظيمي الأمر الذي طبع هذه المنظمات بصفة تنظيمية. فعبر هذه المنظمات استطاعات الفصائل ان تساهم في صياغة الخيارات الوطنية والشعبية العامة كما استطاعت دخول الانتخابات التي تعقد في المؤسسات المختلفة وتتنافس فيما بينها على مجالس الطلاب في الجامعات وفي الاتحادات والنقابات. وقد بدأ زخم العمل الوطني في تجسيد ذاته مع فوز الحركة الوطنية في انتخابات المجالس البلدية عام ١٩٧٦ التي سرعان ما تم حلها العام ١٩٨٢. وغطت نشاطات العمل الاهلي الفلسطيني كافة مناحي الحياة الفلسطينية،

فالمنظمات الخيرية الفلسطينية قبل قدوم السلطة كانت تشرف على ٦٠ بالمئة من خدمة الرعاية الصحية الأولية و ٥٠ بالمئة من خدمات المستشفى وكانت تشرف بالكامل على مراكز المعاقين(١٠). كما نشطت النقابات والاتحادات المختلفة مثل نقابة العمال ونقابة الصحفيين واتحاد الكتاب وجمعية المهندسين وجمعية الاطباء. ولم تكن هناك علاقة رسمية او مؤسساتية بين هذه التجمعات النقابية وبين الاتحادات العامة التابعة لمنظمة التحرير والتي نشطت في المنفى. وستنشأ علاقة متوترة بين أقطاب العمل النقابي المنبثق عن مؤسسات منظمة التحرير وبين اقطاب العمل النقابي الذي ترعرع في داخل الأرض المحتلة جراء ذلك.

طوال تلك الفترة ظلت النقابات، رغم انتشارها النسبي، مفككة ففي الوقت الذي كان هناك ١٨٥ نقابة فاعلة لم يتجاوز اعضاء العمال المسجلين في اواسط التسعينات ٧٠٠٠ فقط وظلت النقابات تتبع التنظيمات ولم تقم بتنسيق جهودها إلا بمقدار ما تنسق التنظيمات جهودها الأمر الذي يشير، بقراءة جورج كرزم، إلى حقيقة كون تبعية قيادات العمال للاحزاب والتنظيمات السياسية أقوى من ارتباطها الطبقي والنقابي، حتى انه يمكن القول إن هذه القيادات ليست عمالية في الأساس(١١).

ورغم سعة انتشارها ومقاربتها لوضعية منظمات المجتمع المدني فإنه من المجازفة الفكرية اعتبار هذه الجمعيات المهنية والنقابات العمالية والاحزاب السياسية الفلسطينية مجتمعا مدنيا فلسطينيا كما درجت عادة بعض الباحثين في الشأن الفلسطيني للظن. وهذه الجمعيات والاتحادات لم تفقد صفة المجتمع المدني نظرا لغياب الدولة بوصفها محفزا مفهوماتيا للمجتمع المدني بل هناك مجموعة كبيرة من المآزق التي تعطلت عبرها وظيفة هذه المنظمات والاتحادات وجعلت امكانيات تحولها إلى مجتمع مدني حقيقي بعد ذلك، أي بعد تأسيس السلطة الوطنية الفلسطينية متعثرة وفي احسن الحالات جعلت مساهمة هذه النقابات والاتحادات في تبلور المجتمع المدني الفلسطيني مشلولة كما سنرى في الفصل اللاحق .

وهذه التجمعات والاتحادات خرجت عن سياقها المؤسساتي وتقمصت روح المؤسسة الاجتماعية التقليدية من قبيلة وحمولة وعشيرة وعائلة او ما يسميه ابراهيم الدقاق مصيبا بالبطركية الجديدة. بطركية هذه الجمعيات (لاحظ اننا نتجنب ان نطلق عليها مجتمعا مدنيا طالما اننا نتحدث عن فترة قبل تشكل السلطة السياسية على شكل السلطة الفلسطينية) نقول ان هذه البطركية أفقدت هذه الجمعيات فرصة التغيير في المجتمع وهي بالتالي جعلتها تعزز من الوضع القائم باستمدادها شرعيتها من بنيته الاجتماعية وارتكازها في عملها عليه .

بجانب كل ذلك افتقدت العلاقة داخل هذه النقابات والجمعيات الأهلية لجوهر التعاقد الاجتماعي الذي يجسد انتماء الفرد لها. اقصد غياب تمثيل الفرد الصحيح داخلها. سيطر على النظام السياسي الفلسطيني خلال هذه الفترة (وربما ما زال الوضع كذلك في الكثير من جوانبه) نظام المحاصصة (الكوتا) في توزيعة المقاعد بدءا بالمجلس

الوطني انتهاء بأصغر نقابة واتحاد مهني وبالتالي تغيب ارادة الافراد في صياغة مواقفهم وآرائهم ومتطلباتهم .
وإذا كان من المتعذر النظر لهذه النقابات والمؤسسات على انها مؤسسات مدنية بحتة في تلك الفترة فإن مخاطر استمرار مثل هذه المعيقات الاجتماعية والسياسية في الفترة اللاحقة، اي ما بعد تشكل الكيانية الفلسطينية، أثارت مخاوف حقيقية حول مدى مساهمة هذه النقابات في التأسيس لمجتمع مدني صحي وسليم. ثمة علامات استفهام لم يتم بعد التخلص من شبحها في مسيرة النقابات والمؤسسات المهنية الفلسطينية حتى بعد مرور عشرة أعوام على الانتقال من مرحلة الخضوع الكامل للاحتلال إلى مرحلة البناء الوطني وتأسيس سلطة وطنية وإن كانت ذات سيادة منقوصة .
وإذا ما عدنا للعبارة التي افتتحنا بها هذا الجزء من الفصل حين تحدثنا عن شعور النخبة الفلسطينية بالرضا والغرور حين يتعلق الامر بالمنظمات والتشكيلات المجتمعية التي تفاعلت في تلك الفترة لابد من الاشارة إلى ان كثيرا من مصادر هذا الرضا تكمن بجو الديمقراطية النسبي الذي ساد العمل النقابي والمؤسساتي الفلسطيني رغم وجود الفصائلية والتنظيمية. هناك انتخابات كانت تجري في هذه الاتحادات والمنظمات الكبرى وفي مجالس الطلاب في الجامعات الفلسطينية المختلفة كانت تعتبر الانتخابات الفلسطينية الوحيدة الممكن إجراؤها بعد تعطيل اسرائيل للمجالس البلدية .
غير ان هذا الجو الديمقراطي النسبي سيختفي لاحقا امام تعطيل العملية الديمقراطية لصالح التسييس الزائد والعالي والفصائلية الدسمة التي ستسيطر على هذه المؤسسات مع انشاء السلطة الوطنية الفلسطينية على ما سنرى، وستختفي الديمقراطية وتحل محلها الطنطنة بالديمقراطية بعبارات وليد سالم دون وضع ديمقراطي على الأرض(١٢).
لقد شكلت رؤية منظمات العمل الاهلي لمهامها امتدادا لرؤية منظمة التحرير الفلسطينية اتجاه الشعب الفلسطيني والقائمة على اعتبار نفسها، اي المنظمة، الدولة السرية التي لابد ان تشمل خدماتها كافة شرائح الشعب وتغطي كافة مناحي حياته. إن هذه النظرة الدولانية، كانت ضرورية لضمان استمرارية العمل الوطني وضمان ولاء الجماهير للثورة، لكنها على المدى البعيد أضرت بصحة المجتمع المدني الذي تشكل بعد

ذلك إذ كان من المفترض ان يتم اعادة النظر في هذه العلاقة بين مؤسسات العمل الاهلي وبين المجتمع السياسي واعادة تعريف مهام كل منهما .

الافتتان الفلسطيني بالمجتمع المدني

مع تشكل السلطة الفلسطينية عام ١٩٩٤ عقب توقيع اتفاق السلام بين منظمة التحرير واسرائيل في حدائق البيت الأبيض ظهر اهتمام فلسطيني واضح بتأسيس وتكوين جمعيات ومؤسسات مدنية مشكلة بذلك طفرة في المجتمع المدني الفلسطيني من حيث الكم الهائل للمؤسسات والمنظمات التي وجدت في غضون سنوات قليلة ومن حيث تنوع المهام التي أوكلتها هذه المؤسسات لنفسها. لقد انتقلت ظاهرة تأسيس الجمعيات الاهلية من كونها محاولات اجتماعية بحتة في فترة ما قبل الانتداب إلى محاولات أكثر تسيسا في فترة الانتداب ثم إلى وسائل للمقاومة في ما بعد النكبة لتصبح ظاهرة مؤسساتية سريعة التفريخ والتكاثر بسبب تدفق الدعم الخارجي وبسبب إحجام غالبية قوى اليسار الفلسطيني والتيار الاسلامي عن المشاركة السياسية في السلطة .

وبكلمة أخرى فإن المبادرات الفردية والجماعية التي كان القيام بها محفوفا بالمخاطر صارت تعتاش من ينابيع الدعم الخارجي، والشعور الفلسطيني بالرضا والغرور تحول إلى افتتان بالمجتمع المدني إلى الحد الذي يمكن القول إن المجتمع المدني صار موضة النخبة السياسية والاجتماعية الفلسطينية .

وإذا أمكن ملاحظة التطرف في تبني الأفكار في الثقافة السياسية العربية المعاصرة عموما فإن حمى تنظيمات المجتمع المدني عموما والجمعيات غير الحكومية خصوصا لم تكن إلا احد تجليات تبني النخبة الفلسطينية لمقولة مركزية المجتمع المدني في علاقة السلطة مع المجتمع. مع شيوع موضة المجتمع المدني صار ينظر إليه من قبل المنظرين الفلسطينيين والناشطين في حقل المنظمات الأهلية وغير الحكومية على انه الحل السحري لكل المعضلات التي تواجه الشعب الفلسطيني. وتم تحويله إلى ايدلوجيا خلاصية بحيث يتم رهن اي تغير جذري في المجتمع الفلسطيني من الجحيم إلى النعيم بالشروط التي يمثلها المجتمع المدني نفسه، فبدونه لا شيء يتغير وبعده كل شيء على حد وصف جورج طرابيشي في حديثه عن افتتان المثقفين العرب بالديمقراطية(١٣) .

هناك مجموعة من الاسباب وراء الافتتان الفلسطيني بالمجتمع المدني:

-المجتمع المدني موضة بين المثقفين العرب

المثقفون الفلسطينيون شأنهم شأن المثقفين العرب وجدوا في المجتمع المدني خطابهم الموضوي الذي لا يلبثون يستخدمونه "على الطلعة وعلى النزلة" كلما تحدثوا في الشأن العام أو الخاص. ورغم ان المجتمع المدني من المفاهيم الحيوية الهامة في عملية الحراك الاجتماعي والسياسي العربي الراهنين إلا أن الاهتمام به وصل حد الابتذال وصارت منظمات المجتمع موضة فلا هي اكتسبت صداقة الدولة ولا دعم الجماهير، وظل الحراك محصورا بين النخب الضيقة وقليلا ما مس النقاش العام حول المجتمع المدني الفلسطيني المجتمع المحلي. للدرجة التي أصبح تأسيس منظمة مجتمع مدني مثارا للسخرية مثل (نفر مثقف مع بروباسال Proposal و الفندريزنج Fundraising مع سي في C.V يساوي مؤسسة اهلية)(١٤ (.

-التاريخ الايجابي للعمل الأهلي في فترة الاحتلال

ليس من شك بأن الدور الكبير الذي لعبته منظمات المجتمع الاهلي في فترة الاحتلال ساهم بشكل لا يمكن اغفاله في الافتتان الفلسطيني بمنظمات المجتمع المدني في فترة تأسيس السلطة الفلسطينية. هناك صورة ايجابية عن الدور الذي يمكن لمنظمات العمل المدني ان تلعبه بناء على الدور الذي لعبته في فترة الاحتلال. لقد كانت مساهمة منظمات العمل الأهلي في المقاومة ضد الاحتلال مصدر ثقة واعتزاز لدى الفاعلين في حقل العمل المدني الفلسطيني بعد ذلك مما زاد من دافعيتهم للعمل في ظل الواقع الجديد.

-الاهتمام بالدولة خلق الاهتمام بالمجتمع

بالطبع لا يمكن فهم سر الاهتمام والافتتان الفلسطينيين بالمجتمع المدني دون الانتباه لحقيقة الاهتمام بنشوء الكيانية الفلسطينية. وهذا الاهتمام لم يكن فلسطينيا فحسب بل كان ايضا دوليا وخصوصا في دوائر المانحين من دول ومنظمات دولية. كان لابد لحقيقة وجود سلطة فلسطينية ان تثير اسئلة كثيرة عن تجليات المجتمع الفلسطيني

وتشكيلاته وتنظيماته وعلاقة هذه بالسلطة الناشئة. من البديهي أن يتعدى الامر الفضول ليصل إلى النقاش المحموم حول طبيعة النظام السياسي الفلسطيني وعلاقته بمحكوميه. ولما كان وجود السلطة الفلسطينية حدثا على قدر كبير من الاهمية في علاقات دول المنطقة والقوى الخارجية وتحديدا أوروبا وامريكا فقد اتسعت دائرة الجدل حول ماهية هذا الكيان الفلسطيني لتجتذب قوى خارجية .

-الاهتمام الفلسطيني النخبوي والجماهيري بالديمقراطية

بطبيعة الحال فقد كان لدى الفلسطينيين تصورهم الخاص حول طبيعة الدولة التي يريدون بعد تراث غني من العمل الفصائلي التعددي وبعد الاحلام الجميلة حول دولة فلسطين الديمقراطية العلمانية. كان لابد لأي كيان سياسي فلسطيني فعلي ان يكون عرضة لهذه التصورات عن الذات الذي اعتملت مطولا في رحم الأفكار الفلسطينية. من هنا كان هناك شعور فلسطيني حقيقي بأن "دولتنا" لابد ان تختلف عن الانظمة العربية الاخرى، لا نريد ان نكون نسخة كربون عن الدول العربية. كان هناك شعور بالاختلاف مصدره طبيعة الثورة الفلسطينية والتعددية التي سادت عمل منظمة التحرير الفلسطينية بجانب المرارة والمعاناة التي لاقاها الفلسطينيون على ايدي الانظمة العربية. من جانب آخر فإن الجماهير الفلسطينية التي عاشت في الأراضي المحتلة في غزة والضفة الغربية كانت على تماس مباشر مع الديمقراطية الإسرائيلية. ودون ان نزكي الديمقراطية الإسرائيلية فهي لا تخلو من عيوبها، فإن انكشاف هؤلاء المواطنين على الصراعات الحزبية والانتخابات الاسرائيلية وتفاصيل جلسات الكنيست التي يتم بثها عبر التلفزيون الإسرائيلي ساهم في تشكل صورة ايجابية عن العملية الديمقراطية لم يكن امام الجماهير الفلسطينية إلا ان تطمح لمنافستها(١٥).

ضمن هذه السياقات يمكن فهم الافتتان الفلسطيني بالمجتمع المدني ومؤسساته. كان ينظر إلى المجتمع المدني بوصفه رافدا وحاميا وضامنا من ضمانات العملية الديمقراطية، وعلى هذا الاساس تم استقبال تنامي منظمات المجتمع المدني الملفت للنظر بوصفه ظاهرة من ظواهر العمل الديمقراطي. وتعزز هذا الشعور مع اجراء

الانتخابات التشريعية الفلسطينية والدور الذي مارسته منظمات المجتمع المدني بعد ذلك في الضغط لصالح مجموعة من التشريعات التي اعتبرت من ضمن حقل الاختصاص. ايضا يمكن مراقبة الدور الواضح لمنظمات المجتمع المدني في نشر القيم والافكار ذات العلاقة بالقيم الديمقراطية، بجانب دورها في الضغط باتجاه عقد الانتخابات التشريعة والرئاسية الثانية والبلدية والمحلية الاولى والتي بدأ حصر الناخبين لها في الرابع من سبتمبر ٢٠٠٤.

-تراجع اليسار والعمل الحزبي الفلسطيني عموما

مع نكوص اغلبية الاطر والتنظيمات الفلسطينية عن المشاركة في الحياة السياسية الفلسطينية الرسمية بعد توقيع اتفاقية اوسلو التفتت انظار العاملين والفاعلين السياسيين إلى المجتمع المدني بوصفه اطارا لا سلطويا يمكن ممارسة فاعليتهم السياسية من خلاله. وبذلك لم يتغير الاستخدام الادواتي الذي نظرت فيه فصائل اليسار الفلسطيني للمؤسسات والجمعيات الاهلية خلال فترة الاحتلال حين كانت هذه المؤسسات واجهة تتستر خلفها الفصائل، ومع وجود السلطة ايضا ظلت هذه المنظمات واجهة تتستر خلفها الفصائل لمناهضة ومقارعة السلطة. بدوره هذا افرز فهما مشوشا للمجتمع المدني ووظيفته. فالمجتمع المدني تم فهمه على انه نقيض السياسي وهو نقيض السلطة وهو المعارضة السياسية بزي ولباس مدني. من هنا كان تفشي منظمات المجتمع المدني وحقيقة ان اليسار الفلسطيني يسيطر على اغلبية المؤسسات المدنية الفاعلة في السياسات العامة والحقوقية ليست اكثر من تجسيد لرؤية اليسار للمجتمع المدني بوصفه ساحة للمعارضة السياسية .

-قابلية المجتمع الفلسطيني لنهوض المجتمع المدني

المجتمع المدني الفلسطيني كان منذ البداية مرشحا للتكاثر والنمو بعد تأسيس أول سلطة وطنية وبعد التخلص من الاحتلالات المتتالية فالمتعمق في الاحصاءات الخاصة بنسبة التعليم والامية والمعرفة يدرك مثلا ان المجتمع الفلسطيني اكثر مجتمع عربي فيه نسبة من الذين يعرفون القراءة والكتابة ومن المتعلمين، فمن اجمالي تعداد السكان الذي بلغ ٢.٢٦٧ في نهاية ١٩٩٥ كانت نسبة الذين يعرفون القراءة والكتابة

%٨٤ بنسبة ٩١.٢ % للذكور و ٧٦.٤% للإناث وعدد المنشآت العاملة في القطاع الخاص٦٠٧١٥ (١٧) وفي عام ١٩٩٦ كان ٢٢.٩% من اجمالي الأسر في فلسطين يتوفر لديها مكتبة بيتية(١٨). كل هذه المؤشرات المجتمعية كان من شأنها ان تساعد في نهوض وتكاثر المجتمع المدني الفلسطيني.

-حقيقة ان المجتمع المدني حرفة ومصدر للكسب

ينوه عزمي بشارة إلى تحول العمل السياسي الفلسطيني برمته خلال فترة الاحتلال إلى الاحتراف بالمعنى الذي اصبح فيه العمل في المجتمع السياسي مهنة، فمعظم الفاعلين فيه كانوا يتلقون دعما خارجيا من قيادة منظمة التحرير في الخارج التي بدورها تتلقى دعما خارجيا من دول الخليج. بعد أزمة اليسار واستنكافه عن المشاركة في النظام السياسي للسلطة حيث ترافق ذلك مع توقف الدعم الخارجي الوافد من دول الخليج بعد موقف المنظمة من اجتياح العراق للكويت ومن بعد ذلك الحرب الأمريكية الاولى على العراق دفع هذا الامر الفاعلين في المجتمع السياسي للبحث عن بديل:

-للفاعلية السياسية التي فقدوها مع وقوفهم جانبا وعدم مشاركتهم في السلطة.

-للدعم الخارجي الذي بات واضحا انهم فقدوه.

والإجابة كانت في المجتمع المدني الذي استخدمه المروجون للفكر السياسي المؤدلج سابقا والمتمثلون في أقطاب اليسار الفلسطيني كحصان طروادة للترويج للتغيير الطارئ على نشاطهم السياسي، وعليه ولد المجتمع المدني الفلسطيني مسيسا من البداية وباعتراف شهادة ميلاده ومسببات خلقه، وغير مستقل بحسب حاجاته المادية والطريقة التي تعاطت بها النخب معه بوصفه موقعا وظيفيا واستبدالا ماليا. نتيجة ذلك المؤلمة ان المجتمع المدني أصبح حرفة والعمل فيه اصبح وظيفة وليس وسيلة تغيير. وكما يقول عزمي بشارة في سياق الحديث عن تفشي ظاهرة منظمات المجتمع المدني في الوطن العربي فإن تشكيل وقيادة هذه المنظمات (منظمات المجتمع المدني) صارت ظاهرة بين النخب العربية التي قادت العمل الوطني في مرحلة المد القومي، غير ان هذه المنظمات عجزت عن ربط نفسها بالمجتمع ووجدت نفسها منسلخة عن الجماهير ولم تتمكن من اعادة انتاج نفسها اجتماعيا كما تفعل البنى التقليدية، وباعتمادها الدعم الخارجي،

نخاعها الشوكي الذي يمكنها من الوقوف، فصلت فيها نفسها عن عملية الانتاج المحلية وعن الاقتصاد الداخلي وبالتالي لم تعبر لا عن احتياجات الجماهير ولم تكن تجسيدا لإرادتهم وإن كانوا في امس الحاجة لمثل هذه المنظمات(١٩) .

غير ان هذا الافتتان لم يخل من موجة واسعة من الانتقاد، وكانت منظمات العمل غير الحكومي باعتمادها التمويل الخارجي وبتسيسها العالي نقطة الاستهداف في هذا النقد اللاذع الموجه للمجتمع المدني. فالبعض اعتبرها خارجة عن حاجة المجتمع الفلسطيني ووافدة من خارج هذا المجتمع. يعتبر جورج كرزم هذه المنظمات انها كانت نتيجة للتزاحم الفصائلي وليس لاحتياجات المجتمع(٢٠). لكن يظل أشد نقد وتهجم على المنظمات غير الحكومية الفلسطينية هو ما كتبه عادل سمارة الذي اعتبر هذه المنظمات قواعد للهيمنة الامريكية والغربية والاسرائيلية وقال ان ظاهرة المنظمات غير الحكومية جاءت بقرار خارجي ووجه انتقادات لاذعة وحادة لهذه المنظمات ولفسادها ولارتباطاتها الخارجية.(٢١)

وفي كل الحالات لم تخرج هذه المنظمات من رحم المجتمع ولم تنم في تربته ولم تسق بمائه. ويصف مسؤول في مجلس اتحاد المنظمات غير الحكومية هذه المنظمات بشكل عام انها "تتميز بالفوضى غير المسؤولة" وهي "تتزايد بشكل مرعب" و "تتشابه في المهام والبرامج" وهي بنشاطاتها وبرامجها الممولة من الخارج تعمل على "تسطيح معاناتنا" وهي بعيدة "عن عمق اشكالياتنا واحتياجاتنا"(٢٢).

كما ان تسيس هذه المنظمات وهيمنة بعض اقطاب اليسار عليها دفع بالبعض إلى الرجوع بتفشي ظاهرة المجتمع المدني إلى "اليسار المهزوم"(٢٣)، والبعض اعتبر اطروحة المجتمع المدني "خطاب هزيمة"(٢٤). وكل تلك سنأتي عليها بالتفصيل في سياقات مختلفة من الفصل التالي. رغم هذا لا يمكننا تجاهل حقيقة ان المجتمع المدني بمنظماته المختلفة شهد توسعا وانتشارا كبيرين بعد تأسيس السلطة عكس اهتمامات متنوعة سواء من قبل النخبة الفلسطينية أو من القوى الخارجية. وأيا كان الدافع وراء تشكيل هذه الجمعيات فهي وبجدارة ساهمت في صياغة السياسة الفلسطينية الداخلية في فترة السنوات العشر الماضية وصارت ظاهرة لا يمكن لمتتبع الشأن الفلسطيني الداخلي ان

يتجاهلها. وعشر سنوات من عمر هذه المنظمات ومن علاقتها مع السلطة الفلسطينية تستدعي ان يتم وضعها تحت المجهر لمعرفة آفاق العمل المجتمعي الفلسطيني وماهية العلاقات التي تنسجها السلطة الوطنية الفلسطينية مع المجتمع الفلسطيني بتجلياته وتشكيلاته المختلفة والمتمثلة والمتجسدة بمنظمات المجتمع المدني.

الهوامش:

1 -عزمي بشارة، ٢٠٠٠.

2 -انظر في ذلك كتابي جيانفرانكو بوجي "تطور الدولة الحديثة" و" الدولة: طبيعتها وتطورها وآفاقها ."

Poggi, Gianfranco, 1978, The development of the modern state, Hutchinson, London.

ـــــــــ , 1990, The state, its nature, development and prospects, Polity Press, UK.

3- Nazi N. Ayubi, Over-Stating the Arab State: Politics and Society in the Middle East (London: I.B. Tauris Co., Ltd., 1995).

4 -الموسوعة الفلسطينية ، القسم الثاني، المجلد الثالث: دراسات الحضارة   ط١ بيروت ١٩٩٠: ١٨٩. هناك نقص في دراسة الجمعيات والنوادي والروابط والاتحادات التي كانت فاعلة في فلسطين قبل النكبة كما يقول محرر المقالة حول الاتحادات والجمعيات والروابط في الموسوعة الفلسطينية. ١٩٠.

5 -محمد مصلح، مشار إليه في: وليد سالم: المنظمات المجتمعية التطوعية والسلطة الوطنية الفلسطينية: نحو علاقة تكاملية، منتدى ابحاث السياسات الاجتماعية والاقتصادية في فلسطين، رام الله : ١٩٩٩ ٦١.

6- Sayigh, Yezid, , Armed Struggle and the Search for State: The Palestinian National Movement, 1949-1993, Oxford, Claredon Press, 1997

7 -سالم : ١٩٩٩ ٧٥.

8 -حسن لداودة، جبريل محمد، جابر عزام، علاقة المنظمات غير الحكومية فيما بينها ومع السلطة الوطنية والممولين، معهد أبحاث السياسات الإقتصادية - ماس، ٢٠٠١ : ١.

9 -يلاحظ مثلا وليد سالم بأن اتحاد لجان العمل الصحي بدأت مسيرتها باسم "اللجان الشعبية الصحية" فكانت كلمة الشعبية للتأكيد على الانتماء السياسي. ١٣٧.

10- Dennis Sullivan, Non-governmental Organizations and freedom of association, PASSIA, Jerusalem, December 1995.

11 -جورج كرزم "العمل النقابي بين المطلبي والسياسي" ورقة عمل مقدمة في المؤتمر الذي نظمه مركز الديمقراطية وحقوق العاملين في رام الله بتاريخ ١٩-١٨/٧/١٩٩٩، وصدرت الأوراق في كتاب من إصدارات المركز العام ١٩٩٩، ٧٥-٣٨. ٤٣:

12 -سالم ١٩٩٩ ٨٩:.

13 -جورج طرابيشي، إشكالية الديمقراطية في الوطن العربي، مؤسسة عبد الحميد شومان، عمان ١٩٩٨.

14 -علي الخليلي، "المسلكية البروتوكولية في المرحلة الانتقالية، من نفر مثقف إلى مؤسسة أهلية كاملة الصفات"، جريدة القدس ١٩٩٨/٨/٦.

15 -البرلمانيون الفلسطينيون طالبوا مرارا بان يتم بث جلسات المجلس التشريعي على الهواء مباشرة او مسجلة وتم فعل ذلك لفترة محدودة قبل ان تقوم احدى قوات الامن بمهاجمة محطة التلفزيون التي بثت الجلسات. ومازال البرلمانيون يطالبون بأن يتم تأسيس محطة تلفزيونية خاصة ببث جلسات المجلس التشريعي على غرار القناة الثالثة في التلفزيون الإسرائيلي.

16 -تشكل الدول والمنظمات الدولية التالية أكبر ١٥ جهة مانحة للسلطة الفلسطينية: الاتحاد الأوروبي، الولايات المتحدة، اليابان، البنك الدولي، النرويج، اسبانيا، السعودية، ايطاليا، هولندا، السويد، فرنسا، بريطانيا، الدانمارك، وكندا.

17 -مكتب الاحصاء المركزي ، المسح الديمغرافي للضفة الغربية وقطاع غزة. النتائج الأساسية آذار ١٩٩٦.

18 -مكتب الاحصاء المركزي، ايلول ١٩٩٦.
19 -عزمي بشارة ص ٢٦٧.
20 -جورج كرزم، المنظمات الفلسطينية غير الحكومية إلى أين؟ مجلة كنعان، عدد اواخر ايار : ١٩٩٨ ٢٤-٢٢ .
21 -عادل سمارة في كتابه NGOs ام قواعد للاخر، المشرق ومركز الامل للتنمية لدراسات التنمية الثقافية، رام الـلـه، ٢٠٠٣.
22 -مشار إليه في: لداودة وآخرون .٥٢-٥١
23 -أحمد نمر، "المنظمات الأهلية من التسيس إلى تقديم الخدمات"، مجلة رؤية اخرى، عدد ١، سنة ٦، كانون الثاني وشباط ١٩٩٨.
24 -ريما حمامي، "المنظمات الفلسطينية غير الحكومية: احتراف السياسة في غياب المعارضة"، مجلة السياسة الفلسطينية، عدد ١ ربيع ١٩٩٦ :٩٢-١٠٥.

6

الفصل السادس

المجتمع المدني الفلسطيني تحت المجهر

شكل تأسيس السلطة الوطنية الفلسطينية العام ١٩٩٤ عقب التوقيع على اتفاقيات اوسلو بين منظمة التحرير واسرائيل مفصلا هاما في تاريخ تطور الكيانية الفلسطينية وفي طبيعة العلاقات داخل المجتمع الفلسطيني وبناه المختلفة. فلأول مرة تتواجد سلطة سياسية فلسطينية رغم كل المعيقات التي تعترض سيادتها على الأرض وعلى الشعب. وبغض النظر عن مواقف فئات المجتمع الفلسطيني المختلفة من عملية السلام وافرازاتها فإن استجابات وتمظهرات هذا المجتمع كانت تدور حول صياغة مواقفه من، وردة فعله على، سياسات السلطة الوطنية المختلفة. وعليه فتفاعلات المجتمع المختلفة كانت على علاقة وثيقة مع تفاعلات السلطة الوطنية.

ولأول مرة منذ نشوء المنظمات والمؤسسات المجتمعية في داخل الشعب الفلسطيني منذ منتصف القرن التاسع عشر أمكن الحديث عن مجتمع مدني فلسطيني في علاقة اقصاء وتفاعل مع سلطة محلية. نتيجة ذلك كانت تغييرا في طبيعة عمل ومهام هذه المنظمات .

فعلى الصعيد الوظيفي اثر تأسيس السلطة على دور وطبيعة عمل منظمات المجتمع المدني فقد ساهم تدخل السلطة في الجانب الخدماتي من تعليم وصحة واسرة ورعاية في إضعاف الدور الخدماتي والاغاثي لهذه المنظمات والذي كان في صميم عملها فترة الاحتلال فيما برزت ادوار جديدة ذات علاقة بالتثقيف المجتمعي والنشاطات الدعاوية والتي تتبنى التأثير على السياسات العامة(١). وكان زياد ابوعمر توقع في كتاب نشره عام ١٩٩٥ ان تراجع جدول الاعمال الوطنية مع حلول السلام سيؤدي إلى تحول جذري في الدور الاجتماعي لهذه المنظمات(٢). لكن يبدو ان مثل هذه القراءة تجاهلت الواقع الحقيقي لنشوء الكثير من هذه المنظمات وغفلت عن حقيقة علاقة هذه المنظمات

بالاجندة السياسية بجانب سوء قراءة للواقع السياسي الذي سرعان ما تفجر مع اندلاع الانتفاضة مع سبتمبر ٢٠٠٠ وعادت الاجندة الوطنية لتسيطر بالكامل على اهتمامات المنظمات الأهلية .

وكان السؤال المركزي الذي ظهر في الكتابات الفلسطينية المبكرة بعد انشاء السلطة الفلسطينية يضع علامات استفهام حول مستقبل المنظمات والجمعيات التي تفاعلت ايام الاحتلال. كانت تحوم في الأفق فرضيات كثيرة حول منحى العلاقة بين النقابات والاتحادات المهنية وبين السلطة الناشئة. كان من البديهي الافتراض بأن هذه النقابات ستشكل العمود الفقري للمجتمع المدني الفلسطيني قيد النشوء والتكوين، وكما افترض عزمي بشارة فإن تطور نشاط هذه المؤسسات والنقابات والجمعيات وتحولها إلى منظمات مجتمع مدني فاعلة يعتمد اكثر على تسامح السلطة وطاقتها على تحمل وجود مثل هذا النشاط المدني(٣). وتسامح السلطة وطاقتها على التحمل لابد من ان يتم مصاحبته بدافعية ذاتية من هذه النقابات ومطالبات نقابية ومهنية ترسخ الجانب النقابي في علاقتها مع السلطة. غير أن السلطة واصلت النظر لهذه النقابات على انها واحدة من مؤسسات السيادة الوطنية ورمز من رموز الدولة الناشئة، وهي ذات الطريقة التي نظرت فيها منظمة التحرير للاتحادات والنقابات، ونتيجة ذلك أن الانزياح الذي كان من المفترض ان يتم في طبيعة ووظيفة هذه الاتحادات والنقابات وفي ماهية علاقتها مع المجتمع السياسي لكي تتحول إلى مكونة مركزية من مكونات المجتمع المدني لم تحدث رغم مرور عشر سنوات .

كما ساور الكثير من الأوساط النقابية الفلسطينية قلق من امكانية تراجع الانجازات النقابية التي تم انجازها خلال ايام الاحتلال مثل الاجازات الاسبوعية والسنوية والمرضية وحقوق العمال المفصولين، ومرد ذلك الخوف هو غياب التنظيم النقابي العمالي وتراجع دور النقابات واكتفاؤها بدور المؤازر السياسي للسلطة وللتنظيمات. وللتعرف على واقع انتقال الاتحادات والنقابات والجمعيات المهنية من واقع الاحتلال إلى واقع السيادة الوطنية في فترة السلطة الوطنية الفلسطينية سأنظر بتفحص وتدقيق إلى واقع انتقال النقابات العمالية بوصفها ركيزة العمل المجتمعي في فترة الاحتلال وبوصفها كما أميل للايمان قلب المجتمع المدني الفلسطيني الصحي والسليم.

مع قدوم السلطة اصبح هناك اطاران نقابيان عماليان رئيسيان "اتحاد عمال فلسطين" و "الاتحاد العام لنقابات عمال فلسطين". ويسيطر على الإطارين أمينان من تنظيم فتح وتوجد بهما كتل عمالية لكافة التنظيمات الفلسطينية. يلاحظ كرزم مصيبا أن وضع النقابات ازداد بالتدهور مع قدوم السلطة فالدور السياسي الذي كانت تلعبه في فترة الاحتلال والمفروض عليها بموجب العمل الوطني فقدته مع قدوم السلطة وتسلمها لمهام العمل الوطني ومجاهرة التنظيمات بالعمل في ظل انسحاب الاحتلال وفتح مكاتب لها وفروع. الخلاصة أن النقابات لم تعد تمارس لا وظيفة سياسية ولا نقابية عمالية(٤). كما أن هناك ضعفا في الانتماء النقابي العمالي في غالبية المنشآت والمؤسسات الفلسطينية غير الحكومية فقرابة ٥٣% من المنشآت غير الحكومية لا ينتسب العاملون فيها إلى نقابة فيما في ٣٩% منها ينتسب بعض العاملين فيها إلى نقابة ولا تتجاوز نسبة المنشآت التي ينتسب غالبية العاملين فيها إلى نقابة الـ٨%.(٥) كما أن نسبة النساء لم تتجاوز ٧.٦٤% من مجموع اعضاء الاتحاد العام للنقابات عام ١٩٩٧(٦).

واخذ الكثيرون على النقابات تسيسها الكامل للدرجة التي باتت تمثل مواقف السلطة دون ان تنتبه لمواقف العمال السياسية. فمثلا قام الاتحاد العام لنقابات عمال فلسطين بتوقيع اتفاقيتين مع الهستدروت الإسرائيلي في عامي ١٩٩٥ و١٩٩٧ الامر الذي رأى فيه البعض ان الاتحاد "قرر، بالنيابة عن جمهور العمال، وبدون الرجوع إليه، تأييد اوسلو"(٧.(

من ناحية علاقة هذه الاتحادات والنقابات بالتنظيمات والفصائل فإن رعاية احزاب وتشكيلات منظمة التحرير للاتحادات وللنقابات خلال فترة الاحتلال دفع باتجاه استمرار رعاية فتح بوصفها الحزب الحاكم لهذه الاتحادات والنقابات بعد تشكل السلطة الفلسطينية. وفتح بوصفها الحزب الحاكم رأت ان السيطرة على كل الجمعيات والنقابات والاتحادات والمؤسسات ضرورية وحيوية لتثبيت اركان حكمها واحكام سيطرتها على المجتمع في ظل معارضة اغلبية القوى الوطنية والاسلامية للمشروع السلمي الذي رأت فيه فتح طريقا للحصول على دولة فلسطينية في الاراضي الفلسطينية المحتلة عام ١٩٦٧. بكلمة اخرى فتح كانت بحاجة لأن تعكس ولاء الشارع لها عبر ولاء هذه النقابات والاتحادات، وعليه فإن هذه النقابات والاتحادات فقدت صفتها النقابية وتم التعامل معها بوصفها اطارا تعبويا جماهيريا يمكن تحريكه كلما احتاجت السلطة او فتح (دون ان نفصل بينهما) ان تدلل على انها تمسك بزمام الامور. فقط في ظل هذه القراءة يمكن تفهم لماذا

تعثرت ولادة النقابات والاتحادات المهنية الفلسطينية في فترة العشر سنوات الأولى من عمر السلطة الفلسطينية. واحد من افرازات هذا الوضع هو هيمنة الدولة على المجتمع المدني وفي الكثير من الحالات تجانس الدولة مع المجتمع المدني وبالتالي إفقاد هذه الجمعيات والنقابات لفاعليتها. والافراز الآخر هو تعطل العملية الديمقراطية في الكثير من هذه النقابات والاتحادات وتكلس العمل الإداري واعتماد صيغة الحصص التنظيمية او "الكوتة" الفصائلية والتعيينات التي تأتي مباشرة من مكتب الرئيس او من المكاتب السياسية للأحزاب.

والدولة حين تشكل نقابات وجمعيات خاصة بها فالأفراد لا ينخرطون في هذه النقابات بناء على رغبة ذاتية وتطوعية وتفهم للدور الذي تلعبه هذه النقابات بل يستخدمون هذه النقابات كمطية لتحقيق رغائب سياسية ومطامح شخصية. ولما كان من حق النقابي ان ينظر إلى مستقبله السياسي وان يتخذ من نضالاته النقابية دليلا على فاعليته السياسية فإن ما نحاجج بشأنه هو ان النقابة تفقد فاعليتها في كون اعضائها لا يرون انفسهم اعضاء في مؤسسة ذات رسالة وتطمح إلى تحقيقها بقدر رؤيتها للنقابة بوصفها عربة نقل تؤمن لهم تحقيق مصالح سياسية وبالتالي فمثل هذه النقابات التي تخلقها الدولة وتسيطر عليها ينتفي عنها طابع المدني وتصبح جزءا من المجتمع السياسي البحت.

لكن المسيرة المتعثرة لهذه النقابات والاتحادات شهدت بعض الخطوات التي من شأن تراكمها و المضي بها ان يعيد تفعيلها في الحياة الفلسطينية العامة. من هذه مثلا فتح باب التنسيب للعمال واصدار العضويات الامر الذي ساهم في تأطير الحركة العمالية الفلسطينية، بجانب تحقيق بعض المطالب النقابية مثل التأمين المجاني للعمال واعفاء ابناء العمال من الرسوم المدرسية الحكومية. لكن لننتبه بأن مثل هذه الحقوق النقابية التي تم تحصيلها جاءت في جزء منها في ردة فعل السلطة على الضائقة الاقتصادية التي نتجت بعد اغلاق اسرائيل للمعابر بينها وبين غزة والضفة الغربية وبالتالي تحولت غالبية شريحة العمال لجيش من العاطلين عن العمل. وعليه كانت توجهات السلطة باحتواء الازمة عبر صرف بعض المساعدات و"الكابونات" وتخفيف الرسوم الحكومية عنهم. والسلطة بذلك تنطلق من ذات الفهم الذي ينظر للعمال بوصفهم شريحة تعبوية لابد من ضمان دعمها للسلطة ولفتح لضمان استمرارية النظام السياسي واستقراره داخليا.

هناك تنوع وشمولية لا يمكن اغفالها في التنظيم النقابي الفلسطيني وازدياد في تدخلات النقابات والاتحادات لصالح حقوق عمالية خاصة مع تفاقم الأزمة الاقتصادية، كما يسجل تقرير ملتقى الفكر العربي، لكن هناك سلبيات لا يمكن اغفالها تعيق تطور هذه النقابات والاتحادات مثل تشرذم عمل النقابات وتعطيلها للمبدأ الديمقراطي بجانب التسيس الواضح لعملها والتنافس الشخصي بين اقطاب العمل النقابي والذي هو بعيد كل البعد عن العمل النقابي.(٨)

اتسمت علاقات السلطة الوطنية الفلسطينية مع منظمات المجتمع المدني الاخرى خصوصا المنظمات غير الحكومية بتذبذب ومد وجزر. فمع قدوم السلطة بزغت ثلاثة توجهات بين صفوف هذه المنظمات بالنسبة لمستقبل علاقتها بالسلطة: منها من وضع نفسه في صف السلطة ومنها من وضع نفسه في موضع استقلال تام عن السلطة واعتبر نفسه معارضا لها لأنه يرفض اتفاقيات اوسلو أو لأنه لا يتفق عموما من مواقف السلطة ومنها ما يمكن تسميته بالاتجاه المحايد . لا يمكن ضبط العمل المجتمعي الفلسطيني وفق سياقات محددة فهو مجتمع يعج بشى التلاوين والامزجة "ففيه المنظمات التي تلهج بحمد السلطة" ومنها من يضع أجندة تنموية وفي ثنايا هذه الأجندة طموحات لـ"أدوار سياسية قيادية مستقبلية" يتم السعي للوصول إليها "تحت ضغط أضواء عالم العلاقات الخارجية"، وبالطبع هناك من منظمات العمل المجتمعي من يحصر نفسه بقطاع الخدمات والاغاثة متجنبا السياسة.(٩)

السلطة الوطنية من جانبها رأت ضرورة ان تقوم هي بتنظيم عمل الجمعيات المختلفة دون ان يعني هذا التدخل في ادق التفاصيل، بل في رسم الخط العام لعمل هذه الجمعيات. تجلى هذا التوجه في الصراع المرير الذي خاضته منظمات المجتمع المدني مع السلطة بشأن قانون تسجيل الجمعيات الخيرية والمؤسسات الأهلية. في البداية، أرادت السلطة ان تشكل قانون "ترخيص" الأمر الذي يعني انها من يمنح شرعية او ينزعها عن هذه المؤسسة أو تلك، غير ان منظمات المجتمع المدني نجحت في فرض رؤيتها واستبدال الترخيص بالتسجيل. غير ان هذه كانت بداية المعركة .

فالسلطة لم تقبل طلب منظمات المجتمع المدني بشأن البند المتعلق بتسجيل الجمعيات الخيرية والمؤسسات الأهلية في وزارة العدل، وهو ما اقترحه ايضا التشريعيون

الفلسطينيون، واصرت السلطة على احالة مهمة التسجيل إلى وزارة الداخلية. ورغم رفض المجلس التشريعي للتعديل الذي طلبته السلطة التنفيذية، وتحديدا الرئاسة، في جلسته بتاريخ ٩٩/٥/٢٥ إلا أن رئيس المجلس التشريعي أعلن في ٩٩/٨/٢١ عن اعتبار قانون الجمعيات الخيرية والمؤسسات الأهلية ساري المفعول بالتعديل المقدم من الرئيس(١٠). والقانون يعكس هيمنة السلطة على مشروعية تسجيل الجمعيات حيث ان الممارسة العملية تدلل على ان وزارة الداخلية قبل ان تقوم بمنح ترخيص ترسل بسيرة القائمين على المشروع للاجهزة الامنية خصوصا المخابرات والامن الوقائي لاجراء ما يسمى "بالفحص الأمني" الذي يتضمن ضمن اشياء عديدة تاريخ الانتماء السياسي. وفيما كان سابقا يطلب من المنتسبين لهذه الجمعيات أن يقوموا بتعبئة النموذج الخاص الذي يشمل أسئلة حول القناعات السياسية فإن السلطة تجنبت احراج نفسها عبر اجراء علني واستبدلتها ببيانات استخباراتية يقوم افراد الاجهزة الامنية بجمعها .

بكلمة ثانية رأت السلطة في منظمات المجتمع المدني مؤسسات وطنية يجب ضمان دعمها والتأكد من فاعليتها الوطنية وعليه فهي لم تر حكمة في خروج هذه المنظمات عن طوعها. وإذا لاحظنا ان هذه هي ذات العقلية التي نظرت فيها منظمة التحرير إلى النقابات والاتحادات فإن الزحزحة التي كانت مطلوبة في مواقف السلطة وتوجهاتها، الضرورية لخلق علاقة سوية بين المجتمع والدولة، افتقرت إلى الدافعية الذاتية. وحين كانت السلطة تسعى للتنسيق مع منظمات المجتمع المدني التي ترى انها لا تتفق معها، فهي في أغلب الأحيان تقوم بفعل ذلك تحت ضغط المانحين واستجابة لشروطهم. وبذلك يصبح التنسيق الداخلي مساقا بضغط خارجي الأمر الذي يخلق علاقة غير سليمة. ولفهم اوسع لطبيعة علاقة السلطة الوطنية مع منظمات المجتمع المدني اقترح قراءة مجموعة اخرى من المحاور بتمعن منها علاقة المجتمع المدني بالسلطة التشريعية، أي المجلس التشريعي، علاقات التشبيك بين منظمات المجتمع المدني بعضها ببعض برعاية السلطة أو باستقلال عنها، و معضلة التمويل الخارجي، و انشغال المجتمع المدني بقضايا الديمقراطية والحقوق والسياسات العامة. إن من شأن فهم هذه المحاور ان يضعنا على بينة من حقيقة المجتمع المدني الفلسطيني في علاقته مع السلطة .

المجتمع المدني والمجلس التشريعي

لم تجد منظمات المجتمع المدني صديقا لها في السلطة أكثر تقبلا وتفهما لنشاطاتها من المجلس التشريعي فاستطاعت هذه المنظمات ان تشكل ما يمكن تسميته "لوبي" المنظمات غير الحكومية في التشريعي الذي يضمن انتباه التشريعيين الفلسطينيين لمجمل القضايا ذات العلاقة بعمل منظمات المجتمع المدني وابداء الحساسية والتفهم لهذه القضايا. فقد لوحظ دور هذه المنظمات في قانون الجمعيات الخيرية والمنظمات الأهلية وقانون الأحوال الشخصية والقوانين المتعلقة بالنساء والعمل. وطبيعة علاقة المنظمات غير الحكومية بالتشريعي تختلف بحسب طبيعة عمل المنظمة ومبناها وتركيبتها فالمنظمات الحديثة والعاملة في حقل السياسات العامة تقيم علاقات ممأسسة مع التشريعي ولجانه فيما تعتمد المنظمات التقليدية على علاقات فردية وشخصية متقطعة مع نواب المجلس التشريعي بحسب نتائج دراسة لداودة وآخرين(١١.(

إلا أن علاقة المجلس التشريعي بالمنظمات غير الحكومية واحدة من القضايا التي باتت ملحة في نقاش العمل الاهلي في فلسطين إذ ان قرابة نصف اعضاء المجلس التشريعي على علاقة رسمية بواحدة او أكثر من المنظمات غير الحكومية فمنهم من هو عضو في مجلس امناء أكثر من جمعية ومنهم من هو عضو مؤسس في جمعيات نشأت حديثا بعد فوزه بعضوية المجلس. وأغلبية هذه المنظمات الجديدة لها علاقة بموضوعات الديمقراطية وحقوق الإنسان. إن الإنطباع السائد في الأوساط الرسمية في السلطة هو أن التشريعيين الفلسطينيين استغلوا مواقعهم ليؤسسوا جمعيات ومنظمات تفيدهم وتعزز مكانتهم الاجتماعية وعلاقتهم مع العالم الخارجي من خلال الاتصال بدوائر الدعم ومكاتب المنظمات الدولية. في رسالة موجهة لرئيس الوزراء محمود عباس يشكو الصحفي خليل الزبن، وهو واحد من أشد من هاجم تفشي ظاهرة المنظمات المدعومة خارجيا، قائلا "لقد صمت بعض اعضاء المجلس التشريعي من ذوي الاختصاص صمت أبي الهول ازاء هذه القضية واذ نقدر وندرك حراجة موقف البعض منهم خاصة بعد ان اصبح هذا البعض بعد انتخابه من اصحاب الحظوة والثراء في نادي الـ NGO وقد استغل عضويته وحصانته ونفوذه في المجلس التشريعي لتأسيس جمعيات بمسميات وتخصصات مختلفة ومتنوعة بناء على رغبة الممول"(١٢).

ودارت مناقشات فلسطينية داخلية حول قانونية اشغال اعضاء المجلس التشريعي مناصب في جمعيات المجتمع المدني وتباينت الآراء بسبب غياب نص في النظام الداخلي للمجلس التشريعي والقانون الأساسي يمنع النواب من العمل في اعمال خاصة. واحتج البعض انه ليس بالضرورة ان توجد مواد في النظام الأساس "ذلك أن طبيعة المهام المناطة بعضو المجلس التشريعي تفرض عليه امورا معينة منها الا يكون في العمل الخاص ما يؤثر على استقلال النائب وحريته"(١٣).

لكن لابد لنا ان نفهم طبيعة الصراع داخل السلطة الوطنية الفلسطينية بين السلطة التنفيذية والسلطة التشريعية ليتسنى لنا أن نفهم جيدا حقيقة اصطفاف التشريعي في جانب منظمات المجتمع المدني دون أن يعني هذا معاداته للسلطة التنفيذية. فالمجلس التشريعي رغم الانجازات التشريعية الكثيرة التي حققها إلا انه كان يشعر دوما بأن السلطة التنفيذية تريده أن يكون أداة في يدها ليس إلا. لقد شكل صراع السلطات داخل السلطة الوطنية سمة بارزة في السياسة الفلسطينية الداخلية، وكان من البديهي ان يستغل المجتمع المدني المساحات التي تنتج عن مثل هذا الصراع لتحسين وضعه، وتحقيق انجازات خاصة به. والعلاقة المميزة التي تربط المجتمع المدني مع المجلس التشريعي هي احد افرازات هذا الوضع .

العلاقات الداخلية بين منظمات المجتمع المدني

لفهم طبيعة عمل منظمات المجتمع المدني لابد من قراءة طبيعة علاقات هذه المؤسسات فيما بينها لأن هذا بدوره يكشف عن طبيعة علاقتها بالسلطة. وعليه لابد ان يقترح هذا ان طبيعة العلاقة بين هذه المنظمات انتظمت على حواف الاستقطاب السياسي: السلطة او المعارضة السياسية .

عندما بدأ الحل السلمي يلوح في الافق قامت حركة فتح بوصفها ركيزة السلطة السياسية القادمة بعد هذا الحل بتأسيس قاعدة مؤسساتية صلبة لها عبر تشكيل أطر تشبيك وتعاون بين المؤسسات التي يمكن القول بأنها تابعة لها أو مؤيدة أو ليست ذات ميل سياسي واضح تمشيا مع القاعدة الكلاسيكية في السياسة الفلسطينية بأن المستقل هو فتحاوي محتمل. على كل كانت فتح ترى نفسها بأنها السلطة وكانت تحاول ان تحضر لسيادتها المجتمعية القادمة عبر التربيط والتشبيك بين مؤسسات المجتمع. أول شيء تم

لتحقيق هذه العملية كان بتشكيل مكتب المؤسسات الوطنية عام ١٩٩١ الذي يشرف على ١٤٠٠ منظمة في الضفة وقطاع غزة موزعة في إطارين: الهيئة الوطنية للمؤسسات الأهلية في الضفة الغربية" وتضم ١٢٠٠ منظمة و "مجلس اتحاد المنظمات غير الحكومية في قطاع غزة" ويضم ٢٠٠ منظمة. رأى المكتب دوره في تنظيم الوجود المؤسسي عبر توحيد المؤسسات ذات الاهداف المشتركة وفتح آفاق للتعاون وترسيخ مبادئ الديمقراطية وإعداد الكادر المؤسسي التطوعي وتطوير قدراته القيادية(١٤).

ومع قدوم السلطة صار المكتب تابعا لمكتب الرئيس مباشرة وبالتالي تحول إلى مؤسسة رسمية تنسق جهد مؤسسات مجتمعية. إضافة إلى ذلك قامت السلطة الفلسطينية بتشكيل مجموعة من الاتحادات التي تضم جمعيات متخصصة ويتم ربط هذه الاتحادات بالوزارة جهة الاختصاص مثل الاتحاد العام للجمعيات الخيرية (الاتحادات اللوائية في الضفة الغربية) الذي تنسق عمله وزارة الشئون الاجتماعية ويضم قرابة ٤٠٠ جمعية خيرية. الاتحاد التعاوني الزراعي التابع لوزارة العمل وتضم عضويته مئات الجمعيات والتعاونيات العاملة في الحقل الزراعي .

وتوجت السلطة الفلسطينية علاقتها مع منظمات المجتمع المدني باستحداث وزارة للعمل الاهلي التي سرعان ما تحولت إلى هيئة تولى قيادتها للمرة الاولى والاخيرة حسن عصفور. من جانبها رأت الكثير من المنظمات الفاعلة وغير الحكومية في استحداث الوزارة محاولة من قبل السلطة لاحتواء العمل الاهلي وتوجيهه، فيما رأت السلطة والأقطاب المقربة منها في هذه الوزارة محاولة لاعادة تنظيم صفوف العمل الاهلي وترتيبه بما يتلاءم مع المصلحة الوطنية.

هذا لا يعني ان مؤسسات المجتمع المدني وقعت برمتها تحت أطر التنظيم والتعاون التابع للسلطة فعلاقات منظمات المجتمع المدني فيما بينها شهدت تشبيكا على اساس قطاعي حيث قامت بعض المؤسسات الفاعلة في النشاط النسوي بالتشبيك فيما بينها وتكوين طاقم شئون المرأة، كما قامت المراكز الثقافية العاملة في قطاع غزة بالتشبيك فيما بينها وتكوين الاتحاد العام للمراكز الثقافية المسجل في وزارة الثقافة الفلسطينية(١٥) .

أيضا منذ البداية أدركت المنظمات غير الحكومية ضرورة أن تقوم بالتنسيق فيما بينها بعيدا عن رقابة السلطة. في سبيل ذلك قامت عام ١٩٩٣ مجموعة من الفاعلين في

حقل العمل الاهلي بتأسيس شبكة المنظمات الأهلية الفلسطينية بهدف تنسيق جهود العاملين في قطاع العمل الأهلي وتطوير التعاون بين منظمات العمل الأهلي وبين باقي فئات المجتمع المدني(١٦). الشبكة تضم ٧٠ منظمة لابد ان يلاحظ المتابع للشأن الفلسطيني الداخلي بأنها محسوبة على الجبهتين الشعبية والديمقراطية وحزب الشعب دون ان ينفي هذا وجود عدد قليل من المؤسسات المهنية المستقلة ضمن الشبكة .

من هذا نرى ان محاولات التشبيك(١٧) التي تمت بين أقطاب العمل الاهلي والمجتمعي الفلسطيني انتظمت ضمن اتجاهات الجذب المغناطيسي التنظيمي والحزبي الفصائلي. والعدد القليل من الجمعيات التي بقيت خارج عمليات التسييس هذه استطاعت الفصائل ان تعكس نفسها داخلها من خلال مواقف وانتماءات افراد وقادة هذه المنظمات فهم إما قادة سابقون في الفصائل وإما عناصر فاعلة واما محسوبة على فصيل ما .

وباستثناء المنظمات المنضوية تحت الشبكة فإنه بالإمكان القول إن مجمل المنظمات والهيئات المنضوية تحت أطر التشبيك الأخرى تابعة او على علاقة رسمية أو شبه رسمية بالسلطة. ورغم السلبيات التي تعتور عمل هذه المنظمات بحكم زواجها او مصاهرتها للسلطة إلا انه يحسب لها ان الكثير منها ربما بحكم هذا الزواج او المصاهرة وضعت العمل الوطني على رأس سلم اولوياتها مثل محاربة الاستيطان وتهويد القدس وقضايا الاسرى والجرحى ومتابعة اهالي الشهداء. ربما رأت السلطة بأن هذه المنظمات تستطيع تخفيف العبء عنها عبر تحمل بعض من مسؤولياتها والقيام ببعض خدماتها وبالتالي تعمل هذه المؤسسات على تثبيت اركان السلطة وتأمين الدعم الشعبي اللازم لها. بجانب حقيقة ان السلطة الوطنية لم تكن تستطيع، وفق الاتفاقيات التي وقعتها مع اسرائيل ان تمارس اي نشاط رسمي في مدينة القدس لان القدس وطبقا لنصوص اوسلو من القضايا الخلافية المؤجلة للمرحلة النهائية من المفاوضات، وعليه لم يكن امام السلطة إلا تأسيس مجموعة من المؤسسات والمنظمات التي تقوم باداء هذا الدور .

كما أن أطر التشبيك الاخرى التي تمت بعيدا عن عباءة السلطة عملت رغم تسيسها الكامل على ضمان بعض الحقوق المساندة للعمل الأهلي، وربما ساعد كونها تنظر لنفسها على انها معارضة سياسية مقنعة في جعل مواقفها اكثر انتقادا وبالتالي اقل ميلا لمهادنة السلطة وهي بالتالي قادرة على التأثير. غير أنه من المجافي للحقيقة القول بحدة انتظام عمليات التشبيك بين منظمات العمل الاهلي على حواف دائرة الانتماء الفصائلي، فمثلا

قامت الشبكة بالتحالف مع المنظمات المنضوية تحت اتحاد الجمعيات الخيرية في تطوير موقف بشأن مشروع قانون الجمعيات، وهذا الموقف تأسس على رفض تنصيب السلطة على المؤسسات الاهلية ورفض تدخل وزير الداخلية في كل كبيرة وصغيرة من شئونها ورفض فكرة الترخيص واستبداله بالتسجيل.(١٨)

والعلاقة بين أطر التشبيك هذه لم تكن صحية تماما إذ انها كانت علاقة تنافسية واتسمت في احيان كثيرة بالحدة وبالملاسنات خصوصا بين شبكة المنظمات الأهلية الفلسطينية وبين مكتب المؤسسات الوطنية. فقد نظرت الشبكة إلى مكتب المؤسسات الوطنية على انه اطار سلطوي يعمل على ابتلاع واحتواء العمل الاهلي والمجتمعي فيما اتهم المكتب الشبكة بانها مكتب وهمي لليسار الفلسطيني. ووصلت الاتهامات ذروتها في يناير عام ١٩٩٧ حين اصدرت الشبكة بيانا في ١٩٩٧/١/٦ اتهمت فيه المكتب بالعمل على شل حركة عمل الشبكة، ورد المكتب ببيان بتاريخ ١٩٩٧/١/٧ قال فيه إن ما تقوم به الشبكة يهدد الوحدة الوطنية وردت الشبكة في ١٩٩٧/١/٨ ببيان مشابه .

كما هاجم أقطاب اتحاد المنظمات غير الحكومية بشدة الشبكة ورأوا فيها انها لواء اليسار وهي تعمل "كلوبي لتنسيق علاقاتها وشراكاتها مع برامج التمويل"(١٩). وقد وصل الخلاف بين رموز الشبكة ومناهضيها حدا غابت فيه الاخلاقيات العامة وتدنى النقاش إلى لغة الاتهام المباشر بالسرقة والخيانة احيانا. حرب البيانات تلك لم تكن في مصلحة العمل الاهلي كما لم تثر المجتمع المدني بل عكست تفتته وتشتته وتمزقه بين الولاءات السياسية والتنظيمية المختلفة ودللت مرة اخرى على ان آفة المجتمع المدني الفلسطيني هي تسيسه العالي والزائد عن الحد، إذ ان احدا لا يستطيع ان يطالب بتجريد المجتمع المدني من السياسة ولكن بالحد المعقول الذي لا تصبح فيه الولاءات الحزبية والفصائلية هي صاحبة القول الفصل في طبيعة المجتمع المدني.

كما ان علاقات منظمات المجتمع المدني فيما بينها تجاوزت عملية التشبيك والتعاون ورؤيتها لطبيعة علاقة المجتمع المدني مع السلطة واتسمت في احيان كثيرة بالتنافس الشديد، فهناك خلاف على طبيعة العمل، وتصارع واضح على التمويل الخارجي. لا يوجد اتفاق بين المنظمات المختلفة حول طبيعة العمل المجتمعي الفلسطيني، فمنظمات الإغاثة والمنظمات التنموية التقليدية تعتبر وجود المنظمات الدعاوية ومنظمات الرأي تبذيرا لاموال الشعب الفلسطيني فيما "رأت المنظمات التنموية والمنظمات الحديثة

في نشاط منظمات الاغاثة تكريسا لهامشية الفئات المهمشة"، وهي "غير مجدية على صعيد تمكين هذه الفئات"(٢٠). كما أن قضية التمويل من القضايا الشائكة التي في احيان كثيرة تعكر صفو العلاقات الداخلية في المجتمع المدني.

معضلة التمويل الخارجي

لم تكن السلطة الوطنية فحسب هبة الدعم المالي الخارجي بل كان ايضا المجتمع المدني ذاته هبة هذا الدعم. وصار الاثنان يعيشان تحت رحمة التحويلات المالية القادمة من اوروبا او امريكا او اليابان. وخلال السنوات العشر الماضية بلغ اجمالي الدعم الخارجي لفلسطين قرابة ٧ مليارات دولار وهو رقم مرتفع اذا ما اخذنا تعداد السكان بعين الاعتبار حيث بلغ نصيب الفرد من هذا الدعم ١٩٥ دولارا. يشكل التمويل الخارجي المصدر الاول للتمويل بالنسبة للمنظمات غير الحكومية الفلسطينية فقد بلغت نسبته حوالي ٤٧% من اجمالي ايرادات هذه المنظمات(٢١)، وهذه النسبة ترتفع بشكل كبير في المنظمات الحقوقية والعاملة في مجال السياسات العامة وتنخفض بشكل كبير ايضا في المؤسسات الصغيرة التي تعمل على نطاق ضيق مثل النوادي الرياضية والمراكز الثقافية والجمعيات الخدماتية .

وكما خلص التقرير السنوي لملتقى الفكر العربي فإن التمويل يظل هو التحدي الأكبر الذي يواجه معظم منظمات العمل الأهلي وهو ما يستلزم "اعادة النظر في الاعتماد المفرط على المصادر الخارجية .. وتنويع مصادر التمويل والترشيد في الانفاق وتطوير مصادر التمويل الذاتي"(٢٢). ورغم كل مآزق الدعم الخارجي إلا ان هناك تباينا في مواقف الدول المانحة وفي درجة تسييسها للدعم المقدم لمنظمات المجتمع المدني. هناك أفضلية للدعم الأوروبي مقابل الدعم الوافد من واشنطن حيث يرى الفلسطينيون أن الدعم الامريكي مرتبط بمواقف الإدارة الامريكية وبالتالي فهو شديد القسوة بحق الفلسطينيين. مثلا كان مسؤول وكالة المساعدات الامريكية USAID قد هدد بقطع المساعدات عن الفلسطينيين في حال تم اعلان الدولة من طرف واحد وقامت على اثر ذلك مجموعة من المنظمات غير الحكومية باصدار بيان نددت فيه بهذه التصريحات. وكانت الوكالة ذاتها قد أرفقت باتفاقيات المشاريع التي توقعها مع المنظمات التي تتلقى منها دعما تعهدا خطيا تتعهد بموجبه هذه المنظمات بأن لا علاقة لها بالإرهاب وأن هذه الاموال التي

تتلقاها لا تذهب لأي مصدر ارهابي وان العاملين في المشروع ليسوا ارهابيين ولا تربطهم بجهات ارهابية اي علاقة. وبالطبع فالارهاب المقصود به المقاومة الفلسطينية والارهابيون هم فصائل المقاومة الوطنية والإسلامية .

طبيعة العلاقة التمويلية بين منظمات المجتمع المدني والدول المانحة افرزت اربع مشاكل جوهرية مست طبيعة العمل المجتمعي الفلسطيني وأثرت على طبيعة علاقة منظمات المجتمع المدني بالسلطة الوطنية السياسية. من هذه الافرازات خلق نوع من الاتكالية Dependency في هذه العلاقة، وضياع الشخصية المستقلة لهذه المنظمات حيث تقوم الدول المانحة بتحديد اجندة عمل هذه المنظمات لأن من يدفع للعازف هو الذي يختار اللحن كما يقول المثل الإنجليزي، بجانب المضامين السياسية الواضحة لسياسات الدول المانحة والمتضمنة في المشاريع المقدمة للمنظمات الفلسطينية. اخيرا خلقت التبعية المالية الكاملة لغالبية منظمات المجتمع المدني حالة من التنافس على الدعم بين هذه المؤسسات.

أولى واخطر مشاكل التمويل تكمن في غياب الارادة الفلسطينية في تحديد اولويات الدعم، فعادة ما يقوم بيروقراطيو المؤسسات الداعمة الجالسون في مكاتبهم في العواصم الغربية برسم سياسات الدعم وتحديد المشاريع التي يعتقدون بأن فلسطين بحاجة لها دون استشارة الجهة المستهدفة ودون الاخذ بعين الاعتبار الحاجات الحقيقية للمجتمع الفلسطيني، كما لا يقومون بتنسيق جهود الدعم هذه مع الخطط التنموية والتطويرية التي تضعها السلطة الفلسطينية أو مؤسسات المجتمع المدني الفلسطينية. وكما يرى البعض فإن هيمنة الدول المانحة على اجندة الدعم والمعلومات المتعلقة تضران بالعملية التنموية والاهداف المرجوة من ورائها. ويمكن رد الكثير من نزوع الدول المانحة للهيمنة إلى ضعف اداء السلطة والظروف الصعبة التي تعيش فيها(٢٣).

يبد ان المجتمع المدني ومنظماته لا تعفى من الملامة في هذا الجانب. فعشر سنوات من الدعم بعد قدوم السلطة كانت كافية للاستنتاج المرير القائل بأن غالبية هذه المنظمات سرعان ما قامت بعمليات تكيف مع الأجندات المختلفة للدول المانحة للدرجة التي بات من الشائع ان تدرك توجهات منظمة ما من معرفة الجهة المانحة لها أو ان تعرف الجهة المانحة وراء منظمة ما إذا عرفت طبيعة المشاريع التي تنفذها. بمعنى ان هذه

الجمعيات فقدت أصالتها المجتمعية وباتت أشبه بمكتب إداري للجهة المانحة. وهي في احسن الحالات منفذة للمشاريع، فبعض هذه المشاريع تضع الهدف والفئة المستهدفة وآلية التنفيذ وكيفيته ويبقى على المنظمة الفلسطينية فقط ان تتحول إلى "متعهد عمل" لصالح الممول(٢٤).

المشكلة الثانية هي التبعية المالية التي خلقها الاعتماد الكامل على عمليات التمويل الخارجي ولذلك فإن جمعيات المجتمع المدني أضحت غريبة عن المجتمع الذي تمثله او الذي تسعى إلى خدمته فيما نسجت علاقة حسنة ومتينة مع عواصم التمويل للدرجة التي يبدو للكثيرين ان ما يهم بعض هذه المنظمات هو رضا الشخص المسؤول عن ملف الشرق الأوسط في المؤسسة الدولية(٢٥). نتيجة ذلك ان مؤسسات المجتمع المدني الفلسطيني أصبحت غير مستقلة ماديا، فلو اوقفت الدول المانحة والسلطة دعمها عنه ربما اصبح من المتعذر الحديث عن مجتمع مدني فلسطيني إلا في شكل جمعيات صغيرة في القرى والمخيمات لا تقع ضمن اهتمام واجندة الدول المانحة. فالمنظمات غير الحكومية والمؤسسات الأهلية التي تعتمد بالكامل أو بشكل جزئي على التمويل الخارجي ستفقد عصبها المالي في حال توقف تدفق الأموال من الخارج لسبب أو لآخر.

والتبعية المالية هذه ايضا تطال مؤسسات العمل الأهلي والنقابات المدعومة من قبل السلطة نفسها. حيث أن النقابات العمالية والمهنية وبعض المؤسسات الأهلية ستنهار حين توقف الخزانة الرسمية للسلطة ضخ الموازنات لها. وخطورة الامر ان هذه النقابات والمؤسسات لم تتعود الإستقلال المالي في حياتها حيث انه كان ينظر لها إبان فترة الاحتلال بوصفها ركيزة لتعزيز الصمود لذا كان دعمها يشكل مهمة وطنية كبرى إذ ان مجرد وجودها هو نضال بذاته، ومع تشكل السلطة رأت فتح والسلطة الجديدة شأنها شأن جل الأحزاب الحاكمة في الوطن العربي في هذه النقابات والجمعيات ركائز لتأمين الولاء الشعبي. من هذا كان يمكن فهم كيف يكون نقيب العمال موظفا مرموقا في السلطة بدرجة وكيل في وزارة وكيف يمكن لكافة موظفي النقابة واعضاء مجلس ادارة النقابات أن يكونوا موظفين على كادر السلطة، وكيف يمكن أن يكون العاملون في منظمة أهلية مفروزين على اجهزة الأمن او الوزارات المختلفة. الأمر الذي حول هذه المنظمات والنقابات إلى مؤسسات تابعة للسلطة.

ومخاطر ذلك ان المنظمة تصبح رهينة تدفق او جفاف منابع التمويل الخارجي الامر الذي يهدد ديمومتها واستدامتها، بمعنى انه بمجرد وقف الدعم الاجنبي فإن هذه المنظمة سرعان ما تختفي لأنها كانت تعيش على هذا الدعم. نتيجة ذلك ان المنظمة تصبح ومن باب "صراع البقاء الداروني" معنية أكثر بتواصل تدفق الدعم كي لا تموت وتضمحل وبالتالي "أصبح بقاء المنظمة، ربما يساوي في الأهمية، او هو أهم في بعض الحالات من المجتمع المستهدف"(٢٦).

هذه الاتكالية المالية تعيق تطور ونمو هذه النقابات والاتحادات والمنظمات غير الحكومية. كافة مؤسسات المجتمع المدني الفلسطيني من منظمات غير حكومية ومؤسسات اهلية ونقابات واتحادات مهنية بحاجة للتحرر من ربق التمويل الخارجي سواء الوافد إلى بعضها من عواصم الدول الغربية أو الذي تهبه لبعضها خزينة وزارة المالية الفلسطينية.

المشكلة الثالثة تكمن في التسييس العالي لبرامج الدول المانحة حيث تربط الدول المانحة بشكل مستمر بين الموقف السياسي للمنظمة المدعومة وبين والتمويل الذي تقدمه لها. فمثلا هناك ربط واضح وصريح بين التمويل والتأييد لعملية التسوية السلمية كما يستنتج تقرير ماس. من هذه المشاريع مشروع البنك الدولي "برنامج دعم المنظمات الأهلية في الضفة الغربية وقطاع غزة" بقيمة ٢٠ مليون دولار، وبرنامج شعب لشعب الممول من الاتحاد الأوروبي والذي يشترط شريكا إسرائيليا في تنفيذ المشروع، وبرنامج تمكين الممول من وكالة التنمية الامريكية الدولية الذي سنأتي على اعتراض السلطة عليه في غير موضع من هذا الفصل.

لننظر بتأمل في علاقة الدول المانحة بمنظمات المجتمع المدني الفلسطينية. الكثير من هذه المنظمات لا تتلقى الدعم لأنها لا تقع ضمن ولا تخدم الاهداف المعلنة والضمنية للمانحين، السبب السياسي وراء كل هذه اللعبة. مثلا الجمعيات التي تأسست بعد قدوم السلطة لتمثيل لاجئي القرى والمدن المختلفة مثل جمعية اهالي يافا وجمعية اهالي اللد وغيرهما العشرات، رغم ما نعتقد من اهمية مثل هذه المنظمات في تمثيل اللاجئين والضغط باتجاه مصالحهم وبالتالي المساهمة في الممارسة السياسية إلا ان أيا من المانحين لا يمكن ان يفكر في دعم مثل هذه الجمعيات لأنها تقف على خط النقيض ربما لفكرة التسوية السهلة بمفهوم محايد. كما ان إحدى نتائج هذا الموقف هي استبعاد

المؤسسات الاسلامية من نعمة الدعم الخارجي الغربي. وهذه ظاهرة واسعة في كل سياسات الدعم الغربي في العالم الثالث حيث يتم استبعاد المؤسسات الاسلامية، وهذا امر يضر بصحة المجتمع المدني حيث أنه في الكثير من هذه الدول تشكل الجمعيات الاسلامية عصب المجتمع المحلي وبالتالي فإن اهمالها يعني خصي المجتمع المدني في حفنة من المنظمات النخبوية الضيقة التي يعوزها الامتداد المحلي .

رابع هذه المشاكل حقيقة ان غالبية المنظمات غير الحكومية ومؤسسات المجتمع المدني تعتاش بهبة الدعم الخارجي وهي بالتالي تقتات من ذات الطبق وعليه فستنشأ علاقة تنافسية على لقمة العيش بينها. وهذا بدوره لابد ان يؤثر سلبا على طبيعة علاقة هذه المؤسسات والمنظمات ببعضها البعض .

توجد قناعة عند الكثير من المنظمات ان عددا قليلا من المنظمات تستأثر بالدعم الخارجي وهذه المنظمات محسوبة على اليسار خصوصا على حزب الشعب وهي تعمل وفق أجندة تنموية او دعاوية وبحثية وسريعة التأقلم مع اجندات الممولين، فيما يرد مسؤولو هذه المنظمات على هذه التهم بأنهم يحصلون على الدعم المالي الأوروبي لأنهم أسسوا لعلاقة قوية مع الشركاء الأوروبيين في الفترات التي كانت فيها بقية المنظمات تستفيد من دعم المنظمة وفتح تحديدا واموال الخليج، بجانب ان منظماتهم تتمتع بمهارات عالية ولديها طاقم من الموظفين مدرب جيدا على استجلاب الدعم وهذه صفات تفتقدها المنظمات الاخرى وبالتالي تصبح غير قادرة على المنافسة على المشاريع(٢٧).

موقف السلطة من الدعم الخارجي للمجتمع المدني

سياسات الدعم الخارجي كانت مصدرا لقلق السلطة من زاويتين. الأولى تكمن في حقيقة تنافس السلطة مع منظمات المجتمع المدني على تلقي الدعم الخارجي. فكلا الطرفين ينظر إلى الطرف الآخر على انه يستحوذ على الدعم على حسابه. والحقيقة انه قبل تأسيس السلطة عام ١٩٩٤ كانت منظمات المجتمع المدني تستأثر بحصة الأسد من الدعم الخارجي نظرا لغياب سلطة محلية يمكن ائتمانها على المنح المالية. مع بزوغ فجر السلطة أضحت هناك جهة محلية رسمية يمكن ان يتم توجيه الدعم عبرها هذا اضافة إلى حاجة الدول المانحة بوصفها دولا كبرى (الولايات المتحدة والاتحاد الأوروبي) إلى تثبيت اركان السلطة لأن نجاح السلطة يعني، كما يعتقدون، نجاح عملية السلام وبالتالي

فالدعم الخارجي كان ينظر إليه بوصفه استثمارا في عملية السلام بكلمات البنك الدولي. وإذا كانت الأرقام تتحدث عن نفسها فإن معطيات الدعم الموجه للمنظمات غير الحكومية تخبرنا بالكثير. ففيما تلقت هذه المنظمات اكثر من ٨٧ مليون دولار عام ١٩٩٤ انخفض هذا الرقم إلى ٤٥-٥٠ مليون دولار سنويا في السنوات ١٩٩٥-١٩٩٨ ومن ثم عاود الانخفاض إلى متوسط ٤٠-٥٠ مليون دولارا سنويا في السنوات ١٩٩٩-٢٠٠٠. ولكن مع تراجع الدور الخدماتي للسلطة بعد تدمير بنيتها التحتية وتعطيل الكثير من اوجه سيادتها وازدياد مأساة الناس المحليين، كان لابد للدول المانحة من ان تحول مجمل دعمها إلى الجانب الإنساني للتخفيف عن الناس، من هنا كان لابد من العودة إلى المنظمات غير الحكومية. ففي عام ٢٠٠١ (الانتفاضة بدأت في الربع الأخير من هذا العام) تلقت هذه المنظمات ٥١ مليون دولار ثم ٧١ مليونا في عام ٢٠٠٢. ورغم عدم توفر احصاءات رسمية حول الدعم في سنتي ٢٠٠٣-٢٠٠٤ يمكن توقع ان حصة المنظمات غير الحكومية في الدعم الخارجي في ارتفاع نظرا لعجز السلطة المؤسساتي جراء الهجمات الاسرائيلية بجانب طبيعة الأزمة الانسانية الناجمة. ولكن وايا يكن الحال فإن نسبة الدعم المقدم إلى المنظمات غير الحكومية لا يتعدى عشر مجمل الدعم الرسمي المقدم للشعب الفلسطيني

فقد حظيت هذه المنظمات في الفترة ١٩٩٤-٢٠٠٣ بـ ٨% من مجمل تعهدات الدول المانحة وتلقت ١٠% من مجمل الدعم الموجه للشعب الفلسطيني فيما حظيت السلطة بـ ٩٠% من هذا الدعم(٢٨). لكن هذه الارقام ينقصها الاشارة إلى حقيقة اننا نتحدث عن الدعم الرسمي، أي الدعم المقدم من قبل حكومات الدول المانحة أو عبرها، فهناك دعم مالي تقوم جهات غير حكومية كبرى بتقديمه للمنظمات غير الحكومية الفلسطينية لا يدخل ضمن جداول الدعم المعلن عنها .

المنظمات غير الحكومية تشتكي من ممارسات السلطة الإدارية والمالية وتتحدث عن سوء ادارة الدعم الخارجي وربما استغلاله لمآرب غير عامة ومنافع شخصية، وتطالب بزيادة المراقبة على تصرفات السلطة المالية واعادة الاعتبار للمجتمع المدني ومنظماته الخدماتية في تلقي الدعم الخارجي بدلا من مركزته في ايدي السلطة وبيروقراطيتها. فيما رأت السلطة من جانبها أن منظمات المجتمع المدني تستحوذ على كمية كبيرة من الدعم الخارجي الذي من الممكن اعادة ترشيده ليخدم المصلحة العامة بدلا من صرفه على المرتبات العالية ومصاريف السفر لبضعة أشخاص يسيطرون على عالم الـ NGOs

وترى وجوب اعادة توزيع عادل للدعم الخارجي بين المنظمات غير الحكومية بحيث تحظى المنظمات المقربة من السلطة على نصيب يوازي قوتها ونشاطها فالسلطة تشعر بأن المنظمات القريبة تتلقى دعما أقل من المنظمات المستقلة عنها أو التي تتخذ موقفا نقديا ومعارضا لها(٢٩). ٨١% من الآراء التي استطلعها تقرير التنمية الصادر عن بيرزيت تعتقد بأن التنافس على التمويل مصدر لتوتر العلاقة بين المنظمات غير الحكومية والسلطة(٣٠).

الزاوية الثانية تكمن في اعتقاد السلطة الوطنية الفلسطينية أن خطط المموليين تعمل على تجاوز سيادتها وتخل بالمصالح الوطنية العليا. فالممولون عادة ما يتقدمون بالمشاريع دون مشاورة الجهات المختصة وبالتالي فخططهم قد تتقاطع او تتعارض مع الخطط الوطنية التنموية التي تصوغها السلطة، فعلى سبيل المثال عندما طرحت وكالة التنمية الامريكية مشروعها لـ"تعزيز المجتمع المدني والديمقراطية: تمكين" وخصصت له ٣٣ مليون دولار لم تستشر أيا من المؤسسات الفلسطينية ولا حتى وزارة شؤون المنظمات الاهلية التي رأت في رسالة وجهها وزيرها حسن عصفور في هذا المشروع تعارضا مع خطة التنمية الفلسطينية وتجاوزا للحاجات الفلسطينية فـ"تعزيز الديمقراطية والمجتمع المدني تنطلق أساسا من الأولويات المجتمعية المحلية والتي هي فقط تستطيع تحديد الزمان المناسب والمكان المناسب لتطبيق البرنامج المناسب، والديمقراطية في هذه الحالة تعني أن تتمكن منظمات المجتمع المدني من حرية امتلاك القرار والانطلاق من أولويات الاجندة الوطنية والاحتياجات المجتمعية التي تستطيع ان تحددها لأنها تعيش الواقع وتتفهم حاجات المجتمع".(٣١)

وإذا كان التمويل الخارجي قد استطاع ان يتحكم بعمل منظمات المجتمع المدني في العالم الثالث عموما فهو قد استطاع ان يحقن اجندات هذه المنظمات بقضايا هامة ومثيرة للجدل مثل قضية الديمقراطية والسياسات العامة والحقوق الفردية والحقوق العامة ومتعلقات هذه القضايا مثل المساءلة والشفافية وقواعد الحكم السليم. فلسطينيا تظل موضوعة الديمقراطية من أكثر القضايا التي انتشرت في اجندات الدول المانحة الخارجية واهتمامات منظمات المجتمع المدني وكانت مصدر توتر علاقة السلطة بهذه المنظمات .

المجتمع المدني الفلسطيني والديمقراطية

كان انشغال المجتمع المدني الفلسطيني بقضايا الديمقراطية وحقوق الانسان والسياسات العامة نتيجة منطقية لتشكيل سلطة سياسية وطنية وبالتالي نتيجة لتغيير وظائف الجمعيات المجتمعية التي تفاعلت في فترة الاحتلال كما كان جزءا من انتشار ظاهرة الدعم الخارجي لعمليات الدمقرطة Democracy Promotion كما لم يمكن نسيان تأثير إحجام اليسار السياسي الفلسطيني عن المشاركة في العملية السياسية على اتجاه الكثير من اقطابه للتوجه للمجتمع المدني بحثا عن دور في المعارضة السياسية لذا كان الانشغال بالسياسات العامة والديمقراطية وحقوق الانسان الحقل الانسب لمثل هذه المعارضة .

لكن وأيا كان سر الانشغال بمنظمات المجتمع المدني العاملة في قضايا متعلقة بالديمقراطية وحقوق الانسان والسياسات العامة فإن الفاعلين في حقل المجتمع المدني الفلسطيني رددوا نفس الشعارات التي رددها نظراؤهم العرب في دور المجتمع المدني في عمليات التحول الديمقراطي والتي كانت بدورها انعكاسا لموضة المجتمع المدني في عواصم الدول المانحة، او ما أسميناه في فصل سابق المجتمع المدني من الخارج. ورغم ما في هذه الشعارات من دقة وصوابية أكاديمية إلا أن المغالاة فيها تفقد المجتمع المدني الكثير من قيمته وتبعده عن كثير من مناحي النشاط المجتمعي التي يمكنه القيام بها. فإذا كانت الديمقراطية اساسية لترعرع المجتمع المدني فإنها ليست إلا الهدف المركزي الذي يتمأسس المجتمع المدني حوله. فلسطينيا لم يختلف الحال. لا يجد المتتبع للواقع الفلسطيني كلمة تتكرر في يافطات المنظمات المختلفة في الضفة الغربية وقطاع غزة خصوصا الجمعيات غير الحكومية اكثر من كلمة ديمقراطية ومشتقاتها، ويكفي استعراض مسحي لأهداف هذه المؤسسات كما وردت في لوائحها الداخلية لمعرفة كيف اصبحت الديمقراطية هي موضة المجتمع المدني .

في تقديم معهد ابحاث السياسات الإقتصادية الفلسطينية ماس لمنشوره "تعداد المنظمات غير الحكومية الفلسطينية في الضفة الغربية وقطاع غزة" نقرأ التعريف التالي لدور المنظمات غير الحكومية. يقول التقديم بأن قطاع هذه المنظمات "لعب دورا رئيسيا في إدارة المجتمع الفلسطيني في ظل ظروف استثنائية لاحتلال إسرائيلي يتسم بخصوصية استيطانية إجلائية إحلالية. ويناط بهذا القطاع، أيضا، دور حاضري

ومستقبلي لا يقل اهمية عن ارساء دعائم المجتمع المدني وتعزيز عملية البناء الديمقراطي الفلسطيني" (ماس:٢٠٠١)(٣٢).

جورج جقمان يقول إن السؤال حول آفاق تطور المجتمع المدني في فلسطين يمكن اعادة صياغته ليتحول سؤالا حول آفاق الديمقراطية في المجتمع الفلسطيني. ويستطرد بأن نمو المجتمع المدني في فلسطين يحتاج لجو ديمقراطي واحترام لحقوق الإنسان. وهذا لا جدل فيه كما نشاركه الرأي، بيد ان هذا الجو الديمقراطي هو البيئة التي يوجد بها المجتمع المدني وهو نتيجة من نتائج حضور وفاعلية هذا المجتمع، بيد ان جورج جقمان يقيد ايضا مهمة المجتمع المدني بالدفع باتجاه عملية الدمقرطة. ونحن نعتقد بأن ذلك جزء هام من مهام المجتمع المدني بالقدر الذي يجعل مساهمة المجتمع المدني ايجابية في المجتمع ولكن مرة اخرى ماذا لو كانت هذه الشروط متوفرة ألا يوجد حاجة لمجتمع مدني. هذه النظرة الوظائفية للمجتمع المدني المرهونة بعملية الدمقرطة قادت جقمان للقول بأنه في ظل محددات العملية الديمقراطية الفلسطينية في سياق القيود التي اوجدتها اوسلو فإن "تطور المجتمع المدني الفلسطيني إما ان يتم في ظل فراغ سياسي او يستمر في طريق لا علاقة لها بالحقوق الوطنية"(٣٣).

وهناك من رأى أن مهمة التغيير الديمقراطي في المجتمع الفلسطيني لا تتحقق إلا عبر اعادة تفعيل دور الاحزاب السياسية في الحياة الفلسطينية أما دور مؤسسات المجتمع المدني فيقتصر ضمن القضايا الجزئية(٣٤) التي تؤثر بها وعبرها على السلطة والتي تمتد من التثقيف الديمقراطي والمجتمعي إلى المساءلة والمطالبة بالحقوق.

وكان من الطبيعي ان تتوتر علاقة مثل هذه المنظمات مع السلطة لأن طبيعة عملها تقع في قلب السياسات العامة وحقوق الإنسان ومراقبة الاداء العام للسلطة ويقتضي نوعا من الرقابة والتدخل في التأثير على سياسات السلطة، الأمر الذي لا تتقبله السلطة وتفضل ان تبتعد منظمات المجتمع المدني عن هذه الوظائف. والكثير من أقطاب السلطة تتوجس من طبيعة عمل الكثير من المنظمات الحقوقية والمتعلقة بالديمقراطية فقد اجمع المستطلعون من ممثلي الوزارات الذين شملهم البحث الذي اجراه اللداودة وآخرون على رفض ما اعتبروه الدور السياسي لهذه المنظمات وتساءل احدهم: هل الفلسطينيون حقا بحاجة إلى هذا الكم من منظمات حقوق الإنسان! وذهب للقول إن وظيفة هذه المنظمات لا تذهب ابعد من "مراقبة السلطة" و"الوشاية بها لصالح الأوروبيين والأمريكيين"(٣٥).

وعلى العكس من ذلك تعود العلاقة الحسنة بين منظمات الاغاثة وبين السلطة إلا أن فلسفة عمل هذه المنظمات تقوم على الاحسان وهي لا تنشغل بمحاولة التأثير في السياسات العامة وربما كانت طبيعة عملها الخدمي تفرض عليها التأقلم مع التوجهات الصادرة عن السلطة(٣٦). فيما طبيعة عمل المنظمات الدعاوية تفرض التصادم مع السلطة وتدني علاقتها مع مؤسساتها.

وكوادر السلطة عادة ما يعيبون على هذه الجمعيات غياب الديمقراطية داخلها وتعطيل مبادئ الإدارة السليمة فيها وهي بالتالي فاسدة ولا تملك الحق في تقويم نفسها إذ ان الأولى ان تقوم نفسها أولا. فنشرة شبه رسمية تصدر عن السلطة تصف بعض اصحاب هذه المنظمات بـ"أباطرة وبارونات الـ " NGOsوتقول بأن "بعض هذه المؤسسات الأهلية وصلت سطوتها ونفوذها وتسلطها إلى حد ترهيب وترغيب واستزلام احزاب وحركات ونواب وشخصيات اعتبارية ووزراء وكبار موظفين ومدنيين وغير مدنيين ورجال اقتصاد وبنوك وشركات واستثمارات واطباء ومحامين وإعلاميين ورجال دين وعشائر وعائلات.. ولم يعد ينقصها إلا تشكيل ميليشيات مسلحة". خلاصة القول بأن اصرار بعض منظمات المجتمع المدني على التصادم مع السلطة عبر ابراز اهدافها في الدمقرطة والمطالبات الحقوقية تزامن مع عدم تسامح السلطة السياسي مع هذه المواقف إضافة إلى حقيقة أن هذه المنظمات التي تعتاش على الدعم المالي الخارجي والفساد والممارسات المنافية للديمقراطية التي اتسم بها عمل هذه المنظمات جعلت من دعاوي الدمقرطة التي رفعها المجتمع المدني غير مجدية في كثير من الاحوال.

أزمات منظمات المجتمع المدني

بطبيعة الحال فإن الواقع الذي تكون فيه المجتمع المدني الفلسطيني سواء بنواته الأولى قبل نشوء السلطة الوطنية الفلسطينية أو بتمظهراته بعد نشوء السلطة ورثه مجموعة من الأزمات والمعضلات والمشاكل التي تفاقمت وتزايدت مع الممارسة الفعلية والإدارية لمنظمات المجتمع المدني والتدخلات الأجنبية في الشأن الفلسطيني عموما وفي فاعلية المجتمع المدني تحديدا. سأقوم بمناقشة أربع ازمات ارى انها تصيب المجتمع المدني في مقتل وبدون الالتفات إليها ستصبح اي محاولة لإصلاح حال المجتمع المدني متعذرة، وهي علاقة المجتمع المدني غير السوية مع المجتمع المحلي، وغياب

الممارسة الديمقراطية في ادارة منظمات المجتمع المدني، وفساد وسوء ادارة هذه المنظمات، ونخبوية المجتمع المدني. لنلاحظ بأن هذه الأزمات بدورها تؤثر على طبيعة علاقة المجتمع المدني بالدولة: السلطة الوطنية الفلسطينية .

علاقة غير سوية مع الجمهور المحلي

هناك افراط وتفاؤل كبير في الدور الذي لعبته وتلعبه منظمات المجتمع المدني في الواقع السياسي والمجتمعي المعاصر فهناك من يرى انها فرضت نفسها كطرف مهم في العملية التنموية، من حيث حجم مشاركتها، وطبيعتها، فهي قد "أصبحت جزءا من النسيج المجتمعي"، واستطاعت ان تحظى بالدعم الدولي الكافي، وأن تأخذ مكانها إلى جانب السلطة ليس فقط كمقدمة للخدمات بل كشريكة لاستكمال المشروع الوطني والعملية التنموية(٣٧). ورغم عدم نفينا لمثل هذا التشخيص لدور هذه المنظمات إلا أن مثل هذه القراءة تتجاهل علاقة هذه المنظمات بالشارع الفلسطيني الذي، وباستثناءات قليلة تشمل المنظمات الخيرية الخدماتية المباشرة، لا يعرف الكثير حول نشاطات هذه المنظمات ولا يستطيع المواطن العادي في احد شوارع غزة او نابلس ان يقوم بتعداد اسماء خمس من هذه المنظمات فيما المواطن السويدي العادي عضو في ثلاث منظمات في المتوسط. ربما يمكن القول بأن منظمات المجتمع المدني نجحت في فرض نفسها على خريطة العمل الوطني وفي دوائر وعواصم الممولين وفي المؤتمرات الأكاديمية والبحثية الخارجية والمحلية لكنها بقيت خارج المجتمع ولا تنتسب له بالقدر الذي تنتسب للدوائر الرسمية او لمكاتب الجهات المانحة .

ما من شك بأن جمعيات المجتمع المدني الفلسطيني عموما و المنظمات غير الحكومية تحديدا فشلت في تأسيس علاقة مع الجمهور والمجتمع المحلي، فهي منسلخة عن المجتمع، وهي غير فاعلة فيه لأنها لا تعمل على اشراك الشرائح الشعبية بشكل واضح وحقيقي في العملية التنموية كما يقول جورج كرزم(٣٨). ولا تتوفر معلومات حول حجم الفئات المستهدفة والمستفيدة من نشاط هذه الجمعيات ولا مدى قدرة المؤسسة على الوصول إلى فئاتها المستهدفة او مدى عدالة توزيع الخدمات، ناهيك عن نقص المعلومات حول مدى مساهمة الفئات المستهدفة في صنع قرارات المؤسسة وتحديد اولوياتها. من غير المحقق أن التغيير الكمي والطفرة الكمية زادت من فاعلية هذه المنظمات. فباستثناء زيادة البيروقراطية الجديدة العاملة في هذه المؤسسات، والتي

بالطبع ساهمت في توظيف شريحة جديدة، لا شيء تغير، فالمجتمع المحلي او الفئات المستهدفة لم تشعر بجديد.

هذا الامر يمكن استجلاؤه بوضوح في مركزة المنظمات غير الحكومية النخبوية في المدن المركزية في غزة ورام اللـه والقدس والخليل وهو ما ستتطرق له الدراسة في نقطة لاحقة. جدول ١ وجدول ٢ يوضحان اكبر تجمع وأقل تجمع للمنظمات غير الحكومية في المناطق الفلسطينية(٣٩).

جدول١ :أكبر تجمع للمنظمات غير الحكومية حسب المحافظة

المحافظة	عدد المنظمات
رام اللـه والبيرة	١١٤
الخليل	١١٩
القدس	٩٨
بيت لحم	٩٣
غزة	٩٠
نابلس	٩٠

جدول ٢ : أقل تجمع للمنظمات غير الحكومية حسب المحافظة

المحافظة	عدد المنظمات
طوباس	٨
سلفيت	١٥
رفح	١٦
اريحا	٢٠
شمال غزة	٢٠
قلقيلية	٢٧

من الجدولين السابقين نلاحظ ان المناطق التي تشهد كثافة نشاط المنظمات غير

الحكومية الفلسطينية هي مناطق تمركز القرار الفلسطيني وهي قد تكون الأقل حاجة للنشاطات التنموية في المجتمع الفلسطيني مقارنة مع المناطق الريفية في طوباس وسلفيت والمناطق منخفضة الدخل مثل رفح والمناطق التي بحاجة لبنى تحتية مثل قلقيلية.

وعلاقة المجتمع المدني ومنظماته مع المجتمع المحلي عكست نفسها في عدم الثقة التي يوليها المجتمع المحلي لمنظمات العمل المدني المختلفة. فمع الوقت اخذت ثقة الجمهور في مؤسسات المجتمع المدني المختلفة تتراجع لأن هذه المنظمات فشلت في متابعة القضايا التي تخص وتخدم قطاعات وشرائح الشعب المختلفة كما لاحظ تقرير التنمية الفلسطيني الصادر عن جامعة بيرزيت(٤٠) .

ومرد ذلك ليس سوء اداء هذه المنظمات لمهامها الوظيفية فحسب وقلة اهتمامها بالمجتمع المحلي لأنها غير مسئولة أمامه بل هي مسئولة امام دوائر الدول المانحة، بل ايضا ما قاله البعض من ان الحاجة لتطور المنظمات غير الحكومية لم تكن حاجة وطنية داخلية بل كانت حاجة خارجية. وكان ان تجسد هذا الانسلاخ عن المجتمع وترسخ مع اعتماد المجتمع المدني على الاموال الخارجية، وأخذ البعض على منظمات العمل المجتمعي الفلسطيني انها في بحثها عن التمويل الخارجي تنازلت عن الكثير من مواقفها الوطنية أو هي همشتها ولم تولها الاهتمام المطلوب واصبحت "القضية الوطنية" هي احد الأشياء أو أحد البضائع التي يتم التعامل معها بصورة نفعية لخدمة قضايا أخرى.(٤١) ويعيب هؤلاء على المنظمات العاملة في القدس مثلا بأنها لا تفعل الكثير في سبيل مقاومة سياسات التهويد االتي تقوم بها مؤسسات اسرائيلية . اذا هناك من يعيد التأكيد على ضرورة ان يستعيد المجتمع المدني دوره المقاوم في القدس. إن كون المنظمات غير الحكومية مستقلة وغير حكومية كما يكتب كرزم "لا يعني بأن تنسلخ عن متطلبات الشرائح الاجتماعية الشعبية وتنحصر في العمل المجتمعي الخدماتي والمدني بعيدا عن النشاط النضالي الوطني"(٤٢).

بناء على ذلك فقد وقف البعض مبدئيا ضد تطور المنظمات غير الحكومية ورأى ان انتشارها ليس إلا استجابة واضحة لاستراتيجية العولمة "الهادفة إلى عدم تسيس شعوب العالم وهي انسجام او عادة تنظيم لارادة المجتمع من قبل القوى الكبرى"(٤٣). وهي بذلك

ليست إلا تأثيرات خارجية لا جذور لها ضمن سلة القلق الشعبي العام وضمن الاحتياجات الوطنية .
لكن هذا الفهم لا يخلو من مغالطة كبرى تغفل حقيقة ان ظهور المنظمات غير الحكومية الفلسطينية وانتشارها جاء في الكثير منه إلى وجود السلطة الفلسطينية وتحديد العلاقة بين المجتمع والسلطة السياسية نتيجة لوجود هذه الكيانية. ودون ان ننفي حقيقة التدخلات الخارجية سواء على صعيد الدعم المالي غير المحدود الذي ضخته الدول المانحة في حسابات العمل غير الحكومي الفلسطيني، أو عبر صياغة الاجندات لعمل هذه المنظمات من الخارج فإن الحراك والزحزحة المؤسساتية غير الحكومية التي حدثت في السنوات العشر الاخيرة ورغم ازماتها الكثيرة تظل نابعة من صميم الحاجة الفلسطينية. وإن كان لابد من تصويب عمل هذه المنظمات لتصبح متشابكة اكثر مع المجتمع المحلي وأكثر استجابة لمتطلباته واكثر اعتمادا على تمويلها الذاتي او الوطني بدلا من الاتكالية على المصادر الخارجية.
فساد وسوء ادارة المجتمع المدني
دور هذه المنظمات في متابعة عمليات الإصلاح ينبغي ان يقترن بممارسة ذاتية " إن التناقض الذي يظهر احيانا بين ما تنادي به هذه المنظمات من مطالبة بالشفافية والنزاهة والمساءلة وممارسة ذاتية لا تتسم بهذه المطالبة يلحق اضرارا فادحة بمصداقية هذه المنظمات .(44)".فلكي تصبح مؤسسات المجتمع المدني مؤهلة لمحاسبة وتقييم اداء المؤسسات الحكومية "عليها أولا ان تنفض بيتها الداخلي وان تتخلص من السلبيات العديدة .. إن المؤسسات الاهلية التي تحترم نفسها وكرامتها تعكس ذلك جليا في مبدأ العلانية وكشف نشاطاتها وخدماتها وحساباتها المالية على صفحات الجرائد"(٤٥). وتثار اسئلة كثيرة حول شفافية المجتمع المدني الفلسطيني، فكما تقول مجلة آفاق برلمانية في قراءتها لعلاقة المنظمات الأهلية والمجلس التشريعي فإن التشريعيين الفلسطينيين يرون ان اعتماد المنظمات غير الحكومية على التمويل الخارجي يفرض عليها اولويات ليست بالضرورة من اولويات الشعب الفلسطيني. كما يرون ان مطالبة هذه المنظمات للسلطة الوطنية بالشفافية والمحاسبة يجب ان تنعكس ايضا على بناء هذه المنظمات وأدائها، الانتقاد ذاته جاء لمنظمات المجتمع المدني الفلسطيني من أقطاب اليسار حيث يقول ابو ليلى من الجبهة الديمقراطية بأن المنظمات الاهلية تعاني من ضعف الشفافية وضعف

اعتماد الديمقراطية في بنيتها الداخلية(٤٦). خضر شقيرات مدير عام جمعية القانون في رام الله استقال من منصبه في السابع من ايلول عام ٢٠٠٣ وقال في بيان استقالته في الصحف بأن بعض منظمات العمل الأهلي استفاد واثرى من الدعم المالي الأجنبي وان بعض رؤساء هذه الجمعيات مازال على رأس جمعيته منذ أكثر من عشرين سنة وتسأل كيف يمكن المطالبة بالديمقراطية والشفافية بينما من يطالب بذلك لا يمارس السلوك نفسه! جماهيريا اعتقد ٤٣ بالمئة من المستطلعين في استطلاع مركز البحوث والدراسات في شهر تموز العام ١٩٩٩ بأن المنظمات غير الحكومية فاسدة(٤٧.(

في المحصلة كيف يمكن ان نقيم نجاح او فشل منظمات المجتمع المدني. ففي احسن الحالات يمكن الاجابة على سؤال هل يمكن قياس نجاح المنظمات الاهلية؟ أو هل توجد معايير لتحديد نجاح أو فشل عمل هذه المنظمات؟ الإجابة في أحسن الأحوال ليست بأكثر من (نعم) حذرة.

كما ان الفساد المالي والاداري اصاب عصب العمل المجتمعي وتحولت الكثير من الجمعيات إلى مؤسسات خاصة وفي بعض الاحيان مصدرا هاما للكسب والدخل للقائمين عليها. كتب ابراهيم دعيبس أن منظمات العمل الأهلي صارت جمعيات تجارية رابحة أو بزنس(٤٨). كما سجل البعض ان بعض الجمعيات تشغل المنح التي تتلقها في اعمال ربحية وبعضها يحول الاموال إلى حسابات أحزاب سياسية. بعض الكتاب الفلسطينيين تعرضوا بالتحليل للممارسات غير الديمقراطية والمنافية لحقوق الإنسان داخل هذه المنظمات.(٤٩)

لاديمقراطية المجتمع المدني

لا يختلف اثنان على ان الكثير من منظمات المجتمع المدني الفلسطيني لا تمارس الديمقراطية وبأن كل منظمة من هذه المنظمات مرتبطة بشخص واحد، فحين يرد ذكر هذه المنظمة اول ما يتبادر إلى الأذهان هو اسم مؤسسها الأول أو رئيس مجلس إدارتها أو امينها العام الذي تزعم قيادتها لمرة واحدة وللأبد. و"المفارقة ان معظم هذه المنظمات في فلسطين والوطن العربي لم تقم بعقد اية مؤتمرات داخلية لانتخابات هيئاتها ومجالس إدارتها بصورة ديمقراطية منذ تأسيسها إلى اليوم رغم تداولها الكمي الواسع لموضوع الديمقراطية والتعددية السياسية"(٥٠). البعض لاحظ ان بعض هذه المؤسسات يتم تحويلها إلى مؤسسات اقتصادية لشخوص معينة او تتحول إلى مؤسسة المدير "الذي يقرر فيها

كما يشاء في وضع تغيب معه الديمقراطية الداخلية عن عمل هذه المؤسسات"(٥١). وغالبا -إلا في حالات قليلة وربما كانت هذه الحالات النقابات والاتحادات والجمعيات المهنية- ما تقوم منظمات المجتمع المدني بإغلاق ابوابها امام الاعضاء الجدد ولا تقوم بفتح باب التنسيب وتقتصر العضويات على بعض المعارف والأصدقاء، الأمر الذي يضمن عدم التنافس على المواقع المتقدمة في المنظمة في حين تم اجراء انتخابات وهو أمر نادرا ما يحدث "وترتيب أمورها بما يتناسب مع إرادة ورغبات المدير(٥٢)". بطبيعة الحال فإن السلطة الفلسطينية تستخدم هذا المدخل، أي تعثر عملية الديمقراطية داخل منظمات المجتمع المدني، في مرافعاتها ضد هذه المنظمات. وباتت دعاوي منظمات المجتمع المدني للسلطة بتفعيل العملية الديمقراطية يرد عليها من منطلق ان الذي بيته من زجاج لا يقذف الناس بالحجارة وان فاقد الشيء لا يعطيه.

ودون ان ننفي الدور السلبي الذي يمارسه الاحتلال في اعاقة العملية الديمقراطية وعمليات التحول المدني في فلسطين إلا انه من المتعذر الإيمان بأن اسرائيل هي المعوق الرئيسي لتطور الديمقراطية الفلسطينية وتعطيلها. وإذا امكن تفهم كيف يمكن لإسرائيل ان تعيق اجراء انتخابات تشريعية ورئاسية عبر تمزيق فلسطين إلى وحدات جغرافيا وبالتالي تعذر التواصل بين هذه الوحدات كما يمكن بدرجة أقل تفهم ان تعيق قوات الاحتلال اجراء انتخابات بلدية عبر فرض قيود على الحركة من وإلى المدن والوحدات القروية، لكن ما يصعب تصوره كيف يمكن لقوات الإحتلال أن تكون عائقا يحول دون اجراء انتخابات نقابية أو انتخابات لهيئات الجمعيات المجتمعية والخيرية والمدنية؟ .!

التسيس العالي

مع رفض معظم فصائل اليسار المشاركة في العملية السياسية وفي اجهزة ومؤسسات السلطة بدعوى ان المشاركة ستعني الموافقة على الاتفاقيات المؤسسة لهذه السلطة، الأمر الذي ترفضه هذه الفصائل، لم يكن أمام منظمات العمل المجتمعي التابعة لليسار إلا ان تواصل عملها هذه المرة ليس كمكاتب خفية إذ ان معظم الفصائل بات لها مكاتب علنية، ولكن كمنابر للمعارضة السياسية التي يتزعمها اليسار. وإن كان الدور الخفي او الدور- المكتب الخفي الذي لعبته هذه المنظمات إبان الاحتلال يمكن تقبله من وجهة نظر تنظيمية فإن الدور- المنبر الذي تمارسه هذه التنظيمات يعيق عملها المجتمعي

ويخل بعلاقتها بالمجتمع الذي تخدمه. ومرد ذلك ان الجماهير قد تقبل ان تتعامل مع المنظمة- المكتب بوصف ذلك نوعا من انواع المقاومة، وفي حالة المنظمة- المنبر فهي تفضل التعامل مباشرة مع التنظيم او الفصيل الذي تنتمي إليه. ومن جانب كون هذه المنظمات أبواقا للتنظيمات السياسية لابد ان يلقي بظلاله على علاقة هذه المنظمات مع السلطة التي رأت فيها معارضة سياسية ليس أكثر ولا أقل .

وتعاظم الدور السياسي لهذه المنظمات يحمل مخاطر حرف هذه المنظمات عن خصائص عملها، كما أن الانخراط في المعارضة السياسية يفقد هذه المنظمات مبدئيتها وشفافيتها وحياديتها(٥٣). فكما يعترف الباحثون في شأن المجتمع المدني فليس المقصود من المجتمع المدني أساسا "ايجاد معارضة سياسية في مواجهة الدولة، إذ إن فاعلية المجتمع المدني، بكافة تكويناته، تنطوي على اهداف اوسع واعمق من مجرد المعارضة، إنها المشاركة بمعناها الشامل -سياسيا واقتصاديا واجتماعيا وثقافيا- اذ تتيح هذه المشاركة للمجتمع المدني فرصة مراقبة كافة البنى الاجتماعية، بما فيها مؤسسة الدولة نفسها، وضبطها وتصحيح مسارها"(٥٤). فلسطينيا كثيرون عابوا ان هذه المنظمات تسعى لتأسيس أحزاب وليدة تبتعد عن جوهر المشروع الوطني المقاوم للاحتلال تحت غطاء البرنامج الديمقراطي الداخلي وحقوق الانسان والتنمية.

نخبوية المجتمع المدني

المجتمع المدني الفلسطيني محكوم بفئة محدودة وهو يكاد ينحصر في منطقة النخبة. وكون المنظمات غير الحكومية الفلسطينية محكومة بصراع النخب الذي هو ذاته مفصل تكويني في جسد الدولة الوطنية فإن امكانية التغيير تظل محدودة، دون ان يعني ان النخب لا علاقة لها بالتغيير، لكن ما نجادل بشانه هنا بأن ضيق افق المشاركة في منظمات المجتمع المدني الفلسطيني واقتصارها على النخب يقلل بالطبع من مقدرتها أولا: في التأثير في الناس، وثانيا: يجعل سجالها مع السلطة سجالا يدور في غرف مغلقة وليس في الشارع حيث يمكن إحداث التغيير. يقول سامي خضر مدير مركز العمل التنموي معا لمجلة آفاق برلمانية بأن ضعف المنظمات الاهلية في الخروج من حالة النخبوية القائمة هو سر عجزها(٥٥). وهذا صحيح ويفضح فشل منظمات المجتمع المدني (مع بعض النجاح القليل) في التغلغل في المجتمع والدفع نحو عملية البناء المجتمعي ومجتمع

الخدمات والتحول الديمقراطي. فالمجتمع المدني رهن بمشاركة الجماهير. وواقع الحال في البلدان العربية عموما أن المجتمع المدني العربي في واد والمجتمع في واد ولم ينزل المجتمع المدني عن مصاف النخب التي حصر نفسه فيها، وباتت الجماهير العربية ترى في المجتمع المدني "كانتونا نخبويا اصطفائيا وليس مجتمعا عموميا"(٥٦) .

الوجه الآخر لمثل هذا الاصطفاء النخبوي يتمثل في طبيعة الأشخاص الذين يشكلون منظمات المجتمع، فمن يستطيع ان يشكل منظمة غير حكومية في غزة ورام اللـه ونابلس ورفح! بالطبع هم الفئة المجتمعية التي تمتلك مدخلا للسلطة سواء كانت العلمية او الاجتماعية، فلم نشهد حالة قام بها مثلا شاب لم يتلق تعليمه ولا يتحدث الإنجليزية بتأسيس منظمة غير حكومية إلا في بعض الحالات النادرة في المخيمات والقرى والاحياء الشعبية ومثل هذه الجمعيات خدماتها محدودة ونعتقد انها هي من يجب ان تنتبه إليه الدول المانحة. إذا كان القصد في تحويل الدعم إلى المجتمع المدني هو إحداث تغيير فالتغيير لا يحدث ضمن مواجهة بين النخب بل بين المجتمع ذاته وبين السلطة الحاكمة وهذا يفسر في كثير منه سبب فشل كل مشاريع دعم المجتمع المدني في أفريقيا كما يخلص جين فرانسوز باتارت للقول في دراسته لواقع المجتمع المدني في أفريقيا(٥٧) .

الهوامش:

1 -لداودة وآخرون، ٢٠٠١. ١٠٥:

2 -زياد ابو عمرو، المجتمع المدني والتحول الديمقراطي في فلسطين، رام الله: مواطن (المؤسسة الفلسطينية لدراسة الديمقراطية)، ١٩٩٥.

3 -عزمي بشارة، ٢٠٠٠. ٣٠١:

4 -كرزم، ١٩٩٩، ٤٦.

5 -جميل هلال، "معالم سوق عمل القطاع غير الحكومي في الضفة الغربية وقطاع غزة". العمل والعمال، العدد ٢، حزيران ١٩٩٧، ص ٢٠.

6 -سمر هواش، المرأة في العمل النقابي في اشكاليات العمل النقابي في فلسطين، مركز الديمقراطية وحقوق العاملين، رام الله. ١٩٩٩.

7 -كرزم، ١٩٩٩، ٥٠.

8 -الملتقى الفكري العربي، التحول الديمقراطي في فلسطين، التقرير السنوي الخامس والتقرير السادس، القدس أيار ٢٠٠٢و ٢٠٠٣ ١١٨ /: ١٢٨.

9 -سالم، ١٩٩٩. ٢٩:

10 -شبكة المنظمات الأهلية الفلسطينية، التقرير السنوي، ١٩٩٩. ويعرف قانون الجمعيات الخيرية والمنظمات غير الحكومية والمنظمات الأهلية بأنه "أية خدمة، او نشاط اجتماعي، او اقتصادي، او ثقافي، او اهلي، او تنموي، او غيره يقدم تطوعا او اختياريا ومن شانه تحسين مستوى المواطنين في المجتمع اجتماعيا، او صحيا، أو مهنيا، أو ماديا، او روحيا، او فنيا، او رياضيا، ثقافيا، او تربويا."

11 -لداودة وآخرون، : ٢٠٠١. ١٠٩.

12 -النشرة العدد الاول - السنة ١٨ اواخر ابريل ٢٠٠٣ ٩:

13 -الملتقى الفكري العربي، التحول الديمقراطي في فلسطين، التقرير السنوي الخامس. القدس أيار ٢٠٠٣ ١٣١.:

14 -سالم، ١٩٩٩ ١٤٣. :

15 -قام بتأسيس الاتحاد مجموعة من المراكز الثقافية المحسوبة على فتح وبعض التنظيمات الأخرى. الاتحاد يقوم بعملية انتخاب دورية لرئاسته ومجلس ادارته وتتكون جمعيته العمومية من مندوبين عن كل مركز عضو في الاتحاد. وكان مرشح عن "فدا" قد فاز برئاسة الاتحاد في دورته الثانية بعد ان كان ترأس الاتحاد كادر ثقافي من فتح .

16 -شبكة المنظمات الأهلية، التقرير السنوي، ١٩٩٩.

17 -التشبيك حسب تعريف شبكة المنظمات الأهلية العربية هو الوضع الناجم عن قيام "مجموعة من المنظمات والجماعات والأفراد الذين توافقوا حول إطار معين لاقتسام وتبادل الخبرات والآراء والأفكار والمشاركة في المعلومات والاتصال، وبشكل لا يلغي الاستقلالية الذاتية للأطراف. مقتبس في لداودة وآخرون، ٢٠٠١. ١١:

18 -السلطة رأت ان فكرة الانفصال عنها فكرة خاطئة فيما المطلوب هو الاستقلال عن الدول الممولة وليس عن السلطة.

19 -مقتبس في لداودة وآخرون، ٢٠٠١. ٥٢:

20 -مصدر سابق، ٦٨.

21 -ياسر شلبي ونعيم السعدي، تعداد المنظمات غير الحكومية الفلسطينية في الضفة الغربية وقطاع غزة

العام ٢٠٠٠. يفيد التعداد ان ٢٩% من هذه المنظمات تعتمد على التمويل الذاتي و ١١% تعتمد على تبرعات من مؤسسات فلسطينية و ٥% منها على السلطة و ٥% أخرى على دعم فلسطيني خارجي و ١% من فلسطين ١٩٤٨ و٢% من مصادر اخرى .

-22الملتقى الفكري العربي، التحول الديمقراطي في فلسطين، التقرير السنوي الخامس. القدس أيار ٢٠٠٣ .١٢٩:

23- Anne Le More, Foreign aid strategy in The Economics of Palestine: Economic policy and institutional reform for a viable Palestinian statei, edited by David Cobham and Nuiman Kanafani, London, Routledge, 2004.

24 -لداودة وآخرون، : ٢٠٠١ .١٠١.

25 -لقراءة انتقاد قاس للتمويل الخارجي نقترح قراءة كتاب سناء المصري "تمويل وتطبيع وما خفي كان أفدح" المنشور على حلقات في النشرة ابتداء من العدد التاسع . أيلول ١٩٩٨. ايضا كتاب عادل سمارة المشار إليه سابقا.

26 -جريس، مقتبس في لداودة وأخرون، .٢٠٠١

27 -لداودة وآخرون، ٢٠٠١ .٦٩-٦٨:

28- Ministry of Foreign Affairs, Monitoring Report of Donors' Assistance, June 2003.

تقليديا كان هذا التقرير يصدر عن وزارة التخطيط والتعاون الدولي ولكن بعد فصل الوزارة إلى وزارتين مع تشكيل حكومة السيد محمود عباس عام ٢٠٠٣ صدر منه العدد الأخير حتى لحظة تحرير هذا الفصل (أيلول ٢٠٠٤) في شهر حزيران ٢٠٠٣، وكما علمنا فقد أحيلت دائرة تنسيق المساعدات التي كانت تشرف على اصدار هذا التقرير الفصلي حول المساعدات الخارجية إلى وزارة التخطيط .

29 -لداودة وآخرون، ٨٩.

30 -تقرير التنمية- بيرزيت ١٩٩٩-١٩٩٨.

31 -نص الرسالة موجود في النشرة، العدد الثاني السنة ١٦ اواخر شباط ٢٠٠١ ٩-٨.:

32 -الخط المائل إضافة منا للأهمية.

33- Giacaman, George & Dag Jorund Lonning) 1997) After Oslo: New Realities, Old Problems, Pluto Press, London: 14.

34 -وليد سالم، ١٩٩٩ .٢٧:

35 -لداودة وآخرون، ٢٠٠١ .٧٥:

36 -مصدر سابق، .٨٥

37 -لداودة وآخرون، ٢٠٠١ ٣. :

38 -جورج كرزم، واقع ومستقبل المنظمات غير الحكومية الفلسطينية العاملة في القدس. النشرة، العدد السادس، السنة ١٥ اواخر حزيران.2000

39 -المعلومات الواردة في الجدولين مأخوذة من الجداول الموضحة في تعداد ماس للمنظمات غير الحكومية الصفحتين ١١٤و ١١٥ .

40 -جامعة بيرزيت، تقرير التنمية البشرية الفلسطيني، .٢٠٠٢

41 -وليد سالم، ١٩٩٩ .٢٩:

42 -كرزم،: ١٩٩٨ .٩

43 -صوراني، ٦٨-٦٧.

44- الملتقى الفكري العربي، التحول الديمقراطي في فلسطين، التقرير السنوي الخامس والتقرير السادس، القدس، أيار ٢٠٠٢و ٢٠٠٣ : ١١٨ / ١٢٨.

45- أنيس القاق، المنظمات غير الحكومية في القدس إلى أين..؟ النشرة . العدد الأول السنة ١٢ يناير ١٩٩٧.

46- آفاق برلمانية:أيار ٢٠٠٠ و آب:٢٠٠١.

47- مركز البحوث والدراسات، استطلاع تموز ١٩٩٩. رام الله.

48- ابراهيم دعيبس، بزنس المكاتب والجمعيات والمنظمات غير الحكومية، جريدة القدس ١٩٩٦/١٢/٣١ صفحة ١٣ .

49- حسان الشيخ علي، انصافا للحقيقة وليس دفاعا او هجوما على أحد، النشرة ، العدد الأول السنة ١٢ يناير ١٩٩٧.

50- الصوراني، ٦٧.

51- سالم، ١٩٩٩ ٢٢٥. :

52- مصدر سابق، ٩٦.

53- فاتح سميح عزام، دور المنظمات غير الحكومية في الدفاع عن حقوق الإنسان، النشرة ، العدد ١١ السنة ١١ اكتوبر ١٩٩٦.

54- ثناء فؤاد عبد الله، آليات التغيير الديمقراطي في الوطن العربي، مركز دراسات الوحدة العربية، بيروت ١٩٩٧ ٢٨٢.:

55- آفاق برلمانية: آب:٢٠٠١.

56- تزيني، : ٢٠٠١ ٢٠٨.

57- Batart, Jean-Francois (1992)civil society in Africa' in Partick Chabal (ed).Political domination in Africa: Reflections on the Limits of Power, Cambridge University Press.

7

الفصل السابع

المجتمع المدني: وجه آخر لنفس
العملة أم معول هدم للمعبد؟!

في هذا الفصل الأخير سأعيد مراجعة علاقة المجتمع المدني الفلسطيني بالدولة محاولا تقديم بعض الاقتراحات والتصويبات النظرية والعملية لكي لا يصبح المجتمع المدني وجها آخر لنفس العملة (الدولة) وكي لا يصبح ايضا معول هدم يستخدم ضد الدولة .

لتحقيق ذلك سأنظر لثلاثة اطر مركزية في العمل المجتمعي الفلسطيني اعتقد ان من شأن تقويتها وتصويب عملها ان يدفع المجتمع المدني الفلسطيني للامام كما يعمل على التسريع في عملية الحراك الديمقراطي، وهي المنظمات غير الحكومية، النقابات، والاطر النسوية .

المنظمات غير الحكومية هي اكثر منظمات المجتمع المدني تصادما مع الدولة وهي ايضا في بعض الاحيان مؤسسة من مؤسساتها وعليه فالنظر إلى تصويب علاقتها مع الدولة هام جدا لصحة المجتمع المدني، اما النقابات فهي عماد العمل المجتمعي عامة وهي سر من اسرار العملية الديمقراطية والمطالبة بالحقوق لذا كان لاستقلالها عن الدول مغزى مهم في تطور المجتمع المدني الفلسطيني وعملية الحراك الديمقراطي. من جانبها فالمنظمات النسوية تمثل شريحة واسعة وهامة في المجتمع الفلسطيني والتي بدون تفاعلها وتنشيطها لا يمكن تصور مجتمع حر ومنفتح وقادر على إحداث عملية الحراك المجتمعي الواجبة للتحول نحو الديمقراطية. لكنني سأسهب كثيرا في الحديث عن المنظمات غير الحكومية بدرجة كبيرة والاطر النسوية بشكل أقل لقناعتي بأن تصويب هذه المنظمات يقع بيد القائمين عليها أكثر من وقوعه بيد السلطة مثل حال النقابات والاتحادات المهنية .

بعد ذلك اقوم باستعراض دور المجتمع المدني في عمليات التحول الديمقراطي في فلسطين في محاولة لاستبصار بعض الملاحظات التي تعين على تصويب عمل المجتمع المدني واعادة تعريف علاقته بالمجتمع وبالدولة وبالقوى الخارجية. وبعد ذلك اختتم الفصل والكتاب بمجموعة من الخلاصات حول طبيعة علاقة المجتمع المدني بالسلطة الوطنية وآفاق تصويب هذه العلاقة.

المنظمات غير الحكومية

ليس من شيء اكثر دلالة على علاقة المنظمات غير الحكومية بالدولة من اسمها، فهي غير حكومية، وبالتالي فهي تتمايز عن الدولة باصرار. ولكن هذا ليس صحيحا بالمعنى الكامل. فقد شهدت الساحة السياسية بزوغ ما اطلق عليه الباحثون المنظمات غير الحكومية المدارة حكوميا Government-controlled NGOs GINGOs وهي كما يصفها هاليدي مؤسسات تزعم انها مستقلة وتمثل النساء، العمال، نشطاء في مجال حقوق الانسان، محبي الأشجار والتنوع البيئي فيما هي في الحقيقة بوق للدولة وفي بعض الاحيان لاجهزتها الأمنية او للامير.(١) والحال في فلسطين لا نعتقد انه استثناء فالكثير من المنظمات المنظوية تحت منظومة المجتمع المدني هي إما بشكل مباشر او بشكل غير مباشر على علاقة حميمة مع السلطة واجهزة الدولة. بالقدر ذاته الذي تشكل الكثير من المنظمات امتدادا للاحزاب السياسية سواء في المعارضة وهي الأغلبية او في فتح بوصفها الحزب الحاكم. فالمجتمع المدني الفلسطيني وامتدادا لدوره الهام ايام الاحتلال في الحفاظ على الهوية الوطنية مازال يقع تحت اسر الماضي السياسي لقادته.

من هنا سأعود مرة اخرى لعلاقة المجتمع المدني بالدولة تاركا علاقة المجتمع المدني بالمعارضة السياسية لنتفق على شيء بديهي تقتضيه الدراسة وتثبته الدلائل: ليس من الضروري ان تتصادم المنظمات غير الحكومية مع سلطة الدولة وليس من باب التجريح في الدولة او من نقصان من سيادتها إذا ما طمحت المنظمات الاهلية لاستكمال مشروع الخدمات التي اخذت الدولة على عاتقها تقديمها للسكان في منطقة نفوذها. ويتبع ذلك النظر لعلاقة المنظمات غير الحكومية بالدولة من باب النظرة التكاملية ووجهة النظر الوظائفية، ويتم سحب ذلك على رؤية التداخل والتقاطع في عمل هذه المنظمات وفي عمل الدولة بوصفه نتيجة حتمية ومنطقية لمبدأ الخدمات العامة. ولا يمكن وفق ذلك حصر

تبرير مراقبة المنظمات غير الحكومية لنشاطات الدولة في زاوية تهديد السيادة ومحاولة التشكيك في شرعية المؤسسة الرسمية ونجاعتها وكفاءتها في تقديم الخدمات التي تعهدت بها .

ومن باب توسيع زاوية الرؤية يمكن الاستطراد في تحديد علاقة الدولة بالمنظمات غير الحكومية من منظور تكاملي. درجت عادة الانظمة الديكتاتورية القمعية على التشكيك في نوايا المنظمات غير الحكومية حتى قبل ان تفتح الحكومات الغربية والمنظمات الاهلية العاملة خزائنها لهذه المنظمات في العالم الثالث، ودأبت الانظمة الديكتاتورية التي جاءت للحكم نتيجة انقلاب عسكري او اغتصاب لشرعية زائفة على تحجيم اي ممارسة ممكنة لهذه المنظمات، وكان باب الاعتراض واسعا يتراوح بين صراع السلطة وبين التقليل من الشرعية والمساس بالسيادة إلى التقاسم الوظيفي. زاد الطين بلة أو لنقل أصبحت ظروف الهجوم على المنظمات غير الحكومية من قبل الانظمة أشد ضراوة مع تفشي ظاهرة الدعم الخارجي. هل هناك من يقدم مالا بلا مقابل. وكان يدعم هذا تركيز اجندة الدولة المانحة على قضايا اعتبرت ومازالت تعتبر تدخلا في الشأن الداخلي: التشريعات، الديمقراطية، المحاسبة والمراقبة وغير ذلك من لوائح وقواعد ما اصبح يتعارف عليه في ادبيات الدعم الخارجي ومشروطية الدعم بقواعد الحكم الصحيح، Political Good governance Conditionality.

من جانبها ووفقا لطبيعة نشأتها في مجتمعات العالم الثالث فإن المنظمات غير الحكومية ولدت وهي تدرك عين الرقيب المسلطة عليها من قبل المؤسسة الرسمية. ومنشأ هذه العلاقة تأسس على الشك المتبادل الأمر الذي ولد علاقة غير سوية من الأساس، فالجنين الذي قدر له ان يولد (المنظمات غير الحكومية) لم يواجه صعوبة في عملية مخاضه فحسب بل ولد مشوها، إذ اننا نعتقد بأن العلاقة السوية بين الدولة والمنظمات غير الحكومية هي اساس نجاح مهمة هذه المنظمات، إذ ان استعداء الحكومة لا يجلب لهذه المنظمات إلا عسرا في الهضم وهذا في جزء منه يفسر فشل المنظمات غير الحكومية في العالم الثالث في القيام بمهمة المدرنة التي اخذت على عاتقها في جزء من مهامها الدفع بها للأمام، وسقطت بدل ذلك في شباك العلاقات الدولية وتحولت إلى اداة في يد الدول المانحة التي تهبها فرصة الحياة عبر المشاريع المتتالية التي تتدفق على حسابات المنظمات غير الحكومية ورواتب موظفيها.

لتسوية العلاقة اقترح ما اسميته في دراسة سابقة بالعلاقة التكاملية بين المنظمات غير الحكومية وبين الدولة في السياق الوطني(٢). وبقولي في السياق الوطني اقصد:

(1)الخطوط العريضة التي لابد ان تتفق عليها منظمات المجتمع المدني مع الدولة وهي تلك الخطوط التي تشكل الاجماع الوطني. لنتخيل التالي: مجموعة من الناشطين ارادت الترويج لمبدأ ما، لنقل له علاقة بحق العودة ، وهذا المبدأ في الاساس لا يتعارض مثلا مع قوة السلطة السياسية في العملية التفاوضية فحسب بل يخدش الاجماع الوطني. بالطبع لا يجوز اللجوء لمبدأ الحريات ولمبدأ حقوقي في الدفاع عن شرعية تأسيس الفكرة. بيد ان هذا لا يجب ان يعني في حال من الاحوال ان تتدخل الدولة في كل صغيرة وكبيرة في عمل وفي تحديد اهداف هذا الجمعيات. هناك حد يقره البرلمان ولا تقره السلطة التنفيذية (وزارة الداخلية في حال السلطة الفلسطينية) يحدد الاطار العام ومساحة التحرك. وتفويض البرلمان المطلق والملزم للسلطة التنفيذية لا يقوي من عملية الحراك الديمقراطي فحسب بل يعطي منظمات المجتمع المدني قوة في اللعبة السياسية من جانب تشكيل كتل ضغط في البرلمان ومن جانب دعمها الضمني لبعض المرشحين الذين ترى انهم من انصار العمل الاهلي ومن الداعمين لنشاطات منظمات المجتمع المدني، ولا يعيبها ذلك ولا يعد هذا تسييسا لنشاطاتها. فنقابات العمال أفضل من يدعم مرشحا يدافع عن حقوق العامل وبالامر ذاته مع منظمات حقوق الانسان إذا رأت ان فلانا من المرشحين من شأن دخوله للبرلمان أن يعطي ثقلا للتشريعات التي تدفع باتجاه صيانة وضمان الحقوق العامة .

أما بالعلاقة التكاملية فهي ان تتأسس علاقة المجتمع المدني بالسلطة على مبدأ احترام الاختصاص والمهام وتوسيع المشاركة في العمل بحيث لا يرى طرف بأن نشاطات الطرف الآخر تستهدف وجوده بل يجب ان يتم التوصل إلى منطقة من الاتفاق يكون عبرها عمل أحد الأطراف مكملا ورافدا لعمل الطرف الآخر في سبيل المصلحة العامة. في السياق الفلسطيني هذا يتطلب مجموعة من الايضاحات التي من شأن تلمسها أن يدفع نحو علاقة صحية وسلمية بين المنظمات غير الحكومية والسلطة، ومنها:

(1)يجب أن لا تشعر الحكومة بأن هذه المنظمة أو تلك حين تقوم بتقديم خدمات صحية او تعليمية تتعدى بذلك على صلاحيتها وتمارس وظيفتها، بل على الدولة والقائمين على مؤسساتها النظر لذلك بوصفه جزءا من مشاركة المجتمع في تحمل عبء إدارة

حياته. بذلك فقط تستطيع الدولة ان تنظر بإيجابية لنشاطات المنظمات غير الحكومية. والدراسة المسحية لنشاطات المنظمات غير الحكومية في فلسطين فترة الاحتلال تشعرنا بالمهام الوطنية التي كانت المنظمات الفلسطينية تأخذها على عاتقها في سبيل تسيير حياة السكان في فترة غاب فيها أي شكل من اشكال الممارسة السياسية الذاتية. لجان الاغاثة الطبية والزراعة ومراكز الفن ومراكز الخدمات الرياضية والاندية والهلال الاحمر كانت كلها منابر خدمة وطنية تقدم للناس العون في صراعهم مع نفوذ الإدارة المدنية الاحتلالية. من هنا فقط وضمن هذا الفهم يجب الاستمرار في علاقة صحية بين هذه المنظمات والسلطة الوطنية. في التجربة الافريقية مثلا استطاعت المنظمات النسوية في أوغندا ان تنشط في القطاع الريفي حيث بالكاد تقدم الحكومة الاوغندية اي نوع من الخدمات، ونجحت هذه المنظمات في تأمين شبكة من الخدمات بعيدا عن تدخل الدولة ودون أن تتصادم معها.

(2) من جانبها يجب ان لا تضع منظمات المجتمع المدني الدولة وانتقادها في سلم أولويتها. لنلاحظ ان بعض الجمعيات غير الحكومية لا شغل لها ولا شاغل إلا انتقاد ممارسات السلطة. وهذا صحي وأساسي في الممارسة السياسية وفي تعزيز مبدأ المساءلة ولكن يجب ان يتم تطويره كجزء من الممارسة المجتمعية والديمقراطية وليس انصياعا لأجندة الممولين السياسية. لنقل مثلا ان السلطة الفلسطينية تواجه بضغوط دولية حادة تقودها إسرائيل في فضح ممارسات معينة، وبالطبع فإن القصد ليس إحراج السلطة بل اعاقة أي تقدم سياسي في المفاوضات لأن الفلسطينيين لا يستطيعون ان يديروا حياتهم السياسية والإدارية بشكل سليم، وهم لذلك لا يستحقون أكثر مما تم إعطاؤهم. لنلاحظ أن هذا في الكثير منه كان مبررات اسرائيل في فترات كثيرة خصوصا عند الحديث عن خزينة السلطة. هل تساهم منظمات المجتمع المدني الفلسطينية في فضح ممارسات السلطة المالية في تلك الفترة. هناك خط رفيع يفصل بين عالمين: بين العمل الصحيح وبين المصلحة العامة. مما لا شك فيه ان الممارسات المالية للدولة هي جزء من القضايا التي يحق للشعب أن يسائلها عنها بل يجب أن تتم عملية مساءلة دقيقة بشأن هذه الممارسات. وعلى منظمات المجتمع المدني أن تقود عملية المساءلة تلك ولكن بالطبع ليس عبر نشر تقارير بالإنجليزية لا ليقرأها المواطن الفلسطيني العادي بل ليقرأها المسئول الغربي. انا اميل للتركيز على هذا المثال لأهميته وللتدليل على الحساسية التي تنظم علاقة منظمات المجتمع المدني الفلسطينية مع الدولة. لا احد

يشك في ان إسرائيل حين هاجمت تصرفات السلطة المالية واتهمت الاتحاد الاوروبي بأنه يمول السلطة التي بدورها تستخدم الأموال الوافدة من بروكسل في تمويل المجموعات المسلحة، حسب الرواية الإسرائيلية، لم تقصد انه يجب ان يتم ضبط الخزينة الفلسطينية بشكل يخدم مصلحة المواطن ويزيد من نجاعة الدولة في تقديم الخدمات وفي ضبط شئون البلاد، بل القصد الحد من المقاومة، حيث عادة ما يتم اتهام السلطة بتمويل المجموعات المسلحة خصوصا كتائب شهداء الاقصى من حسابات الدعم الخارجي الأوروبي(٣) . ولما كنا لا نختلف حول مشروعية المقاومة وبغض النظر عن موقفنا من الفساد المالي في السلطة كان لابد من النظر للامور بحساسية اكبر .

انطلاقا من ذات الفهم، يرى خالد البطراوي الناشط في حقوق الانسان بأنه من غير المنطقي ان تقوم منظمات حقوق الانسان الفلسطينية بإدانة العملاء وان تصف السلطة بانها تنتهك حقوق الانسان. ويشير البطراوي في معرض تفسير موقفه إلى موقف ناشط امريكي ينتقد فيه منظمات حقوق الانسان في روندا التي طالبت باطلاق سراح المتهمين بارتكاب جرائم حرب نظرا لعدم توفر المحققين الذين يحققون معهم والقضاة الذين يحاكمونهم لأن هؤلاء فروا في زمن الحرب حفاظا على انفسهم(٤). القصد من هذا الايضاح القول بأن التزام المنظمات غير الحكومية الاخلاقي والمهني بالرقابة على السلطة لا يجب ان يصل إلى حد تغيب معه المصالح الوطنية العليا بالقدر ذاته الذي لا يجب ان تصبح هذه المصالح الوطنية العليا نقطة ضعف يتم تبرير كل فشل بسببها ويتم التعذر بالفساد بالحاجة لحمايتها.

لكن هذا لا يجب ان يدفعنا للقول بوجوب تكامل منظمات حقوق الانسان بالكامل مع الدولة، إذ ان طبيعة عمل هذه المنظمات تقتضي نوعا من الاستقلالية الذي لا يصل إلى حد التصادمية مع الدولة. فهذا لا يجب ان يكون كرت ابيض من قبل منظمات حقوق الانسان للسلطة بشأن اعدام العملاء. ان كانت منظمات حقوق الانسان لا يجب ان تخالف الموقف الوطني من قضية العملاء ورأي الشارع في ذلك واضح لكن هناك الكثير الذي تستطيع منظمات حقوق الانسان ان تقوله في هذا الشأن مثل مطالبة السلطة بضمان محاكمة عادلة لهؤلاء المتهمين وتحقيق يخلو من التعذيب المنافي لحقوق الانسان وما إلى غير ذلك.

فرغم الدعوات الكثيرة التي طالبت بتكامل المنظمات غير الحكومية مع السلطة إلا ان هناك من يبرز خصوصية منظمات حقوق الإنسان، ويرى ضرورة أن لا تتكامل هذه المنظمات مع السلطة الوطنية عبر السلطة التنفيذية بل عبر السلطة التشريعية وفتح قنوات اتصال دائمة مع المجلس التشريعي من اجل تعزيز القوانين المتعلقة بالحقوق المدنية والحقوق العامة والديمقراطية. وبالتالي فهناك من رأى وجوب أن تنأى هذه المنظمات بنفسها عن اي علاقة مع السلطة بعيدا عن علاقة المراقبة والمساءلة(٥). وإذا كان في هذا الرأي من الوجاهة ما يجيزه إلا ان التحذير يظل قائما بأن لا تصل علاقة المنظمات الحقوقية بالسلطة إلى مرحلة العداء .

(3)كما يجب ان تحذر منظمات المجتمع المدني الفلسطينية من ان تتحول إلى أداة في يد الدول المانحة ويجب ان تكون هي من يحدد قواعد الدعم الذي ستقبله وعليه يجب ان يتم وضع خطة وطنية تصوغها منظمات المجتمع المدني تحدد على اساسها ما سنسميه انواع الدعم: الدعم الاخلاقي (وهو مقبول) والدعم غير الأخلاقي (وهو مرفوض) وبناء عليه يكون على الدول المانحة ان تؤقلم نفسها مع الاجندة الأخلاقية التي يتم تحديدها على اساس الحاجة المجتمعية. المجتمع المدني الفلسطيني عموما والمنظمات غير الحكومية تحديدا بحاجة للاستقلال والتحرر من ربق الدول المانحة دون ان يعني هذا رفض كل اشكال الدعم الخارجي، بل تسخيره لخدمة حاجات المجتمع المدني بدلا من ان يتحول هذا الاخير إلى اداة في يد بيروقراطيي واشنطن وبروكسل.

(4)بالقدر ذاته يجب أن يحاول المجتمع المدني الفلسطيني ان يقوم بدوره في عملية البناء بعيدا عن مجرد كونه متلقيا لبرامج الدعم من قبل المانحين. القراءة المسحية تقول لنا ان العلاقة بين المانحين وبين منظمات المجتمع المدني الفلسطيني تكاد تكون علاقة ميركانتيلية حيث ان قانون العرض الذي تحدده أجندة المانحين هو ما يقرر ماهية الطلب الذي يتقدم به المجتمع المدني الفلسطيني طالبا التمويل. والعلاقة بهذا المعنى محكومة بالأقوى ضمن حكمة السوق هذه. مدركين ان هناك استثناءات قليلة فإن مجمل مشاريع الدعم للمجتمع المدني الفلسطيني تمر عبر خطوات باتت معروفة وهي التي تحدد قواعد اللعبة. تعلن احدى الجهات الداعمة عن نيتها تمويل مشاريع، لنقل لتعزيز مشاركة المرأة في المجتمع، وتطلب من المنظمات غير الحكومية المعنية التقدم بطلبات تمويل Proposals وعليه تقوم المنظمات الفلسطينية بكتابة وإعداد الملفات

الخاصة آخذة بعين الاعتبار ان تلبي الشروط التي طرحت في الورقة التي اعلنتها الجهة المانحة حول ماهية المشروع والمستفيد والاهداف وهلم جرا. من هنا يقع المجتمع المدني في علاقة غير سوية مع مانحين أقوياء لأنهم يقدمون له المال وهو لا يستطيع ان يقدم شيئا غير وعوده بان يكون تلميذا نجيبا ينفذ المشاريع التي يحصل لها على تمويل بأحسن طريقة واعدا بأفضل النتائج لكي يضمن مشاركته في المشروع القادم. وعادة ما يكون حصول إحدى المنظمات على مشروع ما من إحدى الجهات الداعمة ونجاحها في تنفيذه بطاقة دخول لسلسلة من المشاريع التي تقدمها نفس الجهة المانحة بل ان هذه المنظمة سرعان ما تتلقى عروضا بالتمويل من جهات اخرى. هنا تبزغ قضية المحاسبة والمساءلة. كيف لنا ان نتحقق ان هذه المنظمة او تلك قد نفذت المشروع بطريقة جيدة ناهيك عن المساءلة الوطنية حول جدوى المشروع ذاته. بالطبع من غير الممكن كما يقول خبراء برامج الدعم الوثوق بفكرة التقارير التي يكتبها المانح والمستفيد ببساطة لأن هناك مصلحة مشتركة في كتابة تقرير رائع يشيد بنجاح المشروع. بالنسبة للمستفيد من مصلحته ان يكتب انه استطاع ان ينفذ المشروع على اكمل وجه لكي يضمن قبول مشروعه القادم ضمن سلة الدعم للعام التالي، أما بالنسبة لدوائر الدعم فهي ايضا معنية ان تكتب لعاصمتها أو لوزارتها أو لوكالتها ان مشاريعها التي تمولها ناجحة وتلقى صدى كبيرا لأن الموظفين في هذه الدوائر في غزة ورام الله والقدس في المحصلة سيحاسبون بناء على ذلك، فهم بطريقة أو بأخرى معنيون مثل المجتمع المدني الذي يمولونه بفكرة البقاء ولقمة العيش .

(5)على المنظمات غير الحكومية بالتحالف مع باقي منظمات المجتمع المدني الفلسطينية ان تضغط باتجاه سياسات تغيير داخل الدولة تشمل ضمن أشياء اخرى تهيئة المناخ لعمل المجتمع المدني وفاعلية اكبر له في السياسة العامة وان لا تقبل لنفسها بان تكون معول هدم في اركان الدولة الناشئة.

(6)ولاستكمال مرحلة اعادة توطين المنظمات غير الحكومية في المجتمع لابد لها من ان تعود إلى طبيعتها التطوعية فعصب العمل الاهلي والمجتمعي هو التطوع، فالعمل التطوعي يخلق علاقة حميمة بين المنظمة المجتمعية وبين الجمهور الذي يدرك ان العاملين في هذه المنظمة يقومون على خدمته ويريدون الأفضل له. إن ما يعوز المنظمات غير الحكومية هو ان تعيد ثقة الجمهور في سلامتها الاخلاقية عبر اعادة انتسابها للعمل المجتمعي. فمن غير اللائق ان تتشكل طبقة متضخمة من موظفي المنظمات غير

الحكومية ذوي الرواتب المرتفعة وتقوم هذه الطبقة بالمطالبة باصلاح الجهاز البيروقراطي الحكومي فهي من جهة تفتقر إلى الشرعية والحق في المطالبة لانسلاخها عن المجتمع، ومن جهة ثانية فإن ممارساتها تفضح قلة النبالة في مطالبها.

(7)النقطة السابقة تقود إلى منطقة في التحليل كان الفصل السابق قد تعرض لها بكثير من التأمل، أقصد علاقة المنظمات غير الحكومية وباقي المجتمع المدني بالمجتمع المحلي. القطيعة الحادة والجفاء الواضح في علاقة المنظمات غير الحكومية بالمجتمع المحلي يجب ان تنتهي. وهذه القطيعة ليست مع الجماهير فحسب بل مع مؤسسات الحكم المحلي من بلديات ومجالس حكم بلدي وقروي ولجان مخيمات. فقد لاحظت الدراسة التي قام بها لداودة وآخرون غياب او ضعف العلاقة بين المنظمات وبين مؤسسات الحكم المحلي، ومنظمات المجتمع المدني الفلسطينية متمركزة في التجمعات الحضرية والقليل منها يعمل في التجمعات الريفية ونادرا ما تنشط هذه الجمعيات في المخيمات رغم ان اغلبية سكان قطاع غزة يسكنون في مخيمات واللاجئون يشكون نسبة غير قليلة من مجموع سكان الفلسطينيين في الضفة الغربية. فمن اصل ٨٨١ مسجلة عام ٢٠٠٠ تعمل ٦٠.٢% من هذه الجمعيات في الاماكن الحضرية، و ٢٩.٣% في الريف، و ١٠% منها فقط تنشط في المخيمات(٦). وعليه هناك حاجة لتطوير علاقة منظمات المجتمع المدني بالسلطات المحلية.

ولما كان من غير الحكمة توقع ان يقوم المجتمع ذاته بردم هذه الهوة فإن المهمة تقع على عاتق المنظمات غير الحكومية بالمبادرة وبذل الجهد والعمل الكافيين واللازمين لاعادة تعريف علاقتها بالمجتمع المحلي عبر تكثيف نشاطاتها الموجهة له وعلى ان تكون هذه النشاطات على علاقة وثيقة بحاجات المجتمع الأصلية. ومن هنا الترابط الضروري بين كل النقاط السابقة إذ ان هذا يقتضي مرة أخرى اعادة تعريف علاقة المنظمات غير الحكومية بالمانحين. مرة أخرى ليس من مفر امام المنظمات غير الحكومية إذا ما أرادت ان تجسر الهوة بينها وبين المجتمع المحلي ان تبني مشاريعها وفق حاجياته وتصوغ مواقفها انطلاقا من ضروراته .

والاهم من كل ذلك فان جهود المجتمع المدني ستصبح هباء ما لم تكن بناءة وتساهم في تعديل الدولة وليس تحطيمها.

فالمجتمع المدني لا يجب ان يكون وجه العملة الآخر للدولة او للمعارضة لكنه أيضا لا يجب ان يكون المعول الذي يهدم المعبد.

وعليه فإن

العلاقة السوية بين الدولة ومنظمات المجتمع المدني يجب ان تكون قائمة على الفهم التكاملي للوظائف. والعبارة الاخيرة في هذا النقاش هي دعوة للمجتمع المدني الفلسطيني لأن يعود إلى مملكة المجتمع وينتبه اكثر لمهامه التطوعية والتنموية والخيرية أكثر من انتباهه لتقارير الدول والمؤسسات المانحة. إن مراقبة صفحات الانترنت الخاصة بالكثير من المنظمات غير الحكومية الفلسطينية خصوصا والعربية عموما يقول لمتصفح الويب الكثير عن هذا. فالكثير منها له صفحة كلها بالإنجليزية دون ان توجد كلمة واحدة بالعربية، وحين توجد الصفحة العربية فهي ليس بذات الغنى مثل الصفحة الانجليزية ولا هي دائمة التحديث مثلها. كيف يمكن تفهم ان تكون صفحة واحدة من هذه المنظمات متخصصة بدفع المشاركة الجماعية والحكم السليم والتغيير الديمقراطي بالانجليزية وليس بالعربية، وكأن الهدف هو ان يقرأ الاهداف الممول ولا شأن للمواطن الفلسطيني بهذا. إن ما سأسميه بـ"التصرف الالكتروني" للمنظمات غير الحكومية يدلل مرة أخرى على قطيعتها مع المجتمع المحلي ووضعها لمصادر التمويل في سلم اولوياتها. وهذه مواقف لابد من اعادة النظر فيها وتصويبها.

الحركات النسوية

نظريا يكمن سر فاعلية المنظمات النسوية في عمليات الدمقرطة من خصوصية العالم العربي حيث وضع المرأة العربية المهمش وحقوقها المهضومة رغم بعض الحقوق المكتسبة ورغم المجاملات الحكومية. إلا ان المرأة في الوطن العربي نطاق خارج نطاق المشاركة السياسية والمجتمعية الحقيقية. لادراك ذلك يكفي النظر إلى عدد النساء في البرلمانات العربية وعددهن في مجالس الوزارات والنظر إلى عدد النساء اللاتي تبوأن مناصب عليا مثل رئاسة الدولة أو رئاسة البرلمان أو رئاسة الوزراء. هذا لم يحدث اطلاقا. وربما كانت المفارقة ان فلسطين كانت البلد العربي الوحيد الذي ترشحت فيه امرأة لقيادة الدولة رغم عدم فوزها. إننا من دعاة اعادة الاعتبار للمرأة في السياسة العربية وفي الحياة المجتمعية العربية عامة. إن امرأة متعلمة وقادرة على ممارسة حقوقها كاملة وذات شخصية مستقلة هي امرأة قادرة على اتخاذ قرارها السياسي واختيار من يمثلها في البرلمان وفي المجالس الحكومية، وهي بالتالي قادرة ومشاركتها جوهرية لإغناء عملية التحول الديمقراطي. أحد اسباب تعطل الديمقراطية العربية عموما هو حقيقة غياب المرأة عنها أو في الكثير من الأحيان ضياع شخصيتها المستقلة امام هيمنة الرجل.

فكون المرأة مجتمعيا أضعف من الرجل وأقل تعليما يجعلها دائما واقعة تحت ضغطه، تتبع مواقف زوجها أو أبيها السياسية. إن استقلال المرأة يتطلب أولا وقبل كل شيء تفعيل الحقوق المتعلقة بها وتثبيتها رسميا، وثانيا زيادة المستوى التعليمي للمرأة لأن هذا من شأنه ان يزيد من وعيها السياسي. ولتحقيق ذلك لابد من مجتمع مدني قوي يكون للحركات النسوية والعاملة في الحقل النسوي عموما دور بارز في مجال العمل على ضمان انجاز الشروط اللازمة لاعادة مشاركة المرأة بالشكل اللائق في الحياة السياسية والمجتمعية العربية .

فلسطينيا يوجد في الضفة الغربية وقطاع غزة ٨٢ جمعية خيرية نسائية يتركز معظمها في الضفة الغربية(٧٣) والباقي في قطاع غزة (٩)(٧). إن الكثير من هذه الجمعيات هي منظمات غير حكومية وهي بالتالي تعاني من ذات المشاكل التي تعاني منها هذه المنظمات سواء باعتمادها على التمويل الخارجي او باعتمادها على تمويل السلطة، بجانب غياب المبدأ التطوعي او ضياعه في زحمة الوظيفة مدفوعة الاجر. أما الجسد الأكبر منها فهو الاتحاد العام للمرأة الفلسطينية. ورغم عراقة هذا الاتحاد والكثير من هذه الجمعيات النسوية ومساهمتها في العمل النسوي إلا أنه مثل الكثير من المؤسسات الواقعة بين مطرقة السلطة وسندان العمل الفصائلي يعاني من موت سريري واضح ولا يأخذ المكانة التي يستحقها في صياغة السياسات العامة المتعلقة بالمرأة الفلسطينية. والاتحاد شأنه شأن الكثير من النقابات مصاب بتحنط إداري وموت للعملية الديمقراطية واتكال كامل على السلطة في مصادر التمويل. وهو يعاني من رفض الدول المانحة تمويل مشاريعه بدعوى انه جهة حكومية تقع مسئولية دعم برامجها ومشاريعها على عاتق السلطة الوطنية(٨). اصلاح جاد تنادي بضرورة تصليب عود تنظيمات المرأة وهو ما يستدعي كما تقول زيادة الديمقراطية الداخلية لتلك التنظيمات والتخلص من نمط المرأة النموذج القائدة المسيطرة، وتشجيع جيل جديد من القيادات النسوية في قلب المنظمات والاتحادات الجماهيرية والشعبية ويتم الفصل بين العمل في السلطة والعمل في هذه التنظيمات النسوية والجماهيرية، وحماية استقلالية المنظمات النسوية من خطر التذيل للسلطة .

لكن رغم هذا السجل غير المفرح للحركة النسوية فقد حققت المنظمات العاملة في المجال النسوي بعض الانجازات في سبيل ضمان بعض الحقوق الاساسية للمرأة الفلسطينية عبر تشكيل مجموعات ضغط في المجلس التشريعي، واستطاعت هذه المنظمات ان تجعل التشريعات الفلسطينية اكثر حساسية اتجاه القضايا النسوية. كما استطاعت ان تفرض على وزارة الداخلية الغاء القانون الذي يقول بانه لا يتم استصدار جواز سفر للمرأة بدون موافقة زوجها او ولي امرها الامر الذي اعتبرته هذه المنظمات وكافة الفاعلين في المجال الحقوقي انتهاكا لحق اساسي من حقوق المرأة وانتقاصا من مواطنتها .

لابد من حركة نسوية نشطة تعرف كيف تعمل لصالح المرأة الفلسطينية وتعمل على الضغط على المجلس التشريعي وعلى السلطة التنفيذية لصالح القضايا التي تهم المرأة. ولكن لكي تستطيع فعل ذلك لابد لها ان تتخلص من شبح التنظيم والفصيل وتركز جهدها على الحقوق الاجتماعية والسياسية للمرأة وما يتعلق في هذه من قضايا شائكة من شأن حلها أن يلقي بظلاله الإيجابية على حيوية المجتمع المدني الفلسطيني وعلى عملية التحول الديمقراطي في فلسطين .

النقابات والاتحادات المهنية

أنا من أصحاب القول بأن النقابات والاتحادات المهنية هي قلب المجتمع المدني وبدونها او بتعطيلها لا يمكن اعادة الاعتبار للمجتمع المدني. ولكن حال النقابات والاتحادات المهنية كما تبينا في الفصل السابق لا يبشر بخير ولا يدفع للتفاؤل، فهي مشلولة، مسلوبة الإرادة، محكومة بالحزب أو الفصيل وهي غير جادة في تمثيلها للشرائح العمالية التي تمثلها. الاقتباس التالي يفيد في تشخيص حالة النقابات: "ظلت الطبقة العاملة الفلسطينية، من خلال الاتحاد العام للنقابات، أداة في يد القوى السياسية، حيث كان المطلوب من العمال إثبات ولائهم المطلق للقيادة السياسية وعدم التدخل في القرار السياسي، بل أصبحت قيادة النقابات قيادة سياسية وليست طبقية أو نقابية".(٩)

وليس من مفر امام النقابات إلا ان تعود إلى حضيرة العمل النقابي وتتخلص من ربق الحزب او التنظيم أو السلطة. يجب ان تتحرر من هيمنة السلطة والتنظيمات السياسية وتتحول فعليا إلى نقابية تمثل مصالح العمال ومصالح منتسبيها وان تتوقف السلطة عن

"الامتصاص الوظيفي لقادة النقابات"(١٠) من خلال منحهم مناصب حكومية رسمية رفيعة كما يجب ان تتوقف التنظيمات عن فرز قيادات تنظيمية غير عمالية لتمثلها في النقابات وتنتبه للمصالح النقابية من خلال دعم قيادات عمالية ونقابية حقيقية وان لم تكن ذات مواقع تنظيمية متقدمة .

هناك مجموعة من التصويبات يجب احداثها لكي تعيد النقابات انتسابها للمجتمع المدني ولكي تعاود صدارتها للعمل المجتمعي:

(1)لابد أولا للدولة من ان تعترف باستقلال النقابات. والاعتراف ليس شكليا بل يتطلب ممارسة على الأرض من حيث اطلاق الدولة لسراح العمل النقابي وهذا يتطلب عزل القيادة النقابية من المواقع الحكومية او استبدالها بقيادة جديدة عبر الانتخابات.

(2)من جانبها على النقابات أن تطلق العمل السياسي البحت وتتخلى عن اجندتها الفصائلية والتنظيمية وتعيد التأكيد على التزامها النقابي. لا يستطيع أحد ان يطلب من أي شخص كان ان يتخلى عن انتمائه الحزبي او التنظيمي لكن على المسئول النقابي ان يكون التزامه الأول امام العامل أو العضو النقابي وليس امام اللجنة او المكتب السياسي للحركة أو للجبهة او للحزب .

(3)أيضا الفصائل والتنظيمات المختلفة عليها ان تدرك ضرورة ان تقوم النقابات بعملها النقابي وليس الفصائلي. وكما لا يطلب احد من المسئول النقابي التخلي عن انتمائه السياسي ليس من المنطق الطلب من الفصائل ان تدير ظهرها للنقابات و ان تتنافس على ادارة دفتها فهذه ظاهرة ديمقراطية وصحية، ولكن ما يتم طرحه هنا هو أن تنظر الفصائل بجدية إلى الاجندة النقابية لا إلى المواقف الايدلوجية أو التنظيمية وبالتالي تطرح مرشحيها في الانتخابات النقابية على اساس الكفاءة النقابية وليس الموقع التنظيمي.

(4)الاسراع في فتح باب التنسيب والعضويات في النقابات المختلفة وتفعيل المكاتب الاقليمية والمناطقية وكسر حدة المركزة الشديدة للعمل النقابي في مدينتي غزة ورام الـلـه.

(5)وإذا ما تم ذلك فلابد من اجراء الانتخابات التي طال انتظارها في النقابات

والاتحادات المهنية المختلفة على كافة المستويات من المنطقة إلى الاتحاد العام.

(6)توسيع باب الحوار والنقاش النقابي حول الحقوق والواجبات ومسوغات العمل النقابي لرسم استراتيجيات واضحة وقابلة للتحقيق في ظل معطيات الواقع الفلسطيني، وبنظرنا فإن تأسيس اذاعة للعمال تبث من غزة خطوة لا يمكن اغفالها في زيادة فاعلية شريحة العمال في النقاش العام وفي الحراك الاجتماعي والسياسي. ورغم ان ازدياد ظاهرة الاذاعات المحلية في غزة وفي الخليل ورام الله قلل من نسبة المتابعين لبرامج الاذاعة العمالية التي تشرف عليها النقابة مباشرة وتبث من الطابق الرابع لمبنى اتحادات النقابات في ضاحية الصفطاوي في منطقة جباليا فإن هذا لا يقلل من قيمة هذه الاذاعة التي من شأن العمل الجاد على تحسين برامجها وتخصصها في مجال العمال واثارتها للقضايا التي تخصهم ان يخلق حيزا اوسع لمشاركة العمال في صياغة خياراتهم وبلورة مواقفهم وتوجهاتهم في سبيل المطالبة بحقوقهم النقابية البحتة بعيدا عن المواقف الحزبية والفصائلية .

تمويل الديمقراطية الفلسطينية

مراجعة حال المجتمع المدني الفلسطيني تعطي قراءة ليست بعيدة عن عمومية الفهم الذي يتم النظر عبره للمجتمعات المدنية في العالم النامي. معظم مشاريع الدعم الموجهة تقع تحت الاعمدة الثلاثة للدعم الخارجي: الديمقراطية، حقوق الإنسان والحكم الصحيح. أولا من الاهمية بمكان التأكيد على مجموعة من النقاط التي نعتقد بجوهريتها للواقع الفلسطيني .

(1)الديمقراطية واحدة من اهم متطلبات الحياة والممارسة السياسية بشكل عام والواقع الفلسطيني ليس استثناء .

(2)عملية النضال الوطني يجب ان تكون مصحوبة ولا يجب ان تنفصل عن عملية النضال الديمقراطي في شتى نواحي الحياة العامة من النادي إلى التشكيلة الوزارية. بدون ذلك لا يمكن تحقيق الطموحات الوطنية(١١).

(3)لا يجب بالمطلق النظر بعين الشك لأعمدة الدعم الثلاثة لانها بمجملها وكل على حدة تشكل عمدا حقيقيا من اعمدة الحياة العامة في أرقى اشكالها .

(4)الدعم الخارجي ليس عيبا ويجب ان نكون متسامحين في النظر لنوايا المانحين بالقدر الذي تثبته التجربة والعلاقة الثنائية .

(5)المجتمع المدني الفلسطيني له دور هام في عمليات بناء الدولة الفلسطينية لا يختلف ولا يقل عن المسئوليات الجسام التي كان يحملها على كتفه ايام الاحتلال في غياب اي نوع من انواع السلطة السياسية الوطنية .

(6)يجب تحريم اي تدخل من قبل السلطة السياسية في عمل المجتمع المدني إلا ضمن رؤية مشتركة للمحرمات الوطنية وللإجماع الوطني وفي هذا ايضا يتم شمول القوى السياسية بمجملها في تحديد هذه المحرمات ونوع وماهية هذا الإجماع.

انا لست ضد فكرة الديمقراطية وضرورتها في المجتمع الفلسطيني حتى في مرحلة التحرر الوطني لكن يجب أن نكون حذرين خشية أن نقع في أجندة الآخرين وبدلا من ان نصبح اصحاب مصير، يصنع لنا الآخرون مصيرا على أهوائهم. هناك دائما سلم أولويات يجب ان يضعها المجتمع المدني في اعتباره. هذه الأولويات هي التي تحدد ماذا يأتي أولا وكيف ولماذا وهل نقبل التمويل من هذه الجهة أم لا وكيف نقيم عمل المانحين. يقع هذا على كاهل منظمات المجتمع المدني ان تقوم بعملية مراجعة لعمل المانحين وتقرر من يجب ان نتواصل معه ومن منهم يجب أن ندفع باتجاه تغيير اجندته. بهذه الطريقة يصبح المجتمع المدني الفلسطيني صاحب قرار في عملية التنمية وبلعبة التمويل عموما بدلا من تقبله لدور متلقي الأموال الذي يجب ان يعطي شرعية لمؤسسات الدول المانحة بغض النظر عن اهدافها المعلنة والمخفية. وهي بذلك ليست بحاجة، وللمفارقة، لطلب تمويل من إحدى الجهات المانحة لعقد مؤتمر بحثي مكلف حول ذلك. الامر يجب ان يكون بعيدا عن تدخل المانحين.

لنقل ان مخيما من مخيمات اللاجئين بحاجة لكثير من المرافق بدءا من الملعب والحديقة إلى المدرسة وجاءت احدى الدول المانحة وقالت انا عندي ٣٠٠ الف دولار واريد ان امول بناء حديقة عامة للأطفال في هذا المخيم. بالطبع هذا يسعدنا كثيرا خصوصا حين ندرك ان اطفالنا بحاجة لأن يدركوا طفولتهم. لكن علامة التعجب الكبيرة

تظهر اذا قبلنا ان يكون بناء الحديقة على حساب بناء المدرسة إذ كيف سيستمتع الأطفال بوقتهم وهم لا يعرفون القراءة ولا الكتابة؟!. هنا تكمن الحكمة، لا فيما يطرحه البعض: خذ المال القادم واعمل به شيئا أفضل من ان يضيع عليك. ببساطة، الجهات المانحة تحتسب كل الدعم الوافد للحكومة او لمنظمات المجتمع المدني من ضمن مساعداتها المقدمة "للمجتمع الفلسطيني" الذي هو آخر من يعرف شيئا عن الرواتب التي تربو على الآلاف وعن المشاريع التي تقترب من نصف مليون دولار وعن المؤتمرات التي يكلف عقدها عشرات الآلاف لمناقشة قضايا التغيير في المجتمع الفلسطيني والتي تعقد في مرات كثيرة خارج فلسطين.

مرة أخرى: إن تفعيل العملية الديمقراطية يتطلب تفعيل مجموعة من منظمات المجتمع المدني التي تشكل ضمانة الدفع باتجاه العملية الديمقراطية. وبنظرنا هناك ثلاثة انواع من منظمات المجتمع المدني لابد من رد الاعتبار لها اذا اراد المجتمع المدني الفلسطيني أن يشارك حقا في عملية الحراك الديمقراطي: النقابات العمالية، المنظمات النسوية، وجمعيات حقوق الإنسان.

هناك ظاهرة لابد ان يتوقف عندها الباحث عند موضوعة التحول الديمقراطي في فلسطين تشكل عنصرا ايجابيا لابد من استثماره في الدفع بالمجتمع المدني للامام وفي تسريع عجلة الحراك نحو الديمقراطية، أقصد انتشار ظاهرة الإذاعات وقنوات التلفزة المحلية. فبجانب التلفزيون الرسمي بقناته الأرضية والفضائية ظهر في الضفة الغربية مجموعة من القنوات التلفزيونية مثل النورس والامل ووطن ومجد والقدس التربوي والإذاعات مثل امواج، ومرح واجيال. وفي غزة لا توجد قناة تلفزيونية خاصة واحدة(١٢). لكن في السنتين الأخيرتين ظهر في غزة وحدها أكثر من خمس اذاعات (صوت الحرية، المنار، الأقصى، الشباب، ألوان، صوت العمال) هذا بجانب الإذاعات الرسمية مثل صوت فلسطين والبرنامج الثانيFM102 ، وهذه الاذاعات ملك للقطاع الخاص رغم امكانية ملاحظة الولاء الفصائلي فيها فمثلا المستمع ليس بحاجة لكثير جهد لادراك ان صوت الأقصى تابع لحماس وصوت الحرية فتحاوي وهلم جرا. غير ان ما اقترحه بأن ظاهرة الاذاعات الخاصة وقنوات التلفزة الخاصة تساعد في اغناء المجتمع المدني الفلسطيني وفي الدفع بفاعليته للامام، وهذا موضوع بحث لسنا بصدد الخوض فيه في هذه الدراسة(١٣) .

خلاصة

إن حقيقة كون الدولة الفلسطينية غير ناجزة وغير متجسدة بالمعنى الكامل فرصة كبيرة لازدهار المجتمع المدني الفلسطيني يدا بيد مع الدولة ومصاحبته ومشاركته في مرحلة بناء هذه الدولة، والتي من شأنها، أي هذه المشاركة، ان تساهم في تلوين وطبع الدولة ببعض الصفات المفضلة والمناسبة لعمل المجتمع المدني. وتاريخ عشر سنوات من عمل المجتمع المدني الفلسطيني في واقع سلطة وطنية دلل على امكانيات منظمات المجتمع المدني في التأثير على سياسات السلطة الوطنية. فقد اعتبرت ٣٥% من المنظمات المستطلعة في تقرير التنمية الذي اعدته بيرزيت عام ١٩٩٩ بانها استطاعت التأثير على صناعة القرار في مؤسسات السلطة فيما اشارت ٧١% منها إلى وجود علاقة عمل بينها وبين مؤسسات السلطة(١٤) فيما أقرت ٨٣% من المنظمات التي شملها تعداد ماس للمنظمات غير الحكومية بوجود علاقة كهذه(١٥) ووصفت ٢٩ من المنظمات المشمولة في دراسة لداودة وآخرين علاقتها بالسلطة بأنها جيدة دائما و ٢٣ منها بأنها جيدة احيانا ويسودها التوتر احيانا فيما قالت منظمة واحدة ان علاقتها مع السلطة متوترة في أغلب الأوقات واعتبرت منظمتان ان لا علاقة لهما بالسلطة أبعد من العلاقة القانونية - اي التسجيل وغيره(١٦) .

وإذا كان تاريخ العمل الأهلي الفلسطيني وذاكرته الايجابية ومشاركته في مراحل النضال الوطني المختلفة تسمح بظهور مجتمع مدني فلسطيني قوي في مرحلة نشوء الدولة فإن غياب العمل الجاد من قبل المجتمع المدني وفقدانه لتمايزه عن الدولة بتماهيه معها او افتراقه الكامل عنها باستعدائها من شأنه ان يشوش العلاقة بالكامل ويقود إلى وضع لن يختلف معه المجتمع المدني الفلسطيني عن باقي المجتمعات المدنية في العالم الثالث. إن مجتمعا مدنيا قويا وحيويا وفاعلا ضمانة اكيدة لازدهار الديمقراطية، لكن إذا لم ينتسب هذا المجتمع للمجتمع المحلي وبقي في مصاف مجتمع النخبة فإن من شان هذه الديمقراطية ان لا تولد(١٧) .

وإذا كان هناك من مهمة ملحة لابد لمنظمات المجتمع المدني كافة، من منظمات غير حكومية ونقابات واتحادات مهنية وأطر نسوية وشبابية وغيرها، انجازها فهي تخلصها من شبح التحزب والفصائلية ونفي الصفة السياسية الغالبة على مواقفها لصالح صفات مجتمعية ووظيفية تقع في صميم مهام هذه الجمعيات والنقابات. وهذه ليست دعوة لطلاق السياسة بما هي عليه من مواقف وحقوق ومطالبات تمثل المصالح المختلفة والمتباينة للشرائح المختلفة في المجتمع، بل دعوة للتخلص من هيمنة رجل السياسة والتنظيم السياسي على العمل المجتمعي.

كما ان التخلص من هيمنة بيروقراطيي الدول المانحة ضرورة تضمن حسن سير المجتمع المدني. مرة أخرى، هذه ليست دعوة لرفض الدعم ولكن للبحث عن صيغ تشمل التخلص من الوقوع تحت رحمته. للخروج من ازمة الاعتماد على التمويل الخارجي يقترح وليد سالم صياغة خطة تنمية من قبل السلطة ومنظمات المجتمع المدني ثم يتم التوجه للدعم الفلسطيني المحلي والفلسطيني الخارجي في الشتات وبعد ذلك يتم طلب حقوق الشعب الفلسطيني من الدول الغربية ازاء الجرائم التي اقترفتها بحقه والاتفاق على آلية لتحصيل هذه الحقوق بطريقة تلبي الاحتياجات الوطنية. مثل هذا التصور لا يخلو من رومانسية من المتعذر تحقيقها، فهذا التصور تعوزه آلية تنفيذ مع افتراض تبسيطي لحقيقة الدعم المادي. ما أقترحه مرة اخرى هو اعتماد صيغ الدعم الأخلاقي والدعم غير الاخلاقي و تحريض القطاع الخاص على دعم المجتمع المدني بجانب طلب دعم رأس المال الفلسطيني المغترب. هذا وإذا ما تم اعادة روح العمل التطوعي للعمل المجتمعي فإن الكثير من مصاريف وتكاليف مؤسسات المجتمع المدني ستقل، وبالتالي فالوقوع تحت وطأة الحاجة المالية ستخف وتقل الحاجة للدعم المادي الخارجي.

لابد من ان تسعى منظمات المجتمع المدني إلى اعادة تعريف شاملة لمهامها بحيث يكون هناك منظمات دائمة التخصص بالعمل الخدماتي ومنظمات بالمجال الحقوقي ومنظمات بالسياسات العامة وجمعيات تعاونية متخصصة. فقد خلصت الدراسة التي قام بها لداودة وآخرون إلى غياب رؤية وطنية شمولية لدور المنظمات غير الحكومية(١٨). إن واقع منظمات المجتمع الفلسطيني فيما يتعلق بمهامه غير منظم وغير واضح المعالم. فإذا كانت مهمة المنظمات المجتمعية الفلسطينية قبل انشاء السلطة الوطنية خدماتية في اغلبها فإنه مع ظهور السلطة حدث ما يشبه التخلي الكامل من قبل المجتمع المدني عن القطاع الخدماتي واتجاهه نحو أجندات اخرى. وربما كانت حقيقة وجود السلطة وسعيها الدؤوب إلى تولي الجانب الخدماتي للجمهور لتثبت نفسها كسلطة سياسية ساهم في دفع المجتمع المحلي للتخلي عن القطاع الخدماتي لكن هذه ليست كل الحقيقة .

لا يوجد واقع مسيس اكثر من واقع الشعب الفلسطيني وبطبيعة الحال لابد لأي تطور في الاحداث الميدانية ان يترك ظلاله على علاقة السلطة بالمجتمع وبمؤسساته. فمع اندلاع انتفاضة الأقصى والاستهداف المنظم لمؤسسات السلطة من قبل اسرائيل وما نجم عن هذا من تدهور الوضع الاقتصادي وعجز السلطة عن الرد السريع لحل الازمات المتفاقمة، ترك هذا فراغا خدماتيا كان لابد للمنظمات غير الحكومية ان تشغله، ايضا لا يمكن اغفال الدور الذي تركه الخلل في الاداء السياسي على عمل المنظمات غير الحكومية.فمع تراجع الاداء الحكومي كان لابد من توسيع دائرة العمل غير الحكومي.

وبعبارة اخرى عاد المجتمع المدني إلى القطاع الخدماتي. ما أقترحه هنا انه لا يعيب المجتمع المدني ان يتجه إلى السياسات العامة ولكن يعيبه تفضيل بعض قطاعات العمل وبعض المهام على أخرى لأنها تستجلب دعم اكثر. وعليه لابد من ان تعيد منظمات المجتمع المدني ترتيب مهامها بحيث تكون دائما هناك جمعيات تعمل في مجال تقديم الخدمات حتى في الوقت الذي تكون السلطة فيه قادرة على تقديم كافة انواع الخدمات للجمهور .

وإذا كان لابد لهذا ان يتحقق لابد للمجتمع المدني ان يعيد مأسسة نفسه وان يخضع هو ذاته لقواعد الحكم السليم ويتخلى عن الكثير من عيوبه الإدارية التي جاء عليها الفصل السابق بالتفصيل. فالاجتياحات الاسرائيلية الاخيرة اظهرت ان العمل الاهلي يعاني من عدم المأسسة وغياب التخطيط والعمل المبرمج وغياب مفهوم المساءلة والمحاسبة. هذه مناطق في التفكير المؤسساتي لابد من اعادة الاعتبار لها لكي يستقيم حال المجتمع المدني الفلسطيني ولكي يصبح قادرا على القيام بمهامه وبالوظائف المنوطة به.

ولتحقيق كل ذلك لابد من ان تعمق منظمات المجتمع المدني المختلفة من مستويات التعاون فيما بينها وفق رؤية واستراتيجية وخطط عمل واضحة ومتفق عليها لكي لا تتعارض جهودها التنموية والاصلاحية. إن واحدة من معيقات عمل منظمات المجتمع المدني كما يجمع الباحثون هي افتقارها إلى التنسيق فيما بينها وغياب عنصر التخطيط في عملها. وإذا تم اضافة غياب التنسيق بينها وبين الدولة في رسم الخطط التنموية فالنتيجة وضع بائس يعوزه التنظيم والتنسيق والتعاون. هذا يقود إلى نقطة في غاية الاهمية في الشأن الفلسطيني. كانت مقدمة الكتاب قد تحدثت عن جوهر المجتمع الفلسطيني ومن ثم تم الاسهاب حول حقيقة تشتت المجتمع الفلسطيني إلى وعبر مجتمعات عديدة. ولأغراض بحثية صرفة وللدقة العلمية تم قصر هذه الدراسة على المجتمع المدني الفلسطيني في داخل فلسطين ١٩٦٧، لكنني اقترح ان المجتمع المدني الفلسطيني في غزة والضفة الغربية يمكن ان يكون بوصلة عمل وطني تقوم بدور المركز لكافة المنظمات المجتمعية الفاعلة في البلدان التي يتواجد فيها فلسطينيون. هناك حاجة للنظر بجدية للاجندة الوطنية بحيث يتم ترسيم العلاقة مرة أخرى مع المنظمات الاهلية التي تخدم فلسطينيي الشتات وهذا يتم اما عبر عمليات تشبيك بين منظمات الداخل والخارج على اساس قطاعي او خدماتي او عبر فتح فروع لمنظمات الداخل في اماكن التجمع الفلسطيني في الخارج، ولا يتم استثناء فلسطين ١٩٤٨ من ذلك. وهذا دور وطني يستطيع عبره المجتمع المدني ان يقوم بمهمة ضرورية في الحفاظ على الهوية الوطنية الفلسطينية. وهذا الدور ليس هجينا على طبيعة العمل الأهلي والمجتمعي الفلسطيني إذ

أنه يشكل استمرارا لمهمة قديمة بدأت منذ الانتداب البريطاني على فلسطين، ولكن هذه المرة بطريقة مختلفة يكون فيها الوطن هو المحور وتكون الدولة هي القاعدة التي ينطلق منها المجتمع المدني وبالتنسيق معها لضمان الجانب الخدماتي في التجمعات الفلسطينية في الخارج ولحماية حقوقهم والدفاع عنها. فمثلا من الصعب على السلطة الفلسطينية او الدولة الفلسطينية المستقبلية أن تقوم بتبني مواقف تدافع عن بعض الحقوق المدنية للفلسطينيين في دولة من دول الجوار خشية ان يعتبر هذا تدخلا في الشأن الداخلي. المجتمع المدني الفلسطيني في داخل فلسطين وعبر امتداداته في التجمعات الفلسطينية في الخارج يستطيع ان يقوم بهذه المهمة، بل انها من صميم عمله إذا ما كانت له نشاطات وامتدادات في هذه التجمعات.

وإذا كانت عشر سنوات من عمر السلطة الوطنية الفلسطينية (٢٠٠٤-١٩٩٤) قد أوضحت بما لا يدع مجالا للشك بأن السلطة الوطنية بحاجة لإصلاح واعادة هيكلة لكي تصبح قادرة على استكمال مسيرتها والدفع بالمصالح الوطنية للأمام فإن هذه السنوات العشر أثبتت أيضا بأن المجتمع المدني الفلسطيني بحاجة لإصلاح واعادة هيكلة واعمار لكي يصبح قادرا على استكمال مهامه التنموية والبنائية التي من شأنها ان تساهم في خلق دولة تعددية تتسم بالانفتاح السياسي والمشاركة السياسية الواسعة، دولة لا تحتكر الحقوق بل تشرعها وتحميها، دولة لا تستخدم القوة ضد الشعب بل تحميه بقوتها، دولة الشعب وليست دولة على الشعب. هذه هي المهمة النبيلة التي لابد للمجتمع المدني ان يساهم في تحقيقها عبر اشتغاله على الجانب الخدماتي وجانب السياسات العامة منطلقا من احتياجات المجتمع المحلي ومرتكزا على مصالحه الخاصة. فالمطلوب قبل وبعد كل شيء أن يوطن المجتمع المدني نفسه في المجتمع الفلسطيني ويعيد ترتيب اوراقه لينتسب أكثر للقلق العام ورفع وتيرة التنظيم المجتمعي الذاتي وزيادة كثافة التأطير الجمعوي، ورفع القدرة على المبادرة. وإذا كان على المجتمع المدني الفلسطيني ان يواصل مشاركته في مرحلة البناء الوطني لاستكمال مشروع الدولة غير الناجزة فإنه وخلال هذه المسيرة بحاجة لصياغة حيز مستقل عن الدولة والتأكيد على شخصيته المستقلة عنها .

من جانبها على السلطة ان تعترف باستقلال المجتمع المدني وتمايزه عنها و أن تتخلى عن نزوعها لاحتوائه. ولتحقيق ذلك هناك مطالبة بفك الغموض الذي يلف مرجعية مكتب المؤسسات الوطنية، وجعل مرجعيته إحدى وزارات السلطة بدلا من الرئيس أو تفكيكه بشكل كامل، إذ ان منظمات المجتمع المدني ليست بحاجة لوصاية الدولة. كما يجب تحييد دور اجهزة الأمن وكف يدها عن عمل منظمات المجتمع المدني وإلغاء مبدأ الاستخبار الأمني عن الخلفيات والمواقف السياسية للفاعلين في منظمات المجتمع

المدني. إن علاقة الدولة بالمجتمع المدني في فلسطين بحاجة لاعادة تعريف للمهام والادوار مع ادراك التداخل بينها وتحديد اوجه المواءمة فيما بين هذه المهام والأدوار. ولتصويب ذلك لابد من تفعيل الدولة أو السلطة لدور المجتمع المدني في صياغة الخطط التنموية الحكومية الرسمية بدعوته لتقديم اقتراحاته ورؤيته ومشاركته في وضع الخطط الوطنية .

ليس من شك بأن دراسة واقع علاقة الدولة في فلسطين بالمجتمع المدني تلقي بالكثير من الظلال على علاقة الدولة بالمجتمع المدني العربي وعلاقة الدولة بالمجتمع المدني في العالم الثالث عموما وتضيف بعض التصويبات النظرية للعلاقة بين الدولة والمجتمع المدني بشكل أشمل في المطارحات النظرية. فعلاقة المنظمات المجتمعية بالمجتمع السياسي في فترة الاحتلال واحدة من الاضافات النظرية التي لا يمكن اغفال دور الواقع الفلسطيني في اثارتها في النقاشات النظرية والفكرية حول تطور المجتمع المدني. فدور المنظمات الأهلية في مرحلة التحرر الوطني منطقة جديدة في النقاش الفكري يمكن لقراءة واقع العمل الأهلي الفلسطيني أن تغنيه بكثير من النقاط. وهي تعاود الظهور مرة أخرى في الواقع العراقي الراهن بعد احتلال القوات الامريكية للعراق وسقوط نظام صدام حسين عام ٢٠٠٣. فقد لوحظ النشاط الإغاثي والخدماتي لمنظمات المجتمع الاهلي العراقي كما لوحظ تسيسها وتبعيتها للأحزاب الجديدة التي افرزها واقع مابعد صدام حسين. وعلاقة منظمات المجتمع الاهلي بالفصائل ومنظمات المقاومة في سياقها الفلسطيني سابقة تعين على قراءة جوانب جديدة في تحليل المجتمع المدني.

كما ان صدفة ترافق بناء المجتمع المدني الفلسطيني مع بناء الدولة هي من الفرص النادرة التي لم تتكرر في تاريخ نشوء الكيانات والمجتمعات المدنية في العالم الثالث إذ درجت العادة على ان تنشأ الدولة اولا ثم تنشأ الحاجة لوجود المجتمع المدني. والواقع الفلسطيني مثير في هذه الحالة بإعادة التأكيد على ضرورة التمايز منذ البداية بين الكيان السياسي بما تمثله الدولة والكيان المجتمعي بما يمثله المجتمع المدني. وتكاد هذه النقطة تكون قد اختفت في ادبيات المجتمع المدني وفي المطارحات الفكرية بهذا الشأن في ظل تركيز النظرية السياسية على تكوين المجتمع المدني في الدول غير الديمقراطية بوصفه ضرورة ديمقراطية .

إن في الواقع الفلسطيني ما يغري النظرية السياسية بمزيد من التأصيل والبحث في مجموعة من النقاط تشكل اضافة للبحث الأكاديمي حول علاقة الدولة والكيان السياسي مع المجتمع المدني، وهذا ليس إلا استكمالا شرعيا لتاريخ نشوء المجتمع المدني في السياقات التاريخية، وربما رد اعتبار لكل من الدولة والمجتمع المدني.

الهوامش:

-هاليدي يقدم تفصيلا لهذه النقطة ويسجل أن منظمة امنستي وخلال قمة بكين صنفت مجموعة كبيرة من المنظمات غير الحكومية على انها 1منظمات يقودها رجال NGOs: man-controlled MANGOs, و منظمات يحكمها رأس المال NGOs business-controlled BINGOs و منظمات محكومة بردة الفعل reactionary NGOS RINGOS والمنظمات المدارة من قبل الحكومات NGOs government-controlled GINGOs.أنظر:

Halliday, Fred, (2001) The Romance of Non-state Actors" in Dalphné Josselin and William Wallace, Non-State Actors in World Politics, Palgrave, UK

2 -الكثير من النقاط التالية وردت في بحث نشرته سابقا في مجلة (رؤية).

عاطف أبو سيف، المجتمع المدني والدولة: قراءة نظرية وتأصيلية مع اشارة للواقع الفلسطيني، رؤية، العدد 62، السنة الثالثة، كانون أول ٢٠٠٣ :١٨-٤٩.

3 -للاطلاع على مثل هذا النوع من التقارير انظر مثلا التقرير الذي صدر حديثا عن احد المراكز البريطانية المعادية للشعب الفلسطيني والذي يتهم السلطة بتبذير الأموال التي تتلقاها من أوروبا، ويورد التقرير معلومات وبيانات ووثائق حول استخدام هذه الاموال في تمويل مجموعات كتائب شهداء الاقصى.

The Funding for Peace Coalition, Managing European Taxpayers' Money: Supporting the Palestinian Arabs- A Study in Transparency , UK, August 2004.

4 -مشار إليه في وليد سالم، ١٩٩٩ ٢٢٢:.

5 -سالم، ١٩٩٩ ٣٧. :

6 -لداودة وآخرون، ٢٠٠١.

7 -اصلاح جاد، المرأة والسياسة، المرأة الفلسطينية: الوضع الراهن، معهد دراسات المرأة - جامعة بيرزيت- ٢٠٠٠.

8 -الملتقى الفكري العربي، التحول الديمقراطي في فلسطين، التقرير السنوي الخامس. القدس أيار ٢٠٠٣.

9 -كرزم، ٩١٩٩، 42.

10 -العبارة مستعارة من كرزم، ١٩٩٩، ٥٦.

11 -انا مدين في هذه النقطة لنقاش مطول مع رسمي كاظم خصوصا حول دمقرطة الصراع الوطني .

12 -يوجد ترخيص لقناة واحدة هي رامتان لم تبدأ البث بعد.

13 -كما يجب النظر بذات الاهمية لموجة الفضائيات العربية الخاصة مثل الجزيرة والعربية وعشرات المحطات الاخرى ودورها في تنشط الوعي السياسي الجماهيري وتقوية الدافع نحو التحول الديمقراطي عبر توفير المعلومة وتوفير مساحة للحوار لم يتعود عليها المشاهد العربي الذي كان ولعقود طويلة أسيرا للمعلومات التي تبث له عبر التلفزيون الرسمي. إن دور هذه الفضائيات مادة خصبة للنقاش والجدل حول مستقبل الديمقراطية والمجتمع المدني العربيين.

14 -برنامج دراسات التنمية- جامعة بيرزيت. فلسطين: تقرير التنمية البشرية .١٩٩٩-١٩٩٨

15 -معهد أبحاث السياسات الاقتصادية (ماس) تعداد المنظمات غير الحكومية في الضفة الغربية وقطاع غزة، ٢٠٠٠.

16 -لداودة وآخرون، : ٢٠٠١ .٧٧

17- Atef Abu Saif, The State of Democracy in Palestine, an article coming publication, 2004.

18 -لداودة وآخرون: ٢٠٠١.

T0157833

Printed in the United States
By Bookmasters